中国国情调研丛书
乡镇卷
China's national conditions survey Series
Vol. towns

中国国情调研丛书·乡镇卷
China's national conditions survey Series · **Vol towns**
主 编 刘树成
吴太昌

中部边远山区的发展之路

——湖南省绥宁县武阳镇调研报告

The Development of the Remote Counties in Midland of China:
Report on Wuyang Town of Suining County in Hunan province

苏金花 林刚 著

中国社会科学出版社

图书在版编目(CIP)数据

中部边远山区的发展之路：湖南省绥宁县武阳镇调研报告／
苏金花，林刚著．—北京：中国社会科学出版社，2012.9
（中国国情调研丛书·乡镇卷）
ISBN 978-7-5161-1500-8

I.①中… Ⅱ.①苏…②林… Ⅲ.①乡镇经济—区域经济
发展—研究报告—绥宁县②乡镇—社会发展—研究报告—
绥宁县 Ⅳ.①F127.645

中国版本图书馆 CIP 数据核字(2012)第 228990 号

出 版 人	赵剑英	
责任编辑	冯春凤	
责任校对	韩天炜	
责任印制	王炳图	

出 版	中国社会科学出版社	
社 址	北京鼓楼西大街甲 158 号 （邮编 100720）	
网 址	http：//www.csspw.cn	
	中文域名：中国社科网 010-64070619	
发 行 部	010-84083685	
门 市 部	010-84029450	
经 销	新华书店及其他书店	

印 刷	北京君升印刷有限公司	
装 订	廊坊市广阳区广增装订厂	
版 次	2012 年 9 月第 1 版	
印 次	2012 年 9 月第 1 次印刷	

开 本	710×1000 1/16	
印 张	14.5	
插 页	2	
字 数	235 千字	
定 价	45.00 元	

中国国情调研丛书·企业卷·乡镇卷·村庄卷

总 序

陈 佳 贵

　　为了贯彻党中央的指示，充分发挥中国社会科学院思想库和智囊团作用，进一步推进理论创新，提高哲学社会科学研究水平，2006年中国社会科学院开始实施"国情调研"项目。

　　改革开放以来，尤其是经历了近30年的改革开放进程，我国已经进入了一个新的历史时期，我国的国情发生了很大变化。从经济国情角度看，伴随着市场化改革的深入和工业化进程的推进，我国经济实现了连续近30年的高速增长。我国已经具有庞大的经济总量，整体经济实力显著增强，到2006年，我国国内生产总值达到了209407亿元，约合2.67万亿美元，列世界第四位；我国经济结构也得到优化，产业结构不断升级，第一产业产值的比重从1978年的27.9%下降到2006年的11.8%，第三产业产值的比重从1978年的24.2%上升到2006年的39.5%；2006年，我国实际利用外资为630.21亿美元，列世界第四位，进出口总额达1.76亿美元，列世界第三位；我国人民生活水平不断改善，城市化水平不断提升。2006年，我国城镇居民家庭人均可支配收入从1978年的343.4元上升到11759元，恩格尔系数从57.5%下降到35.8%，农村居民家庭人均纯收入从1978年的133.6元上升到2006年的3587元，恩格尔系数从67.7%下降到43%，人口城市化率从1978年的17.92%上升到2006年的43.9%以上。经济的高速发展，必然引起国情的变化。我们的研究表明，我国的经济国情已经逐渐从一个农业经济大国转变为一个工业经济大国。但是，这只是从总体上对我国经济国情的分析判断，还缺少对我国经济国情变化分析的微观基础。这需要对我国基层单位进行详细的分析研究。实际上，深入基层进行调查研究，坚持理论与实际相结合，由此制定和执行正确的路线方针政策，是我们党领导革命、建设与改革的基本经验和基本工作方法。进行国情调研，也必须深入基层，只有深入基层，才能真正了解我国国情。

为此，中国社会科学院经济学部组织了针对我国企业、乡镇和村庄三类基层单位的国情调研活动。据国家统计局的最近一次普查，到 2005 年底，我国有国营农场 0.19 万家，国有以及规模以上非国有工业企业 27.18 万家，建筑业企业 5.88 万家；乡政府 1.66 万个，镇政府 1.89 万个，村民委员会 64.01 万个。这些基层单位是我国社会经济的细胞，是我国经济运行和社会进步的基础。要真正了解我国国情，必须对这些基层单位的构成要素、体制结构、运行机制以及生存发展状况进行深入的调查研究。

在国情调研的具体组织方面，中国社会科学院经济学部组织的调研由我牵头，第一期安排了三个大的长期的调研项目，分别是"中国企业调研"、"中国乡镇调研"和"中国村庄调研"。"中国乡镇调研"由刘树成同志和吴太昌同志具体负责，"中国村庄调研"由张晓山同志和蔡昉同志具体负责，"中国企业调研"由我和黄群慧同志具体负责。第一期项目时间为三年（2006—2008），每个项目至少选择 30 个调研对象。经过一年多的调查研究，这些调研活动已经取得了初步成果，分别形成了《中国国情调研丛书·企业卷》、《中国国情调研丛书·乡镇卷》和《中国国情调研丛书·村庄卷》。今后这三个国情调研项目的调研成果，还会陆续收录到这三卷书中。我们期望，通过《中国国情调研丛书·企业卷》、《中国国情调研丛书·乡镇卷》和《中国国情调研丛书·村庄卷》这三卷书，能够在一定程度上反映和描述在 21 世纪初期工业化、市场化、国际化和信息化的背景下，我国企业、乡镇和村庄的发展变化。

国情调研是一个需要不断进行的过程，以后我们还会在第一期国情调研项目基础上将这三个国情调研项目滚动开展下去，全面持续地反映我国基层单位的发展变化，为国家的科学决策服务，为提高科研水平服务，为社会科学理论创新服务。《中国国情调研丛书·企业卷》、《中国国情调研丛书·乡镇卷》和《中国国情调研丛书·村庄卷》这三卷书也会在此基础上不断丰富和完善。

2007 年 9 月

中国国情调研丛书·乡镇卷

序 言

　　中国社会科学院在 2006 年正式启动了中国国情调研项目。该项目为期 3 年，将于 2008 年结束。经济学部负责该项目的调研分为企业、乡镇和村庄 3 个部分，经济研究所负责具体组织其中乡镇调研的任务，经济学部中的各个研究所都有参与。乡镇调研计划在全国范围内选择 30 个乡镇进行，每年 10 个，在 3 年内全部完成。

　　乡镇作为我国最基层的政府机构和行政区划，在我国社会经济发展中，特别是在城镇化和社会主义新农村建设中起着非常重要的作用，担负着艰巨的任务。通过个案调查，解剖麻雀，管窥蠡测，能够真正掌握乡镇层次的真实情况。乡镇调研可为党和政府在新的历史阶段贯彻城乡统筹发展，实施工业反哺农业、城市支持乡村，建设社会主义新农村提供详细具体的情况和建设性意见，同时达到培养人才，锻炼队伍，推进理论创新和对国情的认识，提高科研人员理论联系实际能力和实事求是学风之目的。我们组织科研力量，经过反复讨论，制定了乡镇调研提纲。在调研提纲中，规定了必须调查的内容和自选调查的内容。必须调查的内容主要有乡镇基本经济发展情况、政府职能变化情况、社会和治安情况三大部分。自选调查内容主要是指根据课题研究需要和客观条件可能进行的各类专题调查。同时，调研提纲还附录了基本统计表。每个调研课题可以参照各自调研对象的具体情况，尽可能多地完成和满足统计表所规定的要求。

　　每个调研的乡镇为一个课题组。对于乡镇调研对象的选择，我们没有特别指定地点。最终确定的调研对象完全是由课题组自己决定的。现在看来，由课题组自行选取调研对象好处很多。第一，所调研的乡镇大都是自己工作或生活过的地方，有的还是自己的家乡。这样无形之中节约了人力和财力，降低了调研成本。同时又能够在规定的期限之内，用最经济的支出，完成所担负的任务。第二，在自己熟悉的地方调研，能够很快地深入下去，同当地的父老乡亲打成一片、融为一体。通过相互间无拘束和无顾忌的交流，能够较快地获得真实的第一手材料，为最终调研成果的形成打下良好的基础。第三，便于同当地的有关部门、有关机构和有关人员加强联系，建立互惠共赢的合作关系。还可以在他们的支持和协助下，利用双方各自的优势，共同开展对当地社会经济发展状况的研究。

第一批的乡镇调研活动已经结束，第二批和第三批的调研将如期进行。在第一批乡镇调研成果即将付梓之际，我们要感谢经济学部和院科研局的具体安排落实。同时感谢调研当地的干部和群众，没有他们的鼎力支持和坦诚相助，要想在较短时间内又好又快地完成调研任务几乎没有可能。最后要感谢中国社会科学出版社的领导和编辑人员，没有他们高效和辛勤的劳动，我们所完成的乡镇调研成果就很难用最快的速度以飨读者。

目　　录

前　言

　　根据胡锦涛总书记关于"哲学社会科学研究要立足国情，立足当代，以深入研究重大现实问题为主攻方向"的指示精神，根据2005年"5·19"中共中央政治局常委会议听取中国社会科学院工作汇报时所作的重要指示精神，中国社会科学院开展了国情调研工作。按照我院总体部署和经济学部的具体安排，经济所提出"中国乡镇调研"提纲，指出乡镇调研的目的：

　　1. 通过深入调查研究，为党和政府在新的历史阶段，贯彻城乡统筹发展，实施工业反哺农业、城市支持乡村，建设社会主义新农村提供详细具体的情况和建设性意见。2. 乡镇作为我国最基层的政府机构和行政区划，在我国社会经济发展中，特别是在城镇化和新农村建设中起着非常重要的作用，担负着艰巨的任务。通过个案调查，管窥蠡测，能够真正掌握乡镇层次的真实情况，一方面争取为贯彻落实中共中央和国务院的建设社会主义新农村纲要出谋划策；另一方面为以后的研究工作奠定坚实的基础。3. 通过调查，培养人才、锻炼队伍，推进理论创新，提高科研人员的理论联系实际能力、实事求是学风，对国情的认识水平。

　　本课题主要就湖南省绥宁县武阳镇的资源状况、经济发展、政府职能、财政收支、社会保障、农民经济组织、宗教信仰、文化教育、传统习俗等方面现状与历史演变展开系统、全面、深入、细致的调查，考察该镇社会经济文化发展现状及存在的问题和将要面对的问题；中部边远山区经济发展与环境变化、宗教传统之间的相互关系。本课题充分利用经济学、统计学、人类学、地理学等相关学科的知识，在大量的问卷、访问、专题研讨基础之上，结合文献资料，进行综合调查研究。

　　以不同类型的农村经济为基点，考查中国农村经济和城市工业的相互关系与协调发展的历史与现状，将会从理论创新与实践经验两方面为解决三农问题提供有益的借鉴。绥宁县武阳镇作为中部边远地区的乡镇，其经济的发展演进在我国农村经济尤其是民族经济发展中具有一定的典型性。当学术界将调查和研究的焦点放在发达的东部沿海地区以及中部较发达地区时，中部地区边远农村经济的调查和研究更显得不可或缺。我们希望通过调研项目的实施，依托并整合当地的经济发展资源，使边远地区经济发展受到科学的指导，拥有良好的信息和发展环境，为其继续发展和持续发展奠定坚实的基础。

本调研报告的资料来源基本都是由绥宁县各级受访单位提供，包括当地各级单位书面提供及课题组从绥宁县政府网站所得，这一类资料在调研报告中不一一注明出处。有些资料来自发表于期刊杂志的相关文章，这些文章的引用一般都注明了出处。

本课题组成员：林刚研究员、苏金花副研究员（课题负责人）、肖成吉（绥宁县退休教师）、黄世福（绥宁县退休教师）、李新贵（绥宁县教师）、肖成吉、黄世福、李新贵三位老师负责前期的问卷调查和基本资料的收集、整理，苏金花副研究员负责全部报告的整理、撰写、修改，林刚研究员负责调研计划的修订以及调研报告的最后审读。

第一章

武阳镇经济发展基本情况

第一节 绥宁县概况

武阳镇隶属湖南省邵阳市绥宁县。① 这里我们先介绍一下绥宁县的基本情况。

一 绥宁县的地理位置 ［附图：绥宁县区位图］

绥宁县位于湖南省西南部，云贵高原东缘，雪峰山脉南端，八十里大南山西北面，处于雪峰山脉与八十里南山接合处。地理位置为西起东经109°49′（东山侗族乡深坞村判官头），东至东经110°32′（红岩镇枹桐村天明山山脊），南起北纬26°16′（黄桑坪苗族乡老团村黄竹山山脊），北至北纬27°08′（金屋塘乡万紫村八山田腰盘路和垅中的分水坳），东邻武冈县，城步苗族自治县，西连靖州苗族侗族自治县、会同县；南抵通道侗族自治县；北与黔阳县、洞口县毗连。距离邵阳市208公里，距省会长沙402公里。是湖南省通往广西、贵州的要冲，《清实录》中称"绥宁乃南疆要区"。

二 绥宁县历史沿革

绥宁县历史悠久，春秋时属楚国黔中郡地，秦为象郡地。西汉为武陵郡

---

① 绥宁及武阳自然、历史地理概况，参阅湖南省绥宁县志编纂委员会编《绥宁县志·地理篇》，方志出版社1997年版。

图 1-1　绥宁县区位图

镡成县地，东晋为武陵郡舞阳县地，梁为南阳郡龙剽县地，隋为沅陵郡龙剽县地。

唐贞观十二年（公元 637 年）始名徽州，系经制州（朝廷所建的州）。地域除今绥宁全境外，还包含今通道侗族自治县大部分、城步苗族自治县大部及新宁县小部。大历十二年（公元777年）为西原蛮潘长安所占，成为溪峒州（少数民族仿效朝廷所建的州），大和年间（公元827—835年）回归唐朝，改为羁縻州（朝廷为牵制少数民族所建的州），后经数次更迭。至北宋元丰四年（公元1081年）在原徽州地置莳竹县，隶荆湖南路的邵州，因土著反抗，元丰六年隶荆湖北路的诚州，元丰八年，土著恢复溪峒徽州。崇宁二年，朝廷迫徽州再次归服，恢复莳竹县，当年改名绥宁县（寓"绥之以宁"之意），隶邵州，五年改隶荆湖南路的武冈军。元至元十四年，隶属湖广行省武冈路。明洪武三年，改隶靖州。清代隶属未变。民国3年，隶辰沅道，民国25年隶湘西绥靖处第四行政督察区（民国27、29年改称第七、第十行政督察区）。

1949年10月10日，中国人民解放军第三十八军第一——二师解放绥宁县城（今寨市），11月1日成立临时县政府，隶属湘西行政公署会同专署。1950年10月20日成立绥宁县人民政府。1958年7月，绥宁县改隶邵阳专署。1986年1月邵阳专署撤销，实行市领导县，绥宁县隶属邵阳市。

三 绥宁县自然地理概况

绥宁地处云贵高原东部边缘，雪峰山脉南端与南岭山系八十里大南山西北面的交接地带。南、北、东三面高山环抱，中部纵向隆起，将全县分成东、西两大部分；西面随巫水倾斜。依次形成中山、中低山、丘陵、岗地和溪谷，东面随蓼水河谷递降，依次形成中山、中低山丘陵岗地和蓼水河谷平原及小盆地。巫水为流经县境第一大河，从东南向西北横穿县境腹部汇入沅江。全境海拔最高处为1913米，最低处为205米，相对高差1708米，地势比降3.45%，加之受地质构造与岩性的影响，境内地势高低起伏，山体层峦叠嶂，耸立绵亘，沟谷深切，变化多姿。

全境地貌划分为山地、丘陵、岗地、平原（溪谷平原）四大类。山地总面积为2135.08平方千米，占全境总面积的72.95%。其中：中低山，面积650.31平方千米，占山地面积30.46%，海拔高500—800米，相对高度200—450米，坡度为25%—35%。中山，面积1484.77平方千米，占山地总面积的69.54%，海拔在800米以上，相对高度大于400米，坡度一般大于30度，地势险峻，坡陡沟深，主要分布于县境东部、南部、北部。丘陵面积

563.12 平方千米，占全境总面积的 19.24%，海拔一般为 400—600 米，相对高度 60—200 米，坡度在 20—25 度左右，主要分布在县境的东北部和西南部。岗地面积 93.62 平方千米，占全境总面积的 3.2%，海拔在 500 米以下，相对高度 10—60 米，坡度 5—15 度，多分布于县境北部。平原（溪谷平原）仅有 100.27 平方千米，占全县总面积的 3.43%，一般沿溪河呈条带状分布，散布于武阳、李西、瓦屋塘、黄土矿，东山、白玉、寨市、乐安铺、枫木团等乡镇。此外，全境水面面积 34.58 平方千米，占全县总面积的 1.18%。

四 绥宁县气候概况

1. 气候特征

绥宁县属中亚热带山地型季风湿润气候区。夏无酷热，冬无严寒。垂直变化大，立体气候和地型小气候十分明显，昼夜温差大，雨量充沛，年际变化较小，空气湿度大，雾日较多，山区逆温效应明显，农业气象灾害程度轻且种类少。为发展工农业生产提供了良好的条件。境内年平气温在 16.7℃ 左右，极端最高气温 40.5℃ 左右，极端最低气温 –6.8℃。夏季平均气温 24.5℃，一般在 33.0℃，大于 35℃ 的日数多年平均仅有 21.8 天。7—8 月最热，夏季开始于六月第一候，终于九月第三候。历时 107 天。境内年均降水量 1336.3 毫米，最多年 1672.2 毫米，最少年 1064.6 毫米，80% 的保证率1162.3 毫米，相对变率 9%，降水分配为五月最多，212.6 毫米，十二月份最少，41.2 毫米。七月至九月为 336.8 毫米，只占全年的 25%，往往出现旱情，降水的季节分布为春季 419.7 毫米，占全年 31%，夏季 499.7 毫米，占全年 38%，秋季 194.5 毫米，占全年 15%，冬季 211.9 毫米，占全年16%。降水地域分布差别比较大。北部金屋塘乡为迎风坡，年降水量 1717.5毫米，最多年高达 2053.9 毫米，为全县多雨区；西南部东山乡一带，地处背风坡，年降水量仅 1268.3 毫米，为全县少雨区。

绥宁县处于东亚季风环流圈内，夏天多吹暖湿的偏南风，冬季多吹偏北风，春初秋末则处于偏北风和偏南风两种气流交锋徘徊地带，常有连绵阴雨天气。由于受地形阻挡，风速不大，年平均风速 1.2 米/秒，最大风速纪录为 20 米/秒。山间多山风、谷风。

年平均湿度 82%，为邵阳各县之最。以 5 月、6 月、8 月湿度最大，达到84%，12月最小，为78%，以中山林地湿度较大，为84%—88%，雾日年均70天，年蒸发量为1210.7毫米，以每年7月份蒸发量最大，达183.6毫米，1月份最小，为45.9毫米，7—9月份多会出现旱情。

绥宁县全境主要灾害性天气是低温冷害，暴雨山洪，干旱和冰冻，其次是大风和冰雹。在时间上受夏季风进退迟早和强弱的影响，表现为规律性；在空间上因受地面状况制约，表现为局部性。

2. 灾害性天气

绥宁县境内主要灾害性天气是低温冷害、暴雨山洪、干旱和冰冻，其次是大风和冰雹。在时间上受季风进退和强弱影响，表现出规律性；在空间上受地面状况制约，表现为局部性。

1991—2004年的气象灾害如下：水灾是绥宁的主要灾害之一。据当地气象局资料统计，从1991—2004年共出现了暴雨49次，其中大暴雨6次。

（1）水灾

1991年：8月8日，绥宁县南部普降大暴雨，县城雨量182.7毫米，东山165毫米，1小时最大降水量达99毫米，其强度之大，来势之猛属历史罕见。全县16个乡镇，179个村普遍受灾，重灾人口2.5万人，特重灾人口8600人，死亡1人，伤32人，倒塌房屋189间，损坏房屋3120间。良田成灾面积3.4万亩，倒电杆345根，断桥740座，冲坏公路1800处，冲坏山塘140处，河堤3600处，渠道9500处，冲走木材910立方米，死亡大牲畜34头，冲走家禽2600羽，鱼360万尾，损失化肥240吨，经济损失达804万元。

1992年：6月6日凌晨1时30分左右，绥宁县金屋乡遭受暴雨山洪袭击，暴雨从凌晨一直下到下午17时，24小时降水量达207.6毫米，砖屋、雄鱼、鱼鳞等5个村受灾严重，倒塌房屋75间，水稻受灾面积3440亩，成灾1670亩，西瓜受灾60亩，成灾30亩，死猪2头，冲走鱼30万尾，冲毁河堤、渠道87处，毁坏公路一处，倒、断电杆18根，经济损失45万元。

1993年7月4日，全县普降暴雨，雨量76.2毫米，过程雨量193.8毫米，18个乡镇受灾，重伤13人，损坏房屋8723间，倒塌房屋95间，受灾面积9.8万亩，冲毁河堤、渠道92处。

1993年8月1日20时至2日8时，绥宁县金屋乡降水量220.7毫米，重伤 1 人，损坏房屋 382 间，倒塌房屋 83 间，水稻受灾 2560 亩，绝收 250 亩，死猪 27 头，冲毁河堤、渠道 1 处，冲毁公路 3 处，毁坏公路桥 23 座，经济损失 300 万元。

1993 年 8 月 7 日凌晨 3 点到 11 点，绥宁县联民、水口降水量 250 毫米，死亡 2 人，重伤 2 人，轻伤 48 人，损坏房屋 616 间，倒塌房屋 124 间，受灾面积 1.8 万亩，农作物受灾 1960 亩，经济作物受灾 16.04 万亩，损失木材 156 立方米，死牛 16 头，死猪 46 头，冲走鱼 1.08 万尾，冲毁河堤、渠道 17 条，冲垮山塘 36 口，冲毁小水电站 1 座，毁坏公路 26 处，翻车 1 辆，倒、断电杆 46 根，损失 220 万元。

1993 年 8 月 13 日晚，绥宁县李西连续降了两个小时特大暴雨，雨量达 150 毫米以上，重伤 1 人，轻伤 10 人，损坏房屋 69 间，倒塌房屋 10 间，粮食受灾 1.5 万亩，死猪 6 头，冲毁河堤、渠道 2 处，毁坏公路桥 10 座，倒、断电杆 14 根，经济损失 150 万元。

1994 年 5 月 24 日，绥宁县遭受历史上罕见的特大山洪灾害，山洪暴发范围广，灾情损失大，其中黄桑乡日最大降雨量 240 毫米，过程雨量 290 毫米，4 小时降水量 121.7 毫米，死亡 2 人，重伤 4 人，轻伤 209 人，损坏房屋 19685 间，倒塌房屋 2712 间，受灾面积 18.3 万亩，成灾 8.4 万亩，损坏木材 2517 立方米，死牛 250 头，死猪 270 头，冲毁河堤、渠道 178.2 公里，垮山塘 240 口，毁水电站 4 座，毁坏公路 6950 处，倒电杆 344 根，断线 13 处，直接经济损失 6192 万元。

1994 年 7 月 18 日，全县遭受暴雨山洪袭击，由于前期雨量多并造成山洪暴发。日最大雨量 76.5 毫米，过程雨量 107.3 毫米，全县 29 个乡镇受灾。死亡 2 人，重伤 3 人，损坏房屋 8715 间，倒塌房屋 948 间，冲淹现粮 2.43 吨，成灾面积 20.6 万亩，农作物 9.1 万亩，绝收 1.6 万亩，损失木材 1215 立方，死牛 100 头，死猪 171 头，冲毁河堤、渠道 3.2 公里，毁坏小电站 2 座，毁坏公路 58.8 公里，桥梁 614 座，倒电杆 105 根，直接经济损失 3495 万元。

1994 年 7 月 23 日全县降持续性大到暴雨，最大日雨量 120 毫米，过程雨量 210 毫米，白玉、盐井等 24 个乡镇受灾，重伤 9 人，轻伤 134 人，损坏房屋 450 间，倒塌房屋 70 间，冲走鱼 1000 万尾，冲毁河堤、渠道 38.4 公里，毁坏小电站 4 座、水泵 15 座，毁坏公路 61 公里，冲毁桥梁 214 座，倒、断电杆 94 根．直接经济损失 4103 万元。

1994 年 8 月 5 日夜间，全县普降暴雨，县城雨量 103.0 毫米，全县 29个乡镇普遍受灾，重伤 4 人，轻伤 97 人，损坏房屋 7923 间，倒塌房屋 786间，冲淹现粮 4 吨，受灾面积 12.4 万亩，粮田 3.1 万亩，损失木材 51 立方米，死牛 9 头，冲毁河堤、渠道 37.4 公里，毁坏公路 146 处，毁坏桥梁 196座，倒、断电杆 75 根，直接经济损失 2500 万元。

1995 年 6 月 26 日凌晨至下午 3 时，全县普降特大暴雨，县城长铺雨量179.8 毫米，瓦屋 232.9 毫米，灾情北面重于南面，死亡 6 人，重伤 15 人，轻伤 272 人，损失房屋 18945 间，倒塌房屋 1280 间，冲淹现粮 261 吨，受灾面积 27.1 万亩，成灾 13.6 万亩，农作物受灾 21.2 万亩，成灾 11.3 万亩，损失木材 1625 立方米，死牛 157 头，死猪 989 头，冲毁河堤、渠道 240.1 公里，毁坏小水电站 5 座，毁坏公路 2461 处，翻车 19 辆，倒电杆 473 根，直接经济损失 11600 万元。

2000 年 5 月 26 日，全县普降大暴雨，县城日雨量 169.2 毫米，过程雨量 213.3 毫米，由于暴雨范围大，时间短，全县普遍受灾，受灾人口 18.4万人，损坏房屋 4234 间，倒塌房屋 319 间，农作物受灾 17 万亩，成灾 5.6万亩，死猪牛 310 头，毁坏公路 161 公里，倒、断电杆 359 根，经济损失10790 万元。

2001 年 6 月 9 日夜间，绥宁县北部金屋、瓦屋等乡遭受暴雨袭击，金屋12 小时雨量 122.0 毫米，瓦屋 108.2 毫米，河口 71.5 毫米，雨带呈东北—西南向，由于强度大，迅速造成山洪暴发，山体滑坡，18 个乡镇受灾，损坏房屋 1680 间，受灾面积 26 万亩，成灾 9.66 万亩，死猪 1570 头，冲毁河堤、渠道 116 公里，垮山塘 84 口，毁小水电站 3 座，中断交通 40 小时，断线 37千米，经济损失 1240 万元。

2001 年 6 月 19 日 20 时至 20 日 08 时，绥宁县宝顶山附近的金屋、水口、枫木团、联民、武阳乡镇遭受百年不遇的特大暴雨山洪袭击，由于前期雨水多，并已成灾，河口 12 小时日雨量达 313.0 毫米，造成大范围山洪暴发，山体滑坡，重灾 12 个乡镇，死亡 124 人，损害房屋 2433 间，倒塌房屋 2433 间，冲淹现粮 1500 吨，受灾面积 26.9 万亩，成灾 16 万亩，粮食绝收 9.6 万亩，死猪 3.2 万头，溃塘坝 1240 个，冲毁河堤 3000 处，计 1200 公里，毁坏小水电站 13 座，冲毁泵站 23 座，毁坏公路 23 条，851 公里，中断交通 240 小时，断线 434 公里，中断通信及通邮 96 小时，直接经济损失 5.6 亿元。

2003 年 5 月 15 日，日雨量 65.0 毫米，过程雨量 165.6 毫米，全县 13 个乡受灾，受灾人口 5.18 万，毁坏公路 322.8 公里。经济损失 1718.8 万元。

2004 年 7 月 11 日，局部暴雨，金屋、梅坪乡出现大暴雨，6 小时雨量 97.0 毫米，损坏房屋 6 间，受灾农作物面积 350 亩，冲毁桥梁 4 座，倒、断电杆 15 根。

2004 年 7 月 20 日最大日雨量 118.9 毫米，全县 12 个乡受灾，损失房屋 688 间，受灾面积 10 万亩，冲毁河堤、渠道 89 公里，冲垮山塘 109 口，冲毁小水电站 2 座，毁坏公路 194 公里，桥梁 65 座，倒、断电杆 100 根，断线 63 处，直接经济损失 8200 万元。

（2）旱灾

绥宁县地处"衡邵干旱走廊"边缘，干旱发生率较高。

1991 年 6 月 22 日到 7 月 19 日，28 天未下过透雨，总雨量仅 16.5 毫米，而同期蒸发却多达 163.7 毫米，全县普遍遭灾，受灾面积 10.14 万亩，粮食作物受灾 7.8 万亩，旱土作物受灾 2.34 万亩。

1992 年 8 月 15 日—10 月 31 日，连续 78 天干旱，其间最大降水量 13.6 毫米，总雨量 63.2 毫米，由于温度偏高，蒸发量大，全县普遍受秋旱影响，油菜受灾 6 万亩，柑橘减产 5 万公斤，5 万亩蔬菜生长不良，市场蔬菜供应紧张。水力发电量与去年同期比较减少 2993 万度，经济损失 24 万元。

1995 年 7 月中旬后期—9 月 26 日，全县持续高温少雨，大部地区出现了大旱，河口等乡出现了特大干旱，干旱天数达 92 天，雨量仅 45 毫米，全县 25 个乡镇全部受灾，115 个村民小组 1283 人饮水困难，干枯水库 23 座，山塘 0.18 万处，晚稻 1.2 万亩。

2003 年 6 月 28 日—8 月 15 日出现连续少雨，高温干旱，7 月平均气温 28.4 度，比历年平均偏高 1.8℃，为历史上同期平均气温最高年，其中极端最高气温≥35℃的天数达 16 天，创历史之最。

2004 年 9 月 24 日—10 月 30 日，37 天无降水，绥宁县秋季作物受到影响，水力发电不利，估计经济损失 100 万元。

2005 年特大秋旱：2005 年 7 月 26 日雨季结束后，进入高温炎热少雨季节，8 月、9 月、10 月降水量连续出现特少，9 月份降水量仅 4.4 毫米。温度高，蒸发量大，绥宁县出现严重的秋旱。从 8 月 16 日开始，到 11 月 2 日，79 天总降水量 49.7 毫米，其间最大日雨量 10 月 28 日 18.0 毫米。同期蒸发量 307.6 毫米，水分收支失衡，出现特大秋旱，按气候标准应属特大秋旱年，对秋冬作物特别是油菜、草子和秋冬蔬菜造成很大影响，据统计估算秋旱造成绥宁县经济损失 400 多万元。

（3）雪灾冰冻

1991 年 12 月 23 日，暴雪，雨雪量 34.8 毫米，县城雪深 11 厘米，并有雨松结成，29 日最低气温 -4.3℃，柑橘受害面积 3.2 万亩，其中一次冻害 1.37 万亩，二次冻害 1.22 万亩，三次冻害 0.53 万亩。

1991 年 12 月 27—31 日全县普降大雪，高寒山区冰冻维持一周左右，农作物冻害严重，油菜受灾 17 万亩，柑橘受灾 7.01 万亩，倒断树 1.6 万立方米，倒楠竹 6300 立方米，损失木材 2230 立方米，死牛 247 头，死猪 1 头，中断交通 60 小时。

2003 年 1 月 6—7 日，绥宁县出现罕见的特大暴雪，降雪量 24.7 毫米，平均雪深 28 厘米，损坏房屋 1360 间，主要农作物受灾 3765 亩，死牛 120 头，死猪 300 头，中断交通 48 小时，经济损失 1291 万元。

2004 年 12 月 27 日受强冷空气影响，温度降到 0℃，北部乡镇降雨夹雪，28 日全县普降大雪，日雨雪量 18.9 毫米，县城积雪 8 厘米，北部乡镇积雪 10 厘米以上，并出现罕见的特大冰冻，19 个乡镇受灾，损坏房屋 200 间，受灾面积 6000 公顷，倒楠竹 2 万亩，损失木材 1000 立方米，死猪 200 头，倒、断电杆 523 根，断线 800 处，停电 24 小时，经济损失 600 万元。

2008 年 1 月 14 日—2 月 5 日：自 1 月 13 日开始的冰冻天气到 2 月初才结束。据统计：这次冰冻造成绥宁县 25 个乡镇普遍受损，受灾人口 34 万人，全县直接经济损失 15.51 亿元。交通、电力、通信基础设施损失特别严重。倒塌高、低压电杆 6700 根，断线 1810 处，损坏输电线路 980 公里，损坏电力变压器 263 台，35 千伏线路中断供电 10 条，损失 1.35 亿元。损坏自来水管 22000 米，经济损失 2000 万元。公路塌方 650 处，损失 1.56 亿元。因断电造成 196 个村被困，6.77 万人缺粮。损坏房屋 14300 多栋，损失 1.04

亿元。农作物受灾面积 19 万亩，冻死生猪 13245 头，耕牛 1398 头，农业直接经济损失 2.8 亿元。受损林地面积 220 万亩，损毁林木 400 万立方米，受损楠竹 52 万亩 7850 万根，受损苗木 103 亩 410 万株，受损经济林 6 万亩 180 万株，全县林业直接损失 8.182 亿元，工业因停产和倒塌车间造成的损失 3500 万元。

（4）大风冰雹

1991—2004 年大风、冰雹年表。

1991 年 8 月 31 日 17—19 时，绥宁县李西镇出现雷雨大风，滚水村二组村民妇女三人死亡，损坏房屋 400 间，农作物受灾面积 3500 亩。

1993 年 4 月 24 日 17 时 30 分，绥宁县北部梅坪乡、金屋乡、黄土矿乡、盐井乡等地发生大风和冰雹，过程历时 40 分钟，其中冰雹、大风持续 5—8 分钟，最大冰雹直径 30 厘米，最大冰雹重量 1750 克，轻伤 80 人，损坏房屋 11800 间，农作物受灾面积 7985 亩，林木受灾面积 25 万亩，苗木受灾 9 亩，死牛 17 头，死家禽 3600 只，直接经济损失 1288 万元。

1998 年 4 月 11 日下午 17 时 34 分，绥宁县出现雷雨大风强对流天气，最大风速 20 米/秒。受灾 4.7 万户，受伤 43 人，重伤 6 人，损坏房屋 68.72 间，倒围墙 61 处，687 米，堆压粮食 25 万斤，刮倒蔬菜大棚 46 个，经济损失达 2926 万元。

（5）低温连阴雨

1991 年 4 月 29 日—5 月 13 日，绥宁县出现历史上罕见的低温连阴雨天气，5 万亩中稻烂秧，烂秧严重的 1.7 万亩，损失谷种 12.4 万斤，经济损失 26.7 万元。

（6）霜冻

1993 年 1 月 16 日，绥宁县武阳、瓦屋等部分乡镇出现了雪后霜低温天气，武阳最低气温 -10.4℃，瓦屋最低温度 -8.5℃，东山 -7.6℃，柑橘冻坏 2.12 万亩。

五 绥宁县水文概况

绥宁县雨水多，年平均降水总量达 42735 亿立方米，年平均径流总量为 24.350 亿立方米。全县境内共有溪涧 2500 余条，流域面积大于 10 平方千米。河长 5000 米以上的溪河 94 条，流域面积在 500 平方千米以上的有 2 条，溪涧与河流总长度 1685.5 千米。河网密度 0.57 千米/平方千米，全境分属两大水系，西部属沅江水系，干流为巫水河，流域面积为 1979.30 平方千米，占总面积的 67.63%，东部属资江水系，干流为蓼水河，流域面积为 947.37 平方千米，占总流域面积的 32.37%。

境内山地多，地表高低悬殊，水能丰富。全县水能理论蕴藏量为 19.7487 万千瓦，可开发量为 11.2568 万千瓦。

由于境内森林植被好，覆盖率为 88.79%（其中森林覆盖率为 68.3%，地下水资源丰富，地下水渗补量年平均 3.381 亿立方米。75% 和 95% 保证率分别为 3.108 亿立方米和 2.546 亿立方米）。

六　绥宁县人口概况

绥宁县共辖 25 个乡镇，下辖 357 个行政村，8 个农林场所，9 个居委会，各乡镇名称分别是：长铺镇、武阳镇、李西镇、红岩镇、唐家坊镇、金屋塘镇、黄土矿乡、梅坪乡、瓦屋塘乡、水口乡、白玉乡、长铺子苗族乡、党坪苗族乡、关峡苗族乡、枫木团苗族侗族乡、竹舟江苗族乡、河口乡、麻塘乡、联民苗族瑶族乡、寨市苗族乡、黄双坪苗族乡、乐安苗族侗族乡、东山苗族侗族乡、朝仪侗族乡、鹅公岭侗族苗族乡。

截至 2008 年底，绥宁县人口数量为 35.8139 万人，年人口增长率 -0.103%，非农业人口为 4.9337 万人，占总人口 13.74%，农业人口为 30.8802 万人，占总人口的 86.26%。绥宁县为汉族与众多少数民族大杂居、小聚居的县，全县共有汉、苗、侗、瑶等多个民族，少数民族人口占总人口总数的 61.23%。

七　绥宁县经济发展概况

绥宁县地广人稀，土地资源较为丰富，按 1982—1984 年农业区划土地资源测算，共有 439 万亩。其中耕地约 35 万亩左右（水田约 32 万亩，旱地约 3 万多亩），占土地总面积的 8%；林地 338 万亩，约占总面积的 77%；水域面积约 5.1 万亩，占总面积 1.2%；园地面积 2.3 万亩，约占总面积 0.6% 左右；交通用地 1.7 万亩，占总面积 0.4% 左右；不宜农林用地约 38

万亩，占总面积的 8.6%，是个"八分半山一分田，半分水路和庄园"的山区县。

绥宁县全县国土面积439万亩，有林业用地348.5万亩。自1986年以来，大力开展科技兴林、禀承宜造则造、宜封则封的原则，统一规划，集约经营，累计人工造林64万亩，封山育林81万亩，实施低林改造和加强中幼林抚育间伐。强化管理，注重森林资源保护与合理利用，资源消长实行微机管理，日用材实行登记建档，林政工作坚持依法行政，建立县乡村三级制法管理网络。至2003年，林业建设得到稳步发展，森林覆盖率从62.9%提高到75.8%，活立木蓄积量从1004万立方米提高到1296万立方米，林木年生长量从61万立方米提高到90万立方米。至2008年，森林覆盖率73.3%，林木蓄积量1465万立方米，森林活立木蓄积量保持在1058万立方米以上，全县的活立木总蓄积量，人均蓄积量（32.94立方米），单位面积产量（每公顷蓄积66.66立方米），年均生长量（810069立方米），森林覆盖率均居湖南省第一。先后被评为"全国科技兴林示范县"、"全国绿化造林百强县"、"全国山区综合开发示范县"、"三湘林业第一县"和"全国绿色小康县"。

图 1-2　山清水秀，树木葱茏的绥宁

《中共中央、国务院关于加快林业发展的决定》给绥宁林业带来了发展机遇和挑战。县委、县政府审时度势，总结了林业过去长期存在的大资源小产业、高投入低产出的问题，认识到林业发展必须创新机制，变丰富的资源优势为经济优势，大力推进林业产业化，深化林业改革，向现代化林业迈进。革除林业非商品概念，按照"山上管严、山下搞活、砍伐管严、经营搞活"的原则，在实行森林分类经营的基础上，对划分为商品的森林，积极稳步推进私有制经营体制。建立活立木市场，国有、集体、个体经营的森林资源，不管是幼林、中林、还是成熟林，只要有合法证件并办妥手续，都可以面向社会，进入森林市场，可以拍卖、承包、租赁、抵押，也可以委托经营，实现资产变现，滚动开发。实行山地所有权不变、土地用途不变、山地使用权随森林一起转移的政策，彻底打破过去商品林集体管理的格局，将活立竹木直接推向市场。

以市场需求为导向，优化结构增资源。目前绥宁 283 万亩森林中，杉林占了 136 万亩，松竹只分别为 67 万亩和 44 万亩，还有部分阔叶林和草山。为调整资源结构，适应市场需求，杉、松、竹结构比调为 1∶1∶1，即各为 100 万亩，把开发利用率高、市场前景广阔的毛竹置于资源培育的首位。资源体系建设区域化和基地化生产。积极推进非公有制造林，实行股份、联营、租赁等多形式开发高效林业资源。

以扶持龙头企业为重点，以发展替代产业为突破口，强力推进产业升级增效，实现生态建设与产业发展良性互动。全县出台了《关于促进竹资源培育和精深加工的若干规定》等系列政策措施，对附加值高、利用率高、产品档次高的毛竹精深加工企业给予大力扶持。通过大力招商引资，先后培育和引进了中集集团、绥港人造板公司、亿佳竹业公司、百龙板业公司等一批楠竹加工龙头企业，形成竹胶板、竹地板、机制纸、竹工艺品等一批拳头产品，年产值达 6 亿元。同时，大力实施林业品牌战略，充分利用农博会、林博会等平台，积极对外宣传，提高林产品的知名度。近年来，全县着力发展林业替代产业，生态工业，水电、化工、矿冶、医疗器械等产业蓬勃兴起，工业贡献值已达到 40%。通过以林养水，发展小水电产业，年新增电量 4 亿千瓦/时，年新增税收 1000 万以上。以黄桑国家自然保护区为依托，以"四八"姑娘节为平台，打造一批具有生态、文化、民俗特色的旅游品牌，旅游人数和收入稳步提升。到 2008 年林业年产值 18300 万元, 林业产值占全县 GDP 的 68%, 县财政收入的 70%。

绥宁县山多地少, 土地肥沃, 土质好, 人体所需的微量元素含量全面而丰富, 且周围数百公里内无重工业污染, 是一块难得的净土, 出产的大米、蔬菜、水果、药材品质优良, 绥宁县利用这一优势, 大力发展种植业, 种植业是绥宁的支柱产业之一。

绥宁县有得天独厚的条件, 它属于亚热带湿润季风气候区, 土质好, 温度和温差极适于水稻生长, 再加上该县森林植被覆盖率高, 水源涵养好, 方圆百里无工业污染, 水稻是喝山泉水长大的, 米质特别好。该县充分利用这一优势, 狠抓粮食生产, 粮食播种面积一直保持在 30 万亩以上, 年产优质稻谷, 15 万吨以上, 平均单产高达 893.67 斤, 大部分地区突破 600 公斤, 1992 年被湖南省人民政府授予 "中稻成建制亩产 1000 公斤的先进县", 2007 年全县粮食播种达 3407 万亩, 粮食总产量达到 152236.33 吨, 人平均占有粮食 (2007 年绥宁县人口为 352400 人) 为 863.92 斤, 商品粮 20073.83 吨, 位列全省第六十位, 这是一个以林业为主导的山区县, 为国家粮食安全作出了新的贡献。近十多年来, 杂交水稻制种在绥宁县异军突起, 目前以成为绥宁县最重要的产业, 农民增收的主渠道, 早在 20 世纪的 1975 年, 绥宁县就已经开始杂交水稻的制种, 迄今已历 34 年, 制种面积逐年扩大, 到 2009 年止, 全县已有 11 个乡镇, 共 96 个行政村, 从事杂交水稻制种, 总面积达到 10.5 万亩, 年产稻种 2500 万公斤以上, 其规模占全国杂交水稻制种总面积及总产量的七分之一, 占湖南省杂交水稻制种总面积和总产量的三分之一, 平均亩产稻种居全国之首, 是名副其实的全国制种大县, 中国工程院院士、杂交水稻制种之父袁隆平先生称赞绥宁县是 "中华杂交水稻制种第一县"。

绥宁县杂交水稻制种业迅猛的发展, 一是得益于历届县委和县政府的正确领导和大力支持, 尤其进入 21 世纪后, 县委县政府从产业结构调整发展农村经济, 增加农民收入的高度上, 更加重视制种业的发展, 把它作为发展县域经济, 增加农民收入的主导产业来抓。县农业局及农业科技部门加强了对制种的科学技术指导与服务, 各种业公司改进了服务方式, 提高了服务质量, 使农民制种的收入逐年提高。大大激发了农民从事制种的积极性。二是得益于得天独厚的制种条件。绥宁县地处亚热带湿润季风气候区，常年雨水充沛，其土质温度和昼夜温差极适宜水稻杂交制种，再加上绥宁县是山区，农田基本处于山间小盆地，小平川，四周环山，形成了天然的隔离屏障，提高了种子的纯度。因此，绥宁县所产的种子品质好，无论是亩产、色泽、还是纯度、抗逆性均属上乘，质量居全国之首。这一制种的天然条件，深得各种业公司的青睐，每年到绥宁县来从事种业的公司达几十家，袁隆平先生到绥宁考察杂交水稻制种条件和环境时竖起大拇指称赞"绥宁的杂交水稻制种条件无与伦比"，还欣然写下了"中华制种第一县"的题词。

然而，就是这样的一个天然优良杂交水稻繁育场，中华制种第一县，种子亩产、总产量、品质居全国之最，为国家粮食安全作出了特殊的贡献的种业大县，却长期得不到其应有的重视。迄今为止，国家仍没有将绥宁县纳入全国产粮大县，全国优质粮食工程和粮食产业化建设县，也就没有国家任何产业扶持和财政奖励，尽管县政府多次申请，其上级邵阳市人民政府、湖南省发展和改革委员会均呈文给上级主管部门及国家发展委员会，但到目前待遇问题仍没有解决。这一现状，使得这一种业大县制种的发展存在一定隐忧：一是农田基础设施差，难以适应现代制种要求，而绥宁县又是一个山区县，不具备区位优势，交通不方便，至今未通高速公路和铁路，工业发展滞后，县财政困难，根本无力改善农田基础设施差的状况。急需国家扶持。二是因农田基础设施差，制种风险增大，成本提高，制种积极性受挫，制种面积有减少的趋势。尽管县委县政府以国家粮食安全的大局出发，出台各种政策，从有限的财政中挤出资金为种农排忧解难，但仍是杯水车薪，不能从根本上解决问题。三是国外种业的冲击。2008年进入中国的美国先锋种业公司以其优越的政策优势，强大的经济实力和先进的经营理念在我国迅猛发展，对国产种业已构成了潜在威胁，其前景令人担忧。

众所周知，农业是国民经济的基础，粮食是基础中的基础，而种子又是粮食的基础。绥宁县在制种领域的成就和地位，为国家的粮食安全作出了特殊贡献。因此，无论是出于对其贡献的表彰和奖励，还是出于对国产种业的支持，绥宁县都应该得到其应有的待遇，我们建议国家尽快解决绥宁县的待遇问题，或将其纳入全国产粮大县，全国优质粮食工程县，全国粮食产能建设县的范围，享受国家同等产业政策待遇；或者从粮食增产和粮食安全角度出发，为从事制种业的县制定专门的产业扶持政策，使绥宁县这艘我国国产种业航母既能抵御外来种业的冲击，又能为国家粮食安全作出新的贡献。

绥宁县境内旅游资源十分丰富。自然资源中，有号称"森林生态系统基因库"的黄桑坪。这是一个省级自然保护区。其中，海拔在 800 米以上的山峰达 566 座；拥有黄桑（乡）、长铺（镇）、关峡（乡）、李熙（镇）、水口（乡）五大风景区，旅游点达二百多个。

动植物资源科研价值极高。黄桑有一片占地 2000 平方米，38 株铁杉林区，世界罕见。据考察，黄桑 60 多万亩原始森林中，单木本植物就达 102 科、272 属、701 种，其中热带 15 种，亚热带 679 种、温带 7 种，国家和省重点保护的有 46 种。如毛红椿、钟萼木、银杏、伞花木、马褂木、花榈木、中华五加等；还有经济、药物、芳香植物 218 科、800 余种。珍禽异兽，国家和省重点保护的二十多种。有华南虎、黄腹角雉、红腹锦鸡、云豹、毛冠鹿、林麝、水鹿、大灵猫、原猫、大鲵、蟒、白鹇、红嘴相思鸟、娃娃鱼等。

图 1-3　黄桑自然保护区珍贵的铁杉树

绥宁属中亚热带山型季风气候，春季温和，夏季凉爽、冬无严寒；境内森林覆盖率达 82%，有"湖南林海"之称，环境优美，空气清新。被联合国教科文组织称为"世界一块无污染的绿色宝地"。是北方人避寒、南方人避暑及休憩的理想之地。

绥宁虽有丰富的旅游资源，但是由于诸多原因，旅游产业的发展受到限制，还无法形成巨大的经济效益。

无论是外部交通还是内部交通，都严重制约了风景区的开发。境内航空、铁路运输处于空白，水运仅以机帆船可与洪江相通。主要靠公路运输，1804 省道与邵阳、靖州火车站相连。县内各乡镇、各旅游点虽然都通了汽车，但公路等级低、弯度大、坡度大，不能缩短空间和时间距离，可达性欠佳，导致游客量不大。现在绥宁的旅游以观光、购物为主，重点是欣赏山、水和购木材。一般是"白天游，晚上睡"。特色旅游和专项旅游少。黄桑风景区，距县城47公里，距黄桑乡镇也有15公里，没有专线游车，一般是团体包车。单个和少数游客只能欲游又止。境内以自然景点为主，人文景点极少。旅游配套欠佳，除乡镇街道有三家简陋旅店外，景区内无旅馆，旅客只能匆匆一日游，对当地农民的经济发展作用不大。绥宁是个边远山区，旅游资源开发时间短、起点低。要配套好旅游设施，深度开发旅游资源，需要耗费大量资金。而这些资金主要靠国家有限的财政拨款，因而资金面临严重不足。[①]

绥宁县地势险峻，江河落差大，水能资源丰富，全县水能资源理论蓄藏量为19.7484万千瓦，可开发量为11.2568万千瓦，大力发展水电，水电已成为绥宁县的重要产业。至今，全县共建成小型水电站105座，年发电量3.98亿千瓦时，产值7960万元。

绥宁县依托森林、土地、水力三大资源优势，以建设林业大县、优质米大县、药材大县、保全国双拥模范县，争湖南省县绿化环保强县为目标，调整产业结构。第一产业由粗放型向集约型转化，农林业科技水平明显提高，走高产、高效、优质的产业化道路。第二产业比重逐步加大，第三产业得到大力发展。国内生产总值2008年达到337541万元，同比增长7%。其中第一产业产值90210万元，同比增长5.9%；第二产业总产值142603万元，同比增长6.1%；第三产业总产值104728万元，同比增长9.1%；三产比重为26.70：42.25：31，02。按常住人口计算，人均GDP为10923元。

随着经济的发展，绥宁县社会事业发展很快，加大了基础设施建设和文化设施建设，实现了村村通水泥公路，通有线电视、电话，移动电话覆盖率100%，有线电视覆盖率达90%以上，县城花园化，有图书馆、文化馆、影剧院各一座，休闲广场两个，广播电台一座，电视台一座。由于生活质量大大改善，生活水平亦明显提高。

八　绥宁县贫困现状及原因调查

绥宁县是一个边远山区县、少数民族聚居区、革命老区县、重要国防阵

---

① 袁熵：《绥宁旅游资源的开发》，《邵阳师专学报》1995年第2期。

地县、山洪地质灾害易发频发县，加之产业结构比较单一、基础十分薄弱。2007 年被湖南省纳入"比照省扶贫开发重点县"。经过三年的扶贫开发，经济社会取得一定发展，贫困民众的生活条件有所改善，收入有一定提高。但由于贫困人口多，贫困程度深，经济社会发展仍然面临重重困难和问题。

（一）贫困现状主要表现

1. 贫困人口多，分布范围广

全县共有贫困村 219 个，占全县行政村的 62.9%，其中省定贫困村 70 个、县定贫困村 149 个，农村贫困人口 9.38 万人，占全县农村人口的 31%。从民族分布来看，全县 20 个民族中均有分布，其中 80% 的贫困人口集中在以苗族和侗族为主的少数民族当中。从地理分布来看，全县 25 个乡镇均有分布，主要集中在鹅公岭、朝仪、关峡、麻塘、联民、梅坪、枫木团等偏远乡镇和以宝鼎山为中心的武阳、瓦屋、水口、唐家坊等山洪灾害易发频发乡镇。

2. 农民收入低，生活条件差。据湖南省农村调查队贫困监测结果显示，2009 年全县农村居民年人均纯收入 2715.86 元，比邵阳市平均水平低 835.14 元，比湖南省平均水平低 2194.14 元。70 个省级贫困村中，农民人均年收入不足 2000 元，相当一部分民众生活十分困难。全县每年有 10 万余民众缺粮，其中缺粮 1 到 3 个月的 6 万余人，缺粮 3 到 6 个月的 2.3 万人，缺粮 6 个月以上的 1.8 万人；有 7.1 万农民住在破烂的木屋或者危房中，还有不少的人住在茅草屋中。如梅坪乡木兰村 60 年未建过一栋新房，90% 的农民仍然居住在杉树皮盖的破旧木房中。关峡苗族乡鸟塘村一组村民李茂盛、李茂吉兄弟（一个 38 岁、一个 33 岁，两个都没有娶亲），仍然住在不足 20 平方米的茅棚中，全部家产不足 300 元。类似这样的特困村民还为数不少。全县 70% 的村未通自来水，靠直接引山河溪水或山塘水用于人畜饮水。由于居住条件差、收入来源少，出现了不少光棍村、光棍户。如瓦屋塘乡宝鼎村、关峡苗族乡鸟塘村、枫木团苗族侗族乡黄泥井村，30 岁以上光棍占适婚男子的 40% 以上，瓦屋塘乡宝鼎村共有 539 人，30 岁以上的未婚男子就有 51 人，43 岁的村长至今还是光棍，被人们戏称为"光棍村的光棍村长"。

3. 县乡财政十分困难，村级集体经济薄弱

一是收支矛盾十分突出。2009 年全县财政总收入完成 17165 万元，地方

图1-4　绥宁的贫困乡村不少农民至今仍然居住在老旧残破的木板房中

一般预算收入11201万元，全县财政总支出为72615万元，一般预算性支出70195万元，地方财政自给率仅为15.7%，收支矛盾十分突出。二是可用财力相当有限。2010年预算安排的地方一般预算收入可用财力为11065万元，而人头经费等刚性支出需要35104万元（全县财政供养人员16281人）其中工资福利支出21357万元，对家庭和个人补助支出4079万元，商品和服务支出9668万元，依靠上级补助收入方可勉强保证工资发放。由于财政困难，行政事业单位的公务经费在邵阳市各市县中是最低的，干部职工住房公积金、医疗保险均没能按照规定报准执行，津贴和绩效工资难以按时足额兑现，能够用于公共服务和公共设施建设的资金更是缺乏。县委、县政府仍然在20世纪五六十年代修建的办公楼中办公，办公设施特别简陋陈旧。三是县乡财政负债沉重。截至2009年底，全县地方性债务高达71221万元，其中县级债务67001万元，乡镇债务4220万元，县级债务是当年地方财政收入的3.77倍。村级负债2469.45万元，全县348个行政村有313个村负债运行，拖欠村组干部工资529.3万元。

　　4. 基础建设严重滞后，经济发展后劲极为不足。绥宁县仅有一条省道

S221 贯穿南北，县乡道路级别低，路况差，通行能力弱。目前还有 5 条县道、103 条村道是泥土路，27 个村没有通机耕道。境内山高路陡，很多民众特别是少数民族群众大多居住在高寒地区，交通运输仍然靠肩挑背驮，生产生活极不方便。70% 的村未通有线广播电视，60.5% 的农户未通电话。116 个村没有卫生室，34.5 万人因贫困看不起病。学校危房 140000 平方米，在校贫困学生 13000 余名，5800 人因贫困上学难。同时县城没有一家星级宾馆和一处像样的物流场所。另外，工业规模又小又少，且现有企业因原材料供应不足，产能未能完全释放。目前全县年产值 500 万以上的企业只有 38 家，年上缴税收过 100 万的不足 10 家；今年因木材采伐量减少，原材料供应严重不足，且没有一家年产值过 2000 万元；绥宁规模企业产业单一，以竹木产品为主，产业转型升级一时很难实现。绥宁区位条件差，交通条件差，招商引资更是难上加难，发展第三产业也像女人的头发，一边梳向洞口，一边梳向靖县，难有大的作为。人往高处走是常态。由于经济落后，专业人才特别是科技带头人引不进，留不住，这更是制约绥宁县发展的又一难题。

（二）造成绥宁县贫困的主要原因

造成绥宁县贫困的主要原因比较复杂，既有自然的、历史的，也有国家政策性的。

1. 区位条件差是造成贫困的原因之一。一是绥宁县区位偏僻。地处湘、桂、黔边区，武陵山南支苗岭东部，南岭山脉八十里大南山北麓和雪峰山脉交汇地带，山高岭峻，其中海拔在 1000 米以上的山峰有 348 座。且远离大中城市，距邵阳市 208 公里，距省城长沙 402 公里，是典型的边远山区县。二是交通落后。境内无铁路、民航、水运，无国道、高速，主要靠省道 S221 与外界连接。三是行政成本、建设成本和企业生产成本高。到省、市出差一趟，费用支出远比其他地方高。农村道路、水电等基础设施建设成本远远高于其他县。以通村公路为例，外县每公里造价一般在 20 万元左右，而绥宁县低标准的通村公路每公里平均造价均在 25 万—29 万元，有些路段每公里造价超过 30 万元以上，上级每公里补助 12 万元，需要县乡村负担每公里 13 万—18 万元，县乡村负担部分几乎是其他县的 2 倍。运输成本高，货物运到长沙的运费为 140 元/吨，到北京 320 元/吨，到上海 300 元/吨，比洞口、隆回等周边县高出一倍多。运输费用占企业运行成本 12%，也比周边县高出一倍，企业利润空间因此减小，市场竞争力明显降低。由于道路等级低，无法开展集装箱运输，大宗货物、五金件等进出县相当困难。因区位交通差，难以接受大城市和沿海经济发达地区的经济辐射，生产要素的集聚力十分弱，招商引资也相当困难，目前县内没有一家像样的企业。

2. 成熟可伐林业资源减少和林业政策调整是造成贫困的原因之二。绥宁县作为传统林业县，长期以来，林业是县域经济的基础和支柱。林业产值占GDP的68%，财政收入的70%、农民收入的60%直接或间接来源于林业，县内90%以上的工业企业是以竹、木为原材料的加工业。经统计，全县计划经济时期每年为国家无偿或廉价提供木材40万立方米以上，累计上交省市育林基金上亿元，20世纪80年代无条件接受安置省森工人员2700人。新中国成立以来，全县累计砍伐林木2004万立方米，平均每年砍伐33.4万立方米，楠竹累计砍伐44482万根，平均每年砍伐780.3万根，可伐林木越砍越少，越砍越小，越砍越远，林业经济效益越来越低。

图1-5　一家木材加工厂院子里堆放的木材都很细，说是间木，但据知情者说，其实并不是间木，因为大棵的木头早都砍光了，只能越砍越细，越砍越小了。

由于生产消耗大，培育周期长，以此相依托的林业经济无法为继。特别是随着《中共中央国务院关于加快林业发展的决定》的出台和实施，林业从以经济效益为主向以生态效益为主转变，加大了生态保护力度，国家林业政策调整对以林为主的绥宁县域经济造成巨大冲击。一是林业税费政策特别是"一金两费"的调整给财政带来了巨大冲击。按 2007 年基数计算，免征原竹木税收后，县财政将直接减少财力 2501.28 万元，免征育林基金，财力减少 4101 万元，相反，以前从育林基金列支林业职工队伍的行政事业经费 3400 万元要全部纳入财政予以核拨，减收与增支因素叠加共产生 7600 万元的差距，大幅度加重了县财政的负担。二是林木砍伐量的大幅度减少给农民收入和财政收入带来了巨大冲击。如 2007 年绥宁县的砍伐量是 23 万立方，2010 减少到 13 万立方，共减少了 10 万立方。在原材料环节，以每个立方米农民收入 300 元计算，全县农民收入 3000 万元，人均减收 100 元；在砍伐、运输、加工环节，以每立方米 350 元计算，全县农民减少收入 3500 万元，人均减收 116 元；以每立方米实现工业税收 280 元计算，财政收入将减收 2800 万元。三是生态公益林的大范围划定也给农民收入带来巨大冲击。全县生态公益林面积达 137 万亩，占全县林地面积的 39.3%，使全县可用林业资源大幅度减少，国家补偿标准只有 5 元/亩（后调整到 10 元/亩），农民守着林子不能增收，严重影响了农民收入。

　　3. 灾害频发损失巨大是造成贫困的原因之三（见表 1）。最突出的是山洪地质灾害易发多发频发，破坏极为严重。由于绥宁县气候复杂，降雨集中，山高坡陡，土质疏松，溪河落差大，目前是湖南省暴雨成灾多发区和国家重点监控的山洪地质灾害易发县。2001 年以来每年都要发生一次以上的山洪地质灾害，2010 年接连发生了"6·17"、"6·18"、"6·24"三次灾害。2001 年发生的"6·19"特大山洪地质灾害，受灾重点乡镇 12 个，死亡 124 人，倒塌房屋 2400 多间，冲毁农田 9.6 万亩，冲毁河堤 1200 公里，冲毁公路 851 公里，直接经济损失 5.6 亿元，许多村组至今仍没有恢复元气。2008 年，又遭受了"5·28"特大暴雨山洪的袭击，死亡 3 人，损毁道路 1175 处，倒塌房屋 2100 多间，损坏农田 3 万多亩，全县造成直接经济损失达 10 亿元。2009 年的"6·9"特大山洪地质灾害，造成 9 人死亡，4 人失踪，倒塌房屋 5200 间，冲毁公路 38 公里，直接经济损失 12 亿元。2010 年的"6·17"特大山洪地质灾害，造成 3 人死亡，倒塌房屋 564 户 2819 间，直接经济损失 11.5 亿元。因地质灾害频发，许多农民辛辛苦苦几十年，一夜变成"穷光蛋"。同时许多农田水利设施、农村道路尚未全部复原，却又再次遭灾，形成复合遭灾，给农民的生产生活带来极为严重的影响。如枫木团苗族乡道口村村民刘光明的房屋三次重建三次被洪水冲毁，现在家里一贫如洗。耕地因灾锐减，且相当部分无法恢复。据统计，全县近十年发生的大小地质灾害共损毁耕地 8534.77 亩，目前人均耕地面积 0.71 亩，比全省人均耕地少 25 个百分点；人均耕地不足 0.5 亩的村有 136 个，约占全县行政村总数的 40%。如梅坪乡人均耕地只有 0.23 亩，枫木团苗族侗族乡黄泥井、黄土江、净溪和武阳镇双龙、干坡及瓦屋塘乡宝鼎、长铺子苗族乡田心等村，耕地面积因灾减少了 70%，人均不足 0.1 地。长铺子苗族乡田心村 6、7 组，武阳

表 1-1　　　　　绥宁县山洪地质灾害统计表（2001—2010 年）

发生时间	灾害类型	受灾人口（万人）	直接经济损失（亿元）
2001.6.9	山洪地质灾害	11	0.124
2001.6.19	山洪地质灾害	21	5.6
2002.8.19	山洪地质灾害	15	2.17
2002.8.26	山洪地质灾害	9.6	0.5503
2003.5.15	山洪地质灾害	5.2	0.172
2004.7.11	山洪地质灾害	3	0.0423
2004.7.19	山洪地质灾害	9	0.82
2006.5.5	山洪地质灾害	10.97	0.7368
2006.5.26	山洪地质灾害	13.9	1.2256
2007.6.25	山洪地质灾害	19.6	1.79
2008.5.8	山洪地质灾害	2.668	0.106
2008.5.28	山洪地质灾害	19.6	10
2008.7.19	山洪地质灾害	4.58	0.15
2009.6.9	山洪地质灾害	20	12
2010.6.17	山洪地质灾害	24.5	11.5
2010.6.18	山洪地质灾害	6.2	1.23
2010.6.24	山洪地质灾害	6.7	1.52

镇干坡村1、3组和双龙村4、5组因灾已无地可耕。此外，冰冻灾害、森林火灾、森林病虫害、民房火灾等灾害易发多发，损失同样巨大。由于是山区，相当部分楠竹生长地海拔高，全县每年都要遭受2次以上的低温雨雪冰冻灾害，楠竹毁坏在100万根以上，损毁林木在1万立方米以上，直接经济损失达数千万元。特别是2008年特大冰灾造成楠竹倒伏、爆裂3000多万根，林木受损800多万立方米，通信、电力设施受损更是严重，损失20.3亿元。每年松毛虫等病虫害影响近30万亩森林，另外森林火灾发生面积有时达2万亩。由于农村民房大多为单一木质结构，易发生火灾，每年烧毁民房100座以上，损失达700万元以上。由于灾害频发，农民因灾致贫返贫问题越来越突出，越来越严重。近五年，因灾致贫返贫人口已达5.41万人。

绥宁县近年来山洪地质灾害频发易发，跟林木的过度砍伐，森林植被严重破坏有很大的关系。绥宁县是林区，县财政收入大多依靠木材，企业也大多是木材加工类，一般的税收依赖木材收入。随着砍伐的深入，木材资源越来越少。由于经费严重不足，特别是基层林业工作者工资待遇得不到保障，因而对森林资源的维护越来越差。近年来，随着气候不断变暖，森林受到严重破坏，自然灾害越来越频繁，2001年的"6·19"、2008年的"5·28"、2009年的"6·09"及2010年的"6·17"特大地质灾害都给该县人民生命财产造成严重损失。

4. 少数民族和柘溪水库移民人口多，且民族扶持政策不到位是导致贫困的原因之四。绥宁县是少数民族聚居地区，境内有苗、侗、瑶等19个少数民族。全县共有民族乡14个，占全省民族乡的七分之一，是湖南省民族乡最多的县，也是湖南省7个少数民族人口过半的聚居县。然而，因未划为少数民族自治县，长期以来没有充分享受到应有的民族扶持政策，致使少数民族乡镇经济社会发展受到严重制约。2007年虽然列入"比照少数民族自治县经济待遇"范围，但绥宁县与民族自治县的政策差异仍然很大。主要表现在：财政方面，少数民族自治县每年可以得到中央财政安排的一般性转移支付资金、增值税增量变化补偿资金、乡镇政府补助资金为9000余万元，而绥宁仅有前两项补助且总量要少1700余万元。扶贫方面，全省少数民族自治县均为扶贫开发重点县，但绥宁财政扶持专项资金，每年要比少数民族自治县少600万元以上。教育方面，少数民族自治县每年可以获得中央补助资金5700余万元，绥宁仅为3600余万元，少2100余万元。水利方面，2008年中央安排农村安全饮水项目资金补助，一般为按人均250元，省财政安排人均80元，而绥宁全县只安排200万元，人均不足60元，总数相差几千万元。交通方面，通畅工程绥宁比自治县每公里要少获得补助5万元，通乡公路中央补助民族地区每公里55万元，绥宁每公里补助33万元，相差22万元/公里。国土方面，对于新增建设用地有偿使用资金返还，民族自治地区是通过安排迁地开发整理项目资金下拨，对于国土资源规费征收，自治县享受了新增建设用地有偿使用资金额返回政策，而绥宁县两方面都没有享受到。此外，绥宁县库区移民多。现有柘溪水库区新化移民2.3万人，占邵阳市柘溪库区移民总数的50%，是全省分散安置柘溪水库移民最多的县。目前，绥宁县包括地方管理的大中型水库移民在内的移民人口总数已达到11269户37136人，分布在全县25个乡镇315个村1563个组。大多数移民由于所处生产生活环境恶劣，人均水田在0.2亩以下，自产人均口粮不足120斤，除政策性补助外，大多数农村移民年人均纯收入只有1200元左右。

5. 军事禁区的影响是造成绥宁县贫困的原因之五。绥宁县是重要国防阵地县，属国家军事禁区。因军事限制，招商引资、旅游开发等方面受到严重制约。因禁区内不得接受外商投资项目和中外、台商合作者，致使绥宁县到目前为止未引进一家外资企业。旅游方面，绥宁有较为丰富的森林生态和民族民俗文化，并有黄桑国家级自然保护区等得天独厚的旅游资源，但因军事禁区的原因，每年旅游收入几乎为零，这与绥宁丰富的旅游资源极不相符。因部分山林划入军事禁区范围，长期以来，林农收入也因此受到较大的影响。

九　绥宁县库区移民经济发展情况

绥宁县位于湘西南边陲，总面积2927平方公里，辖25个乡镇，总人口36万。20世纪60年代初，新化县1800多户柘溪水库移民举家来到边远山区绥宁，四十多年过去了，这些移民已发展到3.6万余人。为了移民早日脱贫致富，绥宁县移民开发局认真贯彻执行国家和省市有关移民政策，紧紧围绕实现移民安置区和库区快速、协调、可持续发展目标，因地制宜，创新工作方式，以三大产业为主阵地，每年发展食用菌400万筒以上，年创收600

多万元；建成珠芽魔芋种芋基地二个 150 亩，种植面积 300 多亩；玫瑰花种植基地一个 1000 亩，金银花种植面积 21000 多亩，受益移民 6200 多人，移民年均增收 360 元。三足鼎立撑起移民一片天，移民生活水平明显提高。

（一）香菇铺平致富路

绥宁县是一个典型的山区县，森林茂密，资源丰富，当地群众素有种植香菇的传统。库区移民来到绥宁后，很快学会了香菇种植方法。然而，由于交通闭塞、信息不畅、销售市场狭窄，大部分菇农只是零散地种植一些，以满足自家餐桌之需，没有形成集成化、规模化、产业化的发展模式，香菇收益几乎为零。

2006 年 10 月，绥宁县移民开发局成立后，积极寻求移民脱贫致富的有效途径。移民局局长带领移民开发局干部职工，行程 700 多公里，踏遍了移民居住区的无数个山山岭岭、沟沟坎坎，跑遍了 25 个乡镇 340 多个村寨，与上千位移民进行了沟通交流，记下了十几个重点发展项目。掌握了第一手材料后，移民局跑长沙、下广东、上北京进行市场调研，最后确定了以食用菌作为移民开发的主导产业来发展，重点种植香菇、平菇、秀珍菇等主要产品。

万事开头难。为了引导和带动广大移民参与香菇种植，绥宁县移民开发局因地制宜，有部署地实施"典型带动、部门促动、点面结合、整体推动"的发展模式，并制定了切实可行的帮扶措施和奖励政策。

2007 年 8 月，在绥宁县移民开发局的精心组织下，绥宁县移民食用菌开发服务中心和培训基地在长铺子苗族乡沙田村建成。2008 年初，绥宁县移民食用菌生产加工示范基地在县城商贸城建成，两个基地制备食用菌生产菌种 40 万筒，发展鲜菇 30 万筒，年产鲜菇 36 万公斤，制成盐渍平菇 100 吨，年创产值 35 万元。

利益是最有力的号召，市场是最有效的导向。2008 年冬，绥宁县委、县政府将食用菌产业列为全县十大支柱产业。在绥宁县移民开发局的大力扶持下，乐安乡文江村，党坪乡界溪村，河口乡多逸寨村，竹舟江乡白洋滩村等 10 个食用菌开发示范基地如雨后春笋般迅速发展壮大起来，涌现了刘一龙、陆继顺、周发高、苑德清等 20 位移民户食用菌种植大户，并相继成立了 12 个食用菌生产开发协会，产品主要销往邵阳、怀化、长沙、广州、深圳等地，每年可为当地群众增收 600 多万元。

一个产品做大了就有力量，做优了就有市场。绥宁县食用菌开发项目，一方面解决了全县 4000 多名剩余劳动力的就业问题；另一方面在省局多位领导的大力推介下，许多兄弟市县纷纷派员前来绥宁县参观考察，全省掀起了食用菌的开发热潮。

（二）魔芋架起金银桥

靠单一产品独步天下，很难带动广大移民和当地群众实现脱贫致富。2008 年以来，在巩固香菇产业的基础上，绥宁县移民开发局又在谋求移民新的致富渠道。首先进行了市场行情调查和试种实验，确定以魔芋产业作为带动移民脱贫致富的又一重点项目。

2008 年 11 月 9 日，在广治会上，绥宁县政府与湖北恩施宏业公司签订了魔芋开发合作协议。由该县移民开发局负责起草了《关于加快绥宁县魔芋产业开发的意见》，经县政府审定后作为县人民政府 23 号文件下发。与此同时，县移民开发局多次深入黄桑、关峡等部分村寨，与移民和当地群众说项目、谈发展，落实魔芋种苗基地，为魔芋产业开发作了大量的前期准备工作。

局长杨河清说："移民是勤劳朴实的，有很强的创业意识和实干精神，只要有利于移民脱贫致富，有利于地方经济发展，肯定能赢得广大移民群众的支持和拥护。" 2009 年 3 月，绥宁县移民开发局先后从云南和湖南桑植引进优质魔芋种，分别投放在黄桑乡上堡界溪村和关峡乡梅口村，两个基地总面积达 150 亩，并在黄桑乡成立了"黄桑乡魔芋协会"，并按照"基地 + 农户 + 协会"的模式进行运作。项目推广以来得到了基地农户们的一致欢迎和配合，效果良好。

为了科学发展魔芋产业，促进芋农增产增收，绥宁县移民开发局两次邀请省农业大学吴教授到基地举办魔芋种植技术培训班，共培训 120 人次，试种农户基本掌握了全套魔芋种植技术。截至 2010 年 4 月，全县魔芋种植面积已扩大到 300 多亩，预计年创产值 200 多万元。并在扩大种植面积的基础上，引进一家大中型加工企业，为广大移民和当地群众再架一座致富的金银桥。

（三）金银花开香满园

星星点灯很难形成燎原之势，散户散种很难形成规模效应和品牌效益。

绥宁县移民开发局及时调整工作思路，将全面铺开转向为重点突破，将"撒胡椒面"式的帮扶转向为典型带动，将单纯的资金扶持转向为综合性开发服务。在这种创新工作理念的引导下，移民开发工作卓有成效。

河口乡岩坡村移民谢晔在外打拼多年，2007 年 2 月，他凭着在外打工的种植技术和加工经验，放弃了丰厚的打工收入，毅然回乡从事玫瑰花和金银花项目的开发。

没有资金怎么办？经过绥宁县移民开发局的牵线搭桥，2007 年 3 月，谢晔向绥宁县丰源竹木实业有限公司提供了玫瑰项目可行性论证报告，并达成了投资合作意向。当年，谢晔就承包了本村 200 亩山场搞起了玫瑰花种植。2008 年又与本村村民签订了 1100 亩山场的租赁协议，已种植玫瑰花 800 亩。2009 年春，他又扩种了金银花 300 亩，种植面积达 1400 余亩。为开发这两个项目，绥宁县丰源竹木有限公司投资 300 多万元，谢晔自筹资金 20 多万元，贷款 40 万元，并常年聘请了 40 个当地农民和 3 个管理人员。目前，漫山遍野开满玫瑰花和金银花，花香袭人，一片勃勃生机。为做大做强这两个特色项目，谢晔追加投资 130 多万元，已建好了厂房，购进了一批加工提炼设备，今年 7 月份可以全力进行加工生产，预计三年后每年可以获纯利 50 万元以上。

十 绥宁县"林工一体化"建设的实践与思考

绥宁县是国家南方 48 个重点集体林区县之一，被国家林业局、湖南省林业厅分别授予"中国竹子之乡"、"湖南林业十强县"称号。近年来，绥宁县把实施"林工一体化"工程作为落实科学发展观、推进新型工业化、实现富民强县的首要战略，以林促工，以工带林，促进了生态、产业和生态文化三大体系的健康协调发展，促进了林业生态效益、社会效益和经济效益同步提高，促进了县域经济持续、快速、健康发展。

林工一体化，是指按照科学发展观的要求，通过建立和完善资源培育体系、林产品加工体系、生态文化体系三大体系，推进科技创新、制度创新、管理创新、保障机制创新，促进林业生态效益、社会效益和经济效益同步提高的系统化工程。实施"林工一体化"工程，旨在打破林工分离的传统生产经营模式，以市场需求为导向，以竹木加工企业为主体，应用资本纽带和经济利益将竹木加工企业与营林基地有机结合起来，形成集竹木加工与植树造林于一体的林区新型工业化格局。

培育三大体系是"林工一体化"的核心，包括资源培育体系、林产品加工体系、生态文化体系。建设资源培育体系，首先要加大林农自主造林的力度，帮助林农转变观念，加大对林业的投入，努力提高林地效益。其次要加快以企业建原材料基地为主的社会化造林步伐，依托企业资金实力，大力扶持企业按标准化生产技术建立和发展原材料基地。再次要加强政府的引导作用，通过发挥财政扶持、技术服务、林政管理、促进融资、优化环境等职能，形成资源培育的良好局面。建设林产品加工体系，要着力在精深加工、创立品牌上下工夫。要推进规模经营，形成规模效益，取缔效益低、污染大、附加值不高的企业。要尽量延长产业链条，积极发展精深加工产品，求取效益的最大化。要着力加强品牌创建，通过加强产品质量管理和营销策划，提高产品品牌的知名度和竞争力。建设生态文化体系，要加强生态资源的保护，着力保护动植物物种的多样性，开展娃娃鱼、黄腹角雉等珍稀动物的放养活动与标本的展览，开展铁杉、银杏等珍稀树木的宣传介绍活动，提高人们对动植物的认知程度和保护的自觉性。积极发展生态旅游产业，挖掘人们向往宁静、亲近自然的心理习性，充分发挥森林生态无可比拟的"氧吧"优势，打造休闲和养生的特色旅游品牌。同时可通过森林摄影、风光写生等文化活动，体验游山玩水的乐趣。开展徒步、漂流、攀岩、探险等森林户外活动，增强人们对大自然的亲近和热爱。

构建三大机制是"林工一体化"的保障，包括科技创新、制度创新、管理创新。推进科技创新，要加大技术改造力度，通过加大资金投入，加快技改步伐，促进产业技术升级和产品更新换代，提高企业和产品的市场竞争力。加大高新技术的发展与应用力度，推动企业大力开展新技术、新工艺、新产品的创新活动。加大信息化建设力度，推进信息与网络技术在竹木加工业中的应用。通过科技创新，提高林地单位面积的产出和竹木单位数量的效益。推进制度创新，就是要从制度层面为"林工一体化"创造最佳空间，如推进林权制度改革，为森林、林地的合理流转提供制度保障，如确定造林业主的权利及义务，有效维护造林业主的合法权益等。推进管理创新，就是学习、采用、借鉴先进的管理方式，通过提高管理水平，从而提高生产力水平。

实现三大目标是"林工一体化"的落脚点，即力求取得生态效益、经济效益、社会效益的最大化或三者之间的最佳平衡点。要通过加大资源培育力度，不断提高森林覆盖率，增强林业发展的生态效益，促进人与自然的和谐相处。要通过提高林地产出和资源价值，增加林农收入，提高企业利润，增加财政税收，提高林业发展的经济效益。要通过提高发展水平，增强区域整体实力，推进社会和谐进步，提高林业发展的社会效益。

绥宁作为传统的林业大县，在计划经济时代积累了一套关于林业资源培育、林政资源管理、森林病虫害防治、野生动植物保护等行之有效的工作措施，全县活立木蓄积量逐年上升，森林覆盖率稳步递增，林区经济稳步发展。但随着形势的变化，绥宁林业大而不强、机制不活、投入不足、经营粗放、与市场脱节的矛盾越来越突出，原来计划经济的管理模式，越来越不适应市场经济条件下林业发展的新要求。一是机制不活。集体林长期由村集体统管统造、统砍统分，农户没有自主经营权，随着林业分类经营措施的实施，林木采伐逐年减少，林农从集体林木采伐中分红逐年减少，全年378个村中，有35%的村，林农已不能从集体林木采伐中分红。二是投入渠道单一。村集体统管统造，投入也由村集体为主体，县林业部门给予适当补助，随着林木年采伐量和天然优质大径材所占比例逐年减少，林木采伐收入低，村集体营林投入和管护投入力不从心，村集体每亩造林投入由以前的每亩平300元下降到不足150元。企业和社会资金进入林业资源经营的通道没有疏通，解决营林投入矛盾显得势在必行。三是林工之间的严重脱节。长期以来，林业和工业在各自的轨道上运行，两者之间联系松散，始终没有一个对接平台。一方面，林业经营粗放，效益低下，杉木比例过高，出现"原木卖方，楠竹卖根"的状况；另一方面，高投入高产出的速生丰产短轮伐期的工业原料林基地发展滞后，精深加工所需的松、阔等优质原料林木相对不足，企业经营处于"吃不饱"状态，政府常常夹置于林工两难之中。实施"林工一体化"建设，促进林业与工业良性互动，是集体林区林业由传统林业向现代林业过渡的必然要求和有效途径，有利于解决工业原材料供应不足的问题，促进工业持续健康发展，有利于引导林农融入工业化进程，增加林农收入，加快新农村建设步伐。

绥宁为促进林业与工业的良性互动，积极探索"林工一体化"建设路子。一是充分调研，提供政策保障。成立专题调研组，考察学习了福建、江西、浙江等地方经验，多层次召开座谈会，广泛听取了全县各界人士的建议与意见，组织全体在职副县级以上干部进行专题研讨，出台了《关于加快林业发展的意见》、《关于鼓励社会化造林绿化的实施意见》、《森林、林木、林地使用权流转管理办法》、《关于加快推进"林工一体化"建设若干问题的规定》等系列文件，从林地经营体制、利益分配机制、政策激励措施等方面作了比较全面、具体、明确的规定，将原来由村集体经营的50万亩楠竹林全部承包到农户经营，将商品林地经营权全面推向社会，鼓励各种社会力量自愿投入、自主经营，激活了营林投入机制和林地经营机制。二是狠抓营林，夯实资源基础。把营林作为促进县域经济发展的重要基础工作来抓，狠抓林业资源培育。从实际出发，提出了"保阔、控杉、培竹、扩松、改疏"的林地经营原则，实施分类经营，加强天然阔叶林的保护；适度控制杉木林的发展，人工新造林中松、阔混交比例不低于30%；加大楠竹低产林、疏残次商品用材林改造力度；大力发展短轮伐期马尾松林、优质速生阔叶林等工业原料林，实现了营林产上量的突破和质的飞跃。近三年来，全县每年完成楠竹丰产林培育3万亩以上，楠竹林亩平投入增加1—3倍，亩平产值由原来的每年300元左右提高到每年1500元以上；每年完成人工新造林和疏残次林改造5万亩以上，商品林采伐迹地当年更新率达100%，其中社会力量投入造林占新造林面积的80%以上，以"企业+基地+农户"的造林规模达1.3万亩，有效地解决了社会投入积极性不高、营林投入严重不足、工业原料短缺等系列问题。三是提升品质，促进林产工业升级增效。采取优惠措施，引进江西亿佳竹艺等大型企业，全力促进楠竹资源精深加工，全县楠竹加工率达100%，单株楠竹产值由10元增加到50元以上，扶持纸业、板业、松脂等工业企业向精加工、深加工、高附加值方向发展，采取行政政策、经济杠杆、市场调节等各种手段，清理整顿竹木加工企业，逐年淘汰加工规模小、加工设备简陋、资源消耗大、产品档次低的竹木加工企业。鼓励、引导小型竹木加工企业按"订单制"的方式成为竹木龙头加工企业的"半成品生产车间"。2006年，全县竹木加工企业由2001年的630余家减少到120多家，而竹木加工产值却由不足6亿元增加到15亿元。以前生产的木模板、竹胶板等低档产品价格为1000—1500元/立方米，现今生产的画材、竹地板等高档产品价格为 3500—5000 元/立方米。这些措施促进了林产工业的快速健康发展，林产工业已撑起县域经济的半壁江山，竹木加工规模企业达 26 家，已形成板材、家具、造纸、竹艺、林化和药材 6 大系列 80 多个品种，年加工产值达 13 亿元，年新增税收 3000 余万。

实施"林工一体化"工程建设以来，取得的成绩是明显的，但也存在许多不足之处亟待完善，下一步，绥宁将着力以林权改革为契机，进一步激活林业经营体制；以工业园区建设为载体，进一步推动工业升级为增效；以建设现代林业产业体系为目的，引进大型企业，扩大企业直接投资建工业原料林基地规模，扎实推进"林工一体化"，实现新林区全面发展。

实施林工一体化战略，在强调经济效益的同时，还必须重视林业生态效益。这是林区经济发展中必须处理好的两个问题，尤其是生态效益绝对不可忽视。林区经济发展中短期利益和中长期利益一定要相互协调，相得益彰。这既要国家林业政策的规范和扶持，更要地方政府的切实执行。

第二节　武阳镇自然地理、历史沿革及人口概况

一　自然地理概况

武阳镇位于绥宁县东北部，东邻绥宁县白玉乡和李西桥镇，南接绥宁县关峡苗族乡，西与绥宁县枫木团苗族侗族乡接壤，北与绥宁县唐家坊镇相连，距县城长铺镇 51 公里，总面积 175.6 平方公里。武阳镇坐落在神仙堂、车风坳、十里丫、黄土丫、连花山、龙烟山之间的小平川上，属山间小盆地，地势南高北低，县镇第二大河蓼水河，发源于境内，穿过中部向东北部延伸，中部有 28970 亩的冲积平原，属绥宁县最大的平原，为短轴状构造盆地，长轴呈北北东向 20 度，长 5000 米，短轴呈北西西 290 度，长 4.5 千米，土质为黑沙土质。武阳镇属中亚带山地型季风湿润气候，四季分明，全年日照数 1354.6 小时，太阳辐射量为每平方厘米 101.87 千卡，为全县最高镇，年平均气温 17.2℃，极端最高温 41℃，极端最低温 -7℃，年平均降水量 1326.2 毫米，降水最多月份为五月份，最少为十二月份，主要风向为西南风和东北风（因地势而形成，其西北及东南均为高山，平原呈西南往东北走向），风速每秒 1.3 米，是全县的大风区。

二　武阳镇历史沿革

武阳镇，五代时为楚国武阳砦辖地，明代前期始称青坡司，清代后期开始称武阳。民国时期属李熙桥区，解放初期属三区，1955年改为武阳区，1956年撤区并乡，建武阳乡。1958年公社化，建武阳人民公社。1961年调整体制分为桐木、大田两个公社，1966年复并入武阳公社。1984年改建制镇，为武阳镇。辖19个行政村：道口村、大田村、六王村、三房村、肖家村、连塘村、雀林村、茅坪村、周家村、大溪村、长冲村、老祖村、大涧村、秀水村、双龙村、双鸣村、桐木村、干坡村、武阳村。2个居民委员会：解放坪居委会、老街居委会。境内居民多数为汉、苗、侗族等，其中苗、回、瑶、壮、土家族占总人口的76%，以黄、周、肖、李姓等居多。

三　武阳镇人口概况

武阳镇现辖19个行政村，2个居民委员会。2008年底，全镇总户数7061户，总人口28182人，镇区人口2091人，（不含绥宁二中师生），占全镇人口的10%；2008年末劳动力16501人，占总人口的58.5%，从武阳镇1995—2008年人口数量统计图中可以看出武阳人口呈平稳增长之势，年增长率均在0.17%左右。

根据武阳镇派出所户籍统计资料。武阳镇2008年人口年龄结构为：0—14岁人口5215人，占18.5%，15岁至64岁人口20375人，占总人口的72.3%，65岁以上人口2592人，占总人口的9.2%。见2008年武阳镇人口年龄结构统计图（图1-8）。

从人口性别来看，1995年人口总数25617人中，男12782人，占人口总数49.9%，女性12835人，占人口总数的50.1%，男女比例基本平衡。到2008年底，男性人口14063人，占人口总数（28182人）的49.9%，女性人口14119人，占人口总数50.1%。14年中，男性人口略有增长，但增长不大，男女性别基本保持平衡。见表1-2。

从人口在农业与非农业上的分布来看，1995年，农业人口23745人，占人口总数（25617人）92.7%，非农业人口1872人，占人口总数的7.3%。至2008年底，农业人口为26091人，占人口总数的（28182人）92.6%，非

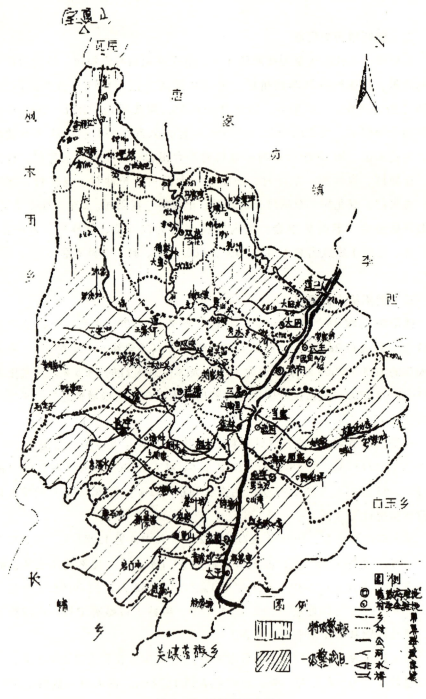

图 1-6 武阳镇区位图

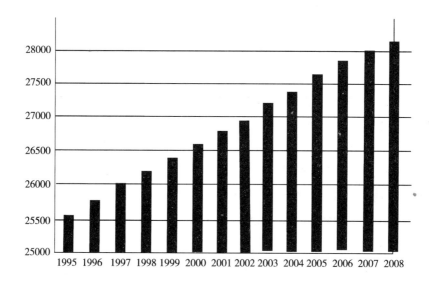

图 1 - 7　武阳镇 1995—2008 年人口数量统计图

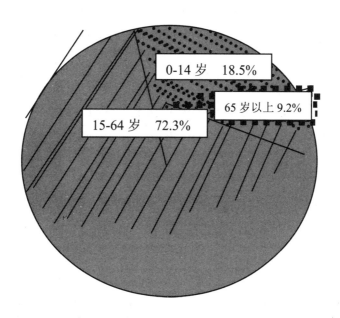

图 1 - 8　2008 年武阳镇人口年龄结构统计图

农业人口 2091 人，占人口总数的 7.4%。从 1995 年至 2008 年，武阳镇的农业人口与非农业人口均有所增加，比例变化不大，但非农业人口长期保持较低比例，不足 8%，与武阳的经济发展水平相对照，这显然是不适宜的。

表 1-2　　　　　　　　1995—2008 年武阳镇人口结构统计表

年度	年末人口					按农业与非农业分			
	总数（人）	男（人）	%	女（人）	%	农业（人）	%	非农（人）	%
1995	25617	12782	49.9	12835	50.1	23745	92.7	1872	7.3
1996	25810	12776	49.5	13034	50.1	23926	92.7	1884	7.3
1997	26002	12949	49.8	13053	50.1	24107	92.7	1895	7.3
1998	26199	13073	49.9	13126	50.1	24287	92.7	1912	7.3
1999	26398	13173	49.9	13225	50.1	24468	92.7	1930	7.3
2000	26595	13271	49.9	13324	50.1	24648	92.7	1947	7.3
2001	26792	13369	49.9	13423	50.1	24827	92.7	1965	7.3
2002	26992	13469	49.9	13523	50.1	25009	92.7	1983	7.3
2003	27188	13567	49.9	13621	50.1	25187	92.7	7001	7.3
2004	27386	13666	49.9	13720	50.1	25368	92.6	2018	7.4
2005	27584	13765	49.9	13519	50.1	25547	92.6	2037	7.4
2006	27781	13863	49.9	13918	50.1	25726	92.7	2055	7.4
2007	27982	13963	49.9	14019	50.1	25909	92.6	2073	7.4
2008	28182	14063	49.9	14119	50.1	26091	92.6	2091	7.4

表 1-3　　　　　　　　1995—2008 年武阳镇人口文化程度分布统计表

年度	总人口	文盲人口		小学文化		初中文化		高中文化		大专以上	
		人数	%	人数	%	人数	%	人数	%	人数	%
1995	25617	256	1	5123	20	16908	66	2306	9	1024	4
1996	25810	258	1	5162	20	17035	66	2323	9	1032	4
1997	26002	260	1	5200	20	17162	66	2340	9	1040	4
1998	26199	261	1	5239	20	17294	66	2357	9	1048	4

续表

年度	总人口	文盲人口		小学文化		初中文化		高中文化		大专以上	
		人数	%	人数	%	人数	%	人数	%	人数	%
1999	26398	263	1	5279	20	17425	66	2375	9	1056	4
2000	26595	266	1	5318	20	17289	65	2393	9	1329	5
2001	26792	267	1	5358	20	17417	65	2411	9	1339	5
2002	26992	269	1	5398	20	17547	65	2429	9	1349	5
2003	27188	272	1	5337	20	17501	64	2719	10	1359	5
2004	27386	274	1	5477	20	17253	63	2739	10	1643	6
2005	27584	276	1	5517	20	17378	63	2758	10	1655	7
2006	27781	278	1	5566	20	17225	62	2778	10	1944	7
2007	27982	278	1	5596	20	17351	62	2798	10	1958	7
2008	28182	282	1	5636	20	17473	62	2818	10	1973	7

从人口文化程度分布看，1995 年总人口 25617 人中，文盲人口 256 人，占人口总数的 1%，小学文化程度的人口 5123 人，占人口总数的 20%，初中文化程度的人口 16908 人，约占人口总数的 66%，高中文化程度的人口 2306 人，占人口总数的 9%，大专以上文化程度的人口 1024 人，约占人口总数的 4%。到 2008 年，总人口 28182 人中，文盲人口 282 人，占人口总数的 1%，小学文化程度的人口 5636 人，约占人口总数的 20%，初中文化程度的人口 17473 人，占人口总数的 62%，高中文化程度的人口 2818 人，占人口总数的 10%，大专以上文化程度的人口 1973 人，约占人口总数的 7%，十四年中，文盲人口百分比基本保持不变（保持在 1% 左右），但总人数从 256 人上升到 282 人，文盲人口基本上属于残疾人（包括肢残和智障），新增的 26 人，全为青少年（先天性残障患儿），农村特殊教育有待加强。武阳镇经济比较发达，人民生活较为富裕。1995 年则已基本普及九年义务教育，初中以上文化程度的人口占人口总数的比例就已达到 79%，到 2008 年该比例基本未变，其中大专以上文化从 1995 年的 4% 上升到 2008 年 7%，升幅比较大，但与其经济发展水平还是不协调。

第三节　武阳镇经济发展情况

一　武阳镇经济发展总体概况

武阳境内属半山半丘陵地，中部和东北部多小山平地，东南及西北边境高山环绕。主要河流为武阳河（蓼水河），有中小型水库6座，蓄水总量452万立方米。全镇有耕地面积33549.5亩，其中水田21776.9亩，有林地面积206923.9亩，其中楠竹面积12000亩，主要树种为松、杉等，活立木总蓄积量为410万立方米。武阳镇是一个农业大镇，以杂交水稻制种和种植水稻为主。主要粮食作物有水稻、红薯、玉米、马铃薯，经济作物有辣子、生姜、黄豆、油菜、蔬菜等，园地主要有橘柑、桃、梨、葡萄，药材有茯苓、天麻，养殖业有牛、猪、羊、马、鸡、鸭、鹅、鱼等，林产品除木材外，还有杨梅、板栗、茶油、桐油等。杂交水稻制种是全镇的支柱和主导产业。林业以木材加工为主。境内现有企业54家，其中有地板条厂38家，木材加工厂8家，筷子厂2家，家具厂6家，红茶厂1家，制砖厂3家，固定资产720万元。

武阳镇的经济发展情况，既与整个绥宁县的经济发展情况有相似之处，也有自己的特色。武阳镇党委、政府在党的全面建设小康社会的总体思想指导下，全面贯彻和落实科学发展观，坚持以人为本，坚持全面、协调、可持续发展，统筹兼顾各行业的发展及城乡发展，社会事业的发展。通过"稳农、兴工、扩三"的总方针发展本地经济。即稳定农业、巩固农业的基础地位，大力发展种植业和养殖业。兴办工业，武阳镇有一定的小手工业基础，农机加工与修造，竹木加工历史悠久。镇党委、政府制定政策，引导传统手工业向现代化工业发展。扩大第三产业，大力发展第三产业，大力发展个体私营经济，从事第三产业，使经济发展走向快车道。

全镇2006年实现国民经济总产值1.43亿元，农业总产值2492万元，比2002年增长6%，财政收入在实行税费改革全面取消农业税的情况下形势逐步好转，2006年完成财政税收116.5万元，比2002年增长8%；2008年完成国民总产值1.49亿，农业总产值5200万元，农民人均3600元，财政收入112.7万元；2009年实现全镇国民生产总值2.8亿元，农业生产总值2978万元，全年财政收入 129.35 万元，农民人均收入达 3733 元，比 2002 年翻了一番，比 1995 年的人均 1100 元提高了三倍多。

二　武阳镇产业结构及经济特色

武阳镇党委政府以科学发展观为指导，依托本镇的资源优势和经济特点，制定了符合本地实际的科学的经济发展战略，使武阳镇经济发展充满活力。

（一）产业结构情况

经过 1995 年至 2008 年的调整和发展，武阳镇产业结构日趋合理。通过"稳农"措施，使农业的基础地位得以巩固。通过"兴工"措施，使工业（竹木加工业）得到了发展。通过"扩三"措施，使第三产业蓬勃兴起。

表 1-4　　　　1995—2008 年武阳镇劳动在各产业分布情况比重计表

年度	劳动力总计	第一产业		第二产业		第三产业		外出务工	
		人数	%	人数	%	人数	%	人数	%
1995	14850	8400	57	1575	11	1525	10	3350	22
1996	15114	8463	57	1586	11	1530	10	3383	22
1997	15129	7942	53	2118	14	1530	10	3387	22
1998	15340	8053	53	2147	14	1538	10	3523	23
1999	15457	7573	49	2163	14	2083	13	3659	24
2000	15573	6072	39	2335	15	1936	12	5230	34
2001	15689	6118	39	2259	14	2036	13	5276	34
2002	15805	4741	30	2119	13	2042	13	6903	44
2003	15920	4796	30	2113	13	2051	13	6960	44
2004	15945	4691	29	2418	16	3018	19	5818	36
2005	16152	4724	29	2423	15	3121	19	5884	36
2006	16267	4758	29	2433	15	3129	19	5947	36
2007	16383	6307	38	2622	16	3082	19	4374	27
2008	17501	6930	40	1991	11	2980	17	5600	32

从武阳镇劳动力在各产业情况可以看出：1995 年在本镇就业劳动力

14850 人中，从事第一产业为 8400 人，占在本镇就业的劳动力总数的 57%，从事第二产业的为 1575 人，占在本镇就业劳动力总数的 11%，从事第三产业的为 1525 人，占在本镇就业劳动力总数的 10%，外出务工人员 3350 人，占总劳力的 22%。第一产业过大，第三产业过小，结构明显不合理。1997 年开始，从事第一产业的劳力为 7942 人，占总劳力的 53%，较前两年下降 4 个百分点，同时从事第二产业的人口数有所上升，较前两年上升 3 个百分点。前四年从事第三产业以及外出务工的人数基本没有变化。2000 年从事第一产业的劳力人数为 6072 人，占总劳力的 39%，比 1995 年下降了 18%，同时从事第二和第三产业以及外出务工的劳力均有所增加，分别较 1995 年上涨了 4%、2% 和 12%。到 2008 年，在本镇就业劳动力总数为 17501 人，从事第一产业的劳动力为 6930 人，占在本镇就业劳动力总数的 40%，从事第二产业的劳动力为 1991 人，占在本镇就业劳动力人数的 11%，从事第三产业的劳动力为 2980 人，占总数的 17% 左右，外出务工人员 5600 人，占总劳力的 32%。通过十四年的调整和发展，第一产业的劳动力人口下降了 17 个百分点；第二产业较 1995 年没有变化，但较 2007 年下降了 5 个百分点，第三产业的劳动力人口上升了 7 个百分点，外出务工人员较 1995 年上升了 10 个百分点。从表 1－4 可以看出武阳镇产业结构变化的趋势：从事农业的人口在逐步减少，而且减少的幅度较大，最高达到 28% 的减幅；从事第二产业和第三产业的劳力逐年增加，但增加的幅度较小，最高增幅达 5% 和 9%；外出打工的人数基本是逐年增加的，但中间有波动，最高增幅达 22%。总体而言，武阳镇仍是个以农业为主的乡镇，第二和第三产业发展较为缓慢，农业劳动力充裕，剩余劳动力出外打工的居多。武阳镇产业结构调整还任重道远。

武阳镇是绥宁县第二大镇，经济发展较快，工商业比较发达，全镇大小私营、个体企业 2303 家，吸纳了大量本镇劳动力就业。2008 年，武阳镇劳动力总数 17501 人，在本镇就业人数达 9901 人，其中第一产业就业 6930 人，第二产业就业 1991 人，第三产业就业 2980 人。武阳镇是绥宁县人口大镇（人口总数仅次于长铺镇，居第二位），也是劳动力大镇。尽管本镇工商业发达，吸纳了相当一部分劳动力就业，但每年仍有大量劳动力外出务工。最少的 1995 年，外出务工人员也有 3350 人，占当年劳动力总数的 22%，占人口总数的 13%。高峰期的 2002—2003 年，外出务工人员达到 6900 余人，分别占当年劳动力总数的44%，当年人口总数的25.7%，户均1.3人。2008年底，尽管遭受全球金融风暴的冲击，一部分农民工返乡，但仍有5600人在外务工，占2008年劳动力总数的32%，占总人数的19.9%，户均0.93人。武阳镇劳动力外出务工地点基本集中在广东、福建（石狮）、浙江（温州），也有少部分在江苏。其他地方只有极少数的劳动力。务工形式主要是进厂做工的第二产业为主，有少数从事餐饮，或木地板销售的第三产业。

大量劳动力外出务工，给武阳镇的经济发展带来了积极的影响。外出务工人员在外学到了生产技术，经营管理经验。回乡创业，活跃了地方经济，但也带来了一些社会问题。农村大量的留守儿童和老人，孤单度日。尽管衣食不愁，但感情上的孤单是难以言表的，既不利于儿童的教育和成长，也不利于老人的健康长寿和安度晚年。许多孩子小小年纪就承担起了沉重的家务，年逾七旬的老人还在种自家的责任田。另外，造成一小部分田地撂荒。这些问题尽管不是矛盾的主要方面，但也不可忽视。

表1-5　　　　　　　　外来人口及就业情况表　　　　　（单位：人）

年度	总人口	劳动力			就业情况			
		总计	男	女	总计	第一产业	第二产业	第三产业
1995	188	185	120	65	185	62	85	38
1996	170	167	110	57	167	50	75	42
1997	182	178	115	68	178	55	78	45
1998	198	191	130	61	191	64	81	46
1999	201	192	128	64	192	59	85	48
2000	185	179	120	59	179	56	77	46
2001	180	174	124	50	174	54	76	44
2002	179	171	128	43	171	52	74	45
2003	176	170	126	44	170	53	75	42
2004	178	171	130	41	171	51	76	44
2005	177	171	129	42	171	52	78	41
2006	178	171	132	39	171	49	79	43
2007	175	167	136	31	167	48	68	51
2008	171	165	118	47	165	50	66	49

武阳镇外来人员不多（绥宁二中师生员工不计在内），其中一部分是从外地请来从事木地板、竹木筷子加工的技术人员。从 1995 年至 2008 年，基本上维持在 200 人以内。只有 1999 年，木地板加工业特别发达的高峰期，外来人员突破了 200 人。就业情况一、二、三产业均有分布。以 2008 年为例，外来人员 171 人，第一产业就业 50 人，第二产业就业 66 人，第三产业就业 49 人，比例几乎各占三分之一。

（二）产业发展情况及其特色

第一产业。

武阳镇是绥宁县地势最为平坦的乡镇，土地肥沃，拥有耕地 26650 亩，水利设施比较齐全，是县内最大的水稻生产基地和杂交制种基地，有绥宁县粮仓的美称，主产稻谷，盛产柑橘，土特产有板栗。尤其是武阳大米，品质优良，色白粒大，营养丰富，香糯可口，富含十几种人体所必需的微量元素，古代曾一度成为贡米，享誉县内外。

武阳镇党委、政府根据本镇的这一优势和特色，积极实施"稳农"政策，他们充分认识到"农业是国民经济的基础，粮食是基础中的基础"，始终把巩固农业基础地位，稳定粮食生产作为中心工作来抓，他们根据中央的惠农政策和省市县的有关精神，结合本镇实际，出台了一系列"稳农"措施，使本镇的粮食种植面积始终稳定在 21715 亩左右，占农作物播种总面积（26448 亩）的 82.1%，粮食总产量始终维持在 1.3 万吨以上，粮食种植始终在武阳镇的第一产业中占主导地位。

武阳镇的粮食作物主要是稻谷，其次是红薯、玉米、高粱、大豆，其中稻谷占粮食总产量的 95% 以上，从表 1-6 可以看出，从 1999 年开始，武阳镇粮食种植面积开始减少，减少了 705 亩，但粮食产量始终保持在 1.3 万吨以上。养殖业发展很快，从 1995 年至 2008 年，一直呈稳步增长态势，2008 年比 1995 年增产 67663 公斤，现在不论是粮食产量还是养殖业都是绥宁县第一大乡镇。

武阳镇林果产品主要是柑橘、板栗，种植方式主要是各农户在庭院及自留山上分散种植，只有两个规模比较大的村级园艺场，也全种柑橘，现在已承包给私人经营，具体产量无数据可查。估计柑橘年产量 150 万公斤左右，板栗年产量 2 万公斤左右。林果业基本上是粗放型经营，科技含量不高。

　　武阳镇粮食种植业和养殖业的发展除了得益于本镇得天独厚的自然条件和传统产业优势外，与镇党委政府的"稳农"措施是分不开的。

表 1-6　　　　　　　1995—2008 年武阳镇农业生产情况统计表

年度	农作物播种面积（亩）	粮食作物播种面积（亩）	粮食总产量（KG）	猪总产量（头）	牛总产量（头）	羊总产量（只）	鱼总产量（公斤）
1995	26650	21775	14200000	20175	2118	1051	217800
1996	26650	21775	13065000	20234	2120	980	258600
1997	26650	21775	13075000	19878	2131	840	239200
1998	26650	21775	13088000	19675	2132	857	259285
1999	26650	21070	13094000	19724	2118	875	260080
2000	26514	21070	13105000	19804	2114	1023	261000
2001	26514	21070	13116000	18006	2135	1132	266000
2002	26514	21070	13125000	199871	2132	1204	278000
2003	26514	21070	13137000	19801	2132	1318	275000
2004	26464	21070	13139000	19001	2135	1201	268900
2005	26448	21070	13145000	18324	2140	1134	274790
2006	26448	21070	13152000	17214	2110	1089	276000
2007	26448	21070	13175000	16418	2054	929	268500
2008	26448	21070	13185000	18560	2017	730	287500

　　第一，始终把粮食生产工作放在第一位。历届党委、政府都有一个共识：武阳镇有得天独厚的种粮条件，农民有种粮传统和积极性，政府需因势利导，出台相关政策。（1）允许土地使用权在农民手中自由流转，有偿转让。使得一部分主要劳动力外出务工或从事其他产业农户的承包地又流转到一些立志不外出打工的农户手中，形成了一些种粮大户，这些种粮大户实行规模化经营，加大了对农田的水利和其他基础设施的建设，加大科技投入，实行农业机械化生产，不仅使粮食产量稳步上升，而且土地质量也得到明显改善，使得农业生产呈良性循环的发展态势。（2）兴修水利和农业基础设施，镇党委、政府自筹部分资金，向县农业综合开发办申请部分资金，对大田、六王、毛坪、三房、秀

水、肖家、连塘、武阳、雀林等村的农田水利设施、机耕道进行整修，提高了机械化耕作程度，成为旱涝保收的丰产田。中稻单产最高达951公斤。(3) 重奖种粮大户和种粮积极分子。镇里每年都要评选种粮状元。重奖一批种粮大户和积极分子，对种植水稻等粮食作物在50亩以上，年产粮食25万元公斤以上的奖励化肥、农药和农机具，开表彰大会，授予种粮状元和种粮积极分子荣誉称号，大大提高了农民种粮的积极性。(4) 修造农田。近年，由于城区的扩展，城区周围的农田被占用一部分。为了确保基本农田不减少，镇党委、政府严格执行国家的国土政策和耕地保护政策。利用征收耕地占用费在河滩地、荒坡地开荒造田500余亩，确保基本农田的数量不减少，保证了粮食（水稻）种植面积不减少。(5) 大力推广套种模式，提高土地利用率，田里种水稻，田垄上、田埂上套种大豆、玉米、高粱等作物，取得良好的效益。武阳镇又有秋种油菜的传统，现在镇政府出台每种一亩油菜，奖励50元的政策，种油菜的积极性空前高涨，中稻一收割完，就开始整地，播种油菜，2008年油菜播种面积达到10500亩，产菜子1758吨。

图1-9　绥宁县被袁隆平誉为"中华杂交水稻制种第一县"，而武阳镇
　　　　则是绥宁县水稻制种第一镇

在第一产业中，制种业也是武阳镇的传统优势产业。早在1975年，武阳镇以其得天独厚的条件，率先进行杂交水稻制种。经过30年的发展，现已成为该镇的支柱产业。2006年全镇杂交水稻制种面积达36000亩，平均亩产达260公斤以上，高产地块可达到350公斤，年总产量超过1000万公斤，总产值上亿元，可以保证800万亩水稻种植，为国家供应粮食6000万吨。全镇所辖的19个行政村，2个居委会，就有17个从事制种业，其中毛坪村制种示范片，制种面积达2500亩，其余16个村均在500亩以上，有的村也达到了1000亩以上。是绥宁县制种第一大镇，绥宁县被袁隆平院士誉为："中华杂交水稻制种第一县"，武阳镇就是这第一县中的第一镇，其年制种面积达2万亩左右。年产优质杂交种子1.7万吨以上，占绥宁县制种面积产量的五分之一。2009年该镇制种面积达15000余亩，比去年同期增加1000亩。平均亩产达260公斤，产值达4300万元，人均收入1500元。

2009年7月17日，武阳镇双鸣村支部书记手捧"隆平高科全国模范生产基地奖"从长沙载誉而归。武阳镇双鸣村从2000年与隆平高科所属的隆平种业开展杂交水稻种植，连续九年保持制种面积超800亩，产值超100万元的优异成绩，在隆平高科的全国基地中评为"模范生产基地"。共表彰16个模范生产基地，邵阳市只有两个村，绥宁县仅有该村获此荣誉。

2009年9月2日，湖南省长周强深入到绥宁县武阳镇武阳村的杂交水稻制种田中，查看杂交水稻种子的生长，与隆平种业技术员肖为一、武阳镇负责人就杂交水稻制种产业进行了解。听到杂交水稻种业已成为绥宁县特别是武阳镇的农民增收的支柱产业时，周强要求绥宁依托隆平种业等大公司，采用公司＋基地＋农户的模式，把杂交水稻制种产业做大做强，为农民增加更多的收入。

武阳镇气候条件、地理环境十分优越，是杂交制种的天然场所，现有隆平高科、湖北省种子公司、金键种业等单位在武阳建立基地，杂交制种以制种总面积全国最多，种子质量全国最好而闻名全国，绥宁县的制种产业也因此被誉为"三湘制种第一县"。目前，隆平高科把武阳作为公司的核心基地，同时省杂交水稻研究中心、湖南农大也在武阳建立了科研基地。武阳镇生产的杂交水稻种子有生长周期适中、产量高、价格好、米质优的特点，武阳生产的种子远销非洲和越南、泰国等东南亚国家和地区。

武阳镇制种业的发展,一是得益于绥宁县委县政府的产业政策。进入 21 世纪后,绥宁县委县政府把杂交水稻制种作为农业产业结构调整农民增收和主导产业来抓,充分利用绥宁县优越的杂交水稻制种条件,在全县大力发展制种业。二是得益于镇党委政府的积极支持,大力推广。武阳镇党委政府抓住机遇,乘势而上,把杂交水稻制种作为武阳最重要的产业来抓,确定了"以种业兴镇"的工作思路,以科学发展观为指导,念好"浓"、"新"、"活"、"实"、"全"五字经,切实营造良好的种业发展环境,以优化种业发展环境总揽全局。镇党委政府一方面强化责任制,派镇政府工作人员深入各村摸底调查,向农民宣传杂交水稻制种的重要性及经济效益,宣传县里及镇里的产业政策,充分调动农民的积极性,只要有制种条件的村,都上制种项目。另一方面指示镇农科站会同县农业局及省农科院的专家深入田间地头,对农民进行杂交水稻制种技术的培训,传授播种、授粉、病虫害防治、稳产高产的关键技术,使制种业的发展有了科技支撑和技术保障。三是得益于武阳镇得天独厚的自然条件与环境。武阳镇处于盆地地形,四周环山,形成天然的隔离屏障,能提高种子的纯度和抗逆性,再加上气候属于亚热带湿润季风气候,雨量充沛,其土地成熟度高,使得土质、湿度、昼夜温差适应杂交水稻制种,为制种稳产高产提供了自然的保障。如今,在这三项保障(政策保障、科技服务保障、自然条件保障)下,武阳镇制种产业正蓬勃发展,经济效益显著,光制种这一项,农民人平年增收 500 元以上,有些达 1000 元以上。

2008 年,对于武阳镇广大制种农户来说,是一个丰收之年、喜悦之年。老祖村的支部书记肖和珍说:"今年我们村的种子产量高、质量好,农户经济收入可观,这和镇党委政府及时采取有效措施规范种子市场的举措是分不开的。"武阳镇是湖南省最大的制种基地。随着武阳镇制种产业的不断发展壮大,武阳镇的种子市场也日益蓬勃,吸引着众多制种公司及商户前来商洽。有些制种公司提出的合作条件十分优厚,但这些公司成立时间短,经济实力不强,销售量不大,销售渠道不广,信誉得不到保障。这些公司的不正当竞争,既对正规公司的业务开展及农户的利益保障极为不利,也扰乱了该镇的种子市场秩序。为了健全市场竞争机制,做大做强武阳镇的制种产业,降低制种农户风险,确保制种农户的正当利益得到有效保障,武阳镇党委政府多措并举，对种子市场进行了全面规范：一是鼓励支持各制种公司前来商洽会谈，发挥市场竞争机制，激发各制种公司的竞争性；二是以县农业局对各制种公司的可靠评估为依据，引导各制种村正确选择制种合作对象；三是派干部下村召开村民代表大会，听取和尊重群众意见，正确选择合作对象；四是对各制种村的村干部作出纪律规定，要求以群众的利益为出发点，选择合作对象时，严禁借机谋取私利；五是邀请有关专家为各村村干部开展业务培训和咨询服务，就制种技术方面的知识，如何签订制种合同及有关注意事项等问题进行现场解答和讲解；六是组织召开制种公司与各制种村的协调会，为各制种公司和制种村营造良好的生产氛围。

图 1 – 10　老祖村已经收割的稻田

第二，大力发展养殖业。武阳镇的传统养殖业是养猪、养鸭、养鱼。政府采取了一系列措施，使这一传统养殖业发扬光大。加大养殖科技服务力度，帮助农户和养殖大户进行品种更新：淘汰落后的老品种，引进品质好，生长快的新品种。养猪方面，绥宁县东山猪品质优良，个子中等（一般长成后在 100 公斤左右，生长快，精肉率高，且肉质好，政府指示农机站引进东山猪，并向农户传授养殖技术，使农民很快掌握了新的养猪技术，全镇养猪规模迅速扩大，年存栏量达到 10 万头以上，年产值达到近千万元。武阳镇农民有稻田养鸭的传统，稻田养鸭好处多多，鸭子吃稻田中的害虫、杂草，又松了土壤，结果鸭肥粮丰。但以前，这一传统养殖只是"小打小闹"，基本上是每户农民养十来只鸭，自给自食，商品鸭极少，镇政府看准了稻田养鸭的好处和发展前景，出台了《发展稻田养鸭，增加农民收入》的政策，指示镇农科站引进优质良种鸭，赊购给农户养殖，待鸭子养成出售后再还种鸭钱，政府还帮助联系销售渠道。现在武阳镇有条件的农户都稻田养鸭，户均达 50 只左右，商品化率达到 80%，户均年增收 800 元左右，也成为全镇一个新的经济增长点。武阳镇境内有五座中型水库：大屋场水库、煤炭冲水库、老鸭水库、磨石冲水库、黄鳝溪水库都是山区水库，水质清洁，无任何污染，且水温低，其中出产的鱼品质极好，肉质鲜嫩，口感极佳，营养丰富，是标准的绿色食品，为了充分利用这一水面资源，开拓又一个新的经济增长点，政府倡导成立大屋场水库和黄鳝溪水库渔业开发公司，采用股份制形式，现代企业化运作，使两水库年产鱼达 50 万公斤左右，年产值 600 万元，此外，政府还引导处于周边山区的几个村充分利用山地资源养牛、养山羊，不过规模不大，如老祖村、磨石冲、菜牛养殖场仅养了 60 头牛。

2008 年 12 月，在镇政府的大力扶持下武阳镇成功办起了规模有万头的养猪场。绿洲大成生态牧业公司位于武阳镇园艺场，占地 50 亩，投资 500 万元，有员工 20 多人，高薪聘请省农科技术人员一名，年出栏生猪万头以上，是绥宁县最大的养猪场。根据 2008 年肉价不断攀升，出栏生猪少，市场上供不应求的情况，该公司认为大力发展生猪产业有利可图，决定在毛坪村园艺场创办万头养猪场。毛坪村园艺场 1995 年承包给本村农民，只能用于种植瓜果等，如果园艺场改办养猪场即违反承包合同，但根据当前果树老化，经济效益低的现状，创办养猪场也不失为一种可行的出路，而且将为武阳镇的老百姓带来实惠。因此，镇里、村里给予大力支持，并提供相关优惠政策。为养猪场提供服务指南，指定村干部驻场联系，及时协调解决各种困难和问题，无偿为其架好电接好水，修好沼气等服务工作，促进养猪场的顺利建成和发展壮大。2009 年全镇重点做毛茅坪村万头养猪场等种养示范户的物资支持和跟踪服务工作，树立全镇种养示范样板。全镇猪存栏 25000 头，比上年增长 12.8%，其中母猪 1700 头。

大力发展养殖业，必须做好动物防疫工作。2006年武阳镇建立了动物防疫站，充分调动动物防疫的积极性和主动性，使防疫工作开展得有声有色，取得了一定成绩。每个防疫员与其他干部享有同等待遇，在整个绥宁来说是唯一的乡镇，大大提高了动物防疫的社会重要性。动物防疫站共有四名工作人员，站内分工明确，责任到人，每人分管五个村的防疫。不管是春防和秋防还是平常都要求牛猪口蹄疫、猪瘟、蓝耳病、鸡新城疫、禽流感等疫苗的免疫率100%，挂标、建档100%完成，做到春秋两季普防，平时补防的原则，做到不漏户，不漏禽，碰到难题相互协助解决。2009年7月发生了羊豆疫情，鉴定为恶性山羊豆，就全国而言，几十年才发生一次。当时武阳镇双鸣村、双龙村、干坡村三个村发生了恶性羊豆疫，对养殖户来说，损失不少。镇防疫站马上对武阳镇山羊进行紧急免疫接种，控制疫情的进一步蔓延。对已发病的山羊进行普杀，并对养殖户进行适当的补偿。为了搞好镇上的动物防疫工作，工作人员都是起早摸黑，天不亮就到村，天不黑不回家。走百家，串千户，挨家挨户做思想工作，宣传防疫的重要性，使广大养殖户相信科学，积极主动配合防疫工作。随着养殖大户的增加，防疫工作的加强，动物疫情得到有效的控制。加上政府的养殖优惠政策的扶持，农民养殖的积极性明显高涨。

第三，加强农业科技服务。农业的根本出路在于科技，加大农业科技投入，走"优质、高产、高效"的现代农业之路是镇党委、政府的共识，在谋划每一次产业结构调整和做大做强一种产业和一个项目时，都把科技作为助推器和导向仪，以科技促调整，以科技保发展。镇农科所在农民科学种田、科学养猪、养鸭方面做了大量的科技服务工作。在水稻的病虫害防治、科学施用化肥、生物防治技术方面不仅给农民提供了及时的指导，还亲临田间、地头实地调研。在家禽家畜的科学喂养、调配饲料、疫病防治方面，为农民的养殖增收提供了保障。镇农科所还加强了对农民的培训。（1）免费为农民印发了《农民科技手册》，让农民掌握农业科技。（2）不定期的举办地头农技培训班，针对当时的病虫害问题，组织农民进行培训，传授病虫害防治知识与技术，提高了农民的素质，确保了武阳镇第一产业的发展。

2009年10月15日上午，绥宁县在武阳镇召开武阳农业综合开发项目区建设动员大会。按照设计要求，该项目总投资5400万元，通过6个大项目

81 个子项目的开发建设，使项目区的山、水、田、林、路得到综合治理；建成旱涝保收、高产稳收、节水高效高标准农田 1.6 万亩，使项目区成为真正的现代农业示范区。

县委书记唐渊强调，各级各部门在武阳农业开发项目的具体实施过程中要注意三个问题。一是十分注重产业发展的问题。农村地区的产业发展，土地流转是核心。要努力培养一批土地流转大户，通过发展生态农业、循环农业，把项目区打造成为现代农业的示范区。二是要十分注重村庄建设。通过河堤、村道绿化和山丘优质经济林建设，以及基础设施建设，把项目区建成生态农业样板区。三是要十分注重建设环境。在施工过程中，项目区内的村、组干部为各村、组施工环境第一责任人，要做到有理不阻工、无理不取闹，严格按照规划实施，使项目区建设顺利进行。

表 1 - 7   武阳镇特色种养业统计表

企业名称	村别	规模
雀林梅花鹿养殖基地	雀林村	50 头
华润绞股蓝专业合作社	武阳村	200 亩
七叶绞股蓝行业协会	武阳村	200 亩
雀林村绞股蓝专业合作社	雀林村	200 亩
毛坪大成牧业养猪场	毛坪村	存栏 800 头
秀水村养殖场	秀水村	存栏 500 头
大溪村罗汉果、灵芝菌种植基地	大溪村	100 亩
长冲村反季节食用菌种植基地	长冲村	15 万筒

第二产业。

武阳镇的工业企业大部分为竹木加工业，主要生产实木地板条和竹筷、牙签、棉签等产品。竹木加工业的发展，不仅带动了武阳镇的经济发展，还带动了相邻的关峡、瓦屋、李西、白玉、水口、黄土矿的经济发展，为社会提供了大量的就业岗位。使水口、白玉、关峡乡丰富的竹木资源有了稳定的销路，增加了农民收入，也提高了农民植树造林、经营山林的积极性，爱林、护林意识更加深入人心，经济发展步入可持续发展的轨道。

武阳镇位于绥宁县的腹地，县内大动脉 1805 线公路横穿其境，是绥宁去邵阳、长沙的必经之地，地理位置好，交通便利，为武阳镇第二产业的发展提供了良好的条件。

绥宁县委、政府实施"兴工强县"战略，先后出台了一系列政策和优惠措施，振兴绥宁第二产业，强力推行新型工业化。武阳镇党委、政府趁势而上，也出台了一系列鼓励工业发展的政策和措施。对境内主要企业实行镇领导挂点，相关部门参加的支帮促工作，在全镇上下形成了领导重视、部门配合，企业自主发展的工作机制。2008 年 1 月，武阳镇遭受百年不遇的水灾，电力供应十分紧张，为确保工业生产用电，镇政府和水利、电力部门积极抗水救灾，使企业很快恢复了生产，损失减少到最低。2008 年下半年，面对金融风暴的冲击，镇党委、政府迎难而上，多管齐下帮助企业，为企业办实事，解决困难，同时出台扶持性的政策，改善政务环境，降低企业的非生产性成本，帮助企业轻装前进。由于这一系列"兴工"措施及时、到位，武阳镇的工业企业发展很快。据绥宁县档案馆提供的统计资料显示，武阳镇 1995 年有工业企业 208 家，建筑企业 91 家。到 2008 年底，工业企业发展到了 311 家，建筑企业发展到 136 家。

武阳镇的工业企业基本上是个体企业和私营企业。个体企业和私营企业的快速发展与镇党委、政府的支持和扶持是分不开的。早在 1995 年，镇党委政府就出台了《关于加快发展个体、私营经济的办法》，鼓励个体、私营经济的发展，武阳镇兴起了一股民营经济热，本镇的经济能人纷纷办厂创业。外地老板看到了武阳镇优越的地理位置，充足的原材料供应，畅通的产品销售渠道、宽松的政策等构成的良好投资环境，也纷纷到武阳投资办厂创业。使武阳民营企业的发展从此步入快车道。使武阳镇成为绥宁县经济实力最强（县城长铺镇除外），最具有发展潜力，最有活力的乡镇之一。

为了使民营企业健康发展，镇党委、政府采取系列措施，加强监督，积极引导，服务到位。先后引导成立了多个行业协会，使企业加强了依法经营，遵守市场规则，摒弃了恶性竞争和不正当竞争。镇党委、政府还出台了奖励政策，每年奖励依法纳税状元和诚信经营之星，极大地提高了民营企业的纳税积极性和自觉性，促进了民营企业的健康发展。

第三产业。

武阳镇第三产业主要是交通运输业、餐饮业、商品零售业,它是围绕第一产业和第二产业的发展而发展起来的。发展特别迅猛,根据调查资料显示,1995 年,第三产业中从事交通运输的只有 150 家,批发零售与餐饮业的只有 245 家,发展到 2008 年底,从事交通运输的达到 572 家,从事批发、零售和餐饮业的达到 826 家,分别是 1995 年的 3.8 倍和 3.3 倍。

武阳镇第三产业的发展具有自己的特色:依托第一产业和第二产业兴起而发展。以商品批发零售业、交通运输业和餐饮住宿、休闲娱乐业为主,突出了为第一、二产业的兴旺发展服务的特点。以私营、个体经营为主,交通运输业和餐饮住宿业几乎都是个体和私营经济,只有商品批发部与零售业有不到 10 家的集体企业,1 家国有企业。第三产业的企业点小面广,企业规模小,遍布集镇每个角落,极大地方便了客商。竞争激烈,服务质量较好。各商家都以花样翻新,提高服务质量来提升自己的竞争力。对地方经济贡献大,税收大部分来于第三产业,提升了武阳镇的经济实力,扩大了就业队伍,提高了人民的生活水平,提升了武阳的区位优势。现在,武阳镇已成为绥宁县最大的物资集散地,物资集散总额已超过县城长铺镇。

武阳镇第三产业发展迅猛的原因有以下五个:

(1) 镇党委、政府的产业政策与举措政策得当。武阳镇是人口大镇,农村剩余劳动力达万人之多,集镇待业人员也有几百人。面对如此浩大的就业队伍,镇党委、政府根据国家产业政策和绥宁县政府关于发展第三产业的精神,结合本镇实际,制定了大力发展武阳镇第三产业的相关政策,采取了系列能促进第三产业发展的积极举措。政府设立了促进第三产业发展的临时性办公室,为从事第三产业的商户服务,协调各种关系,排忧解难,使第三产业的发展有了一个宽松的政策环境。

(2) 武阳镇有发展第三产业的得天独厚的地理位置和空间。武阳镇位于绥宁腹地,崇山峻岭将绥宁分割为南北两大片。武阳镇正处于北大片与南大片的交界处。武阳镇的地形特殊,其东南与西北面均为高山峻岭,道路不通,这使得武阳成为北大片(共有十个乡镇:李西镇、红岩镇、唐家坊镇、金屋塘镇、武阳镇、白玉乡、梅坪乡、黄土矿乡、瓦屋乡、水口乡)通往县城的必经之地,也是整个湘西南及云南、贵州通往全国公路运输的要冲,地理位置重要,自古是兵家必争之地。北大片的十乡镇又是绥宁人口较多的地区，人口占绥宁县人口总数的 75% 以上，且因距县城路途遥远，这十个乡镇的农资用品和日常生活用品均在武阳进货，绥宁县百货公司、农资公司及很多公司均在武阳设有分店或分部。这使得武阳成为北大片的物资集散中心，这首先带动了武阳镇的商品批发零售业的发展。由于客商来往络绎不绝，同时又使交通运输业和餐饮酒店业也迅猛发展起来。从业人员达到 3000 多人，高峰时的 2006 年，在本镇第三产业从业人员达到了 3208 人，占当年武阳镇劳动力总数的 20% 左右。

（3）武阳镇的第一产业（杂交水稻制种、养猪、养鸭、养鱼业的发展）和第二产业（地板条加工制造业）的发展，也对第三产业的迅猛发展起了推波助澜的作用。种养殖业和地板条加工制造业的发展，吸引了县内外甚至省内外的众多客商来武阳采购和洽谈生意，刺激了交通运输业、餐饮酒店业和休闲服务业的发展。

（4）武阳镇人的敢为人先，勇于开拓的精神是武阳镇第三产业发展的一个重要因素。早在民国时期（1912 年）武阳人就开办了武阳鼎罐厂，生产鼎罐、犁头，开绥宁制造业之先河。1978 年，也是武阳人率先开办了个体零售店，1992 年，还是武阳人开办了绥宁县第一家木地板制造厂，这种敢为人先的精神，使武阳镇人"穷则思变"，不安于现状，勇于开拓进取，促进了第三产业的发展。

（5）武阳人有经商传统，武阳有良好的商业氛围，也是第三产业迅猛发展的一个原因。在新中国成立前，绥宁未通公路，一条古老的驿道从武阳通过，连接绥宁县南北，往来客商走到武阳正好是下午，都要在此歇一晚，使武阳当时就开了很多家店铺，供来往客商住宿吃饭，后来随着人员的增多，又开了商铺，到民国时期，武阳已成为一个商铺旅店林立，往来客商云集的繁华之地了。这使得武阳人经济观念强，有了经商传统。这一传统也成为今天武阳第三产业迅猛发展的一个内在原因。

三　武阳镇居民收入及生活情况

随着武阳镇经济的快速发展，居民的收入也很快得到了增长。根据调查的数据显示，1995 年武阳镇居民人均收入 1530 元，到 2008 年底，人均收入增加到 4569 元，是 1995 年的 2.8 倍，年均增长率 7.8%。

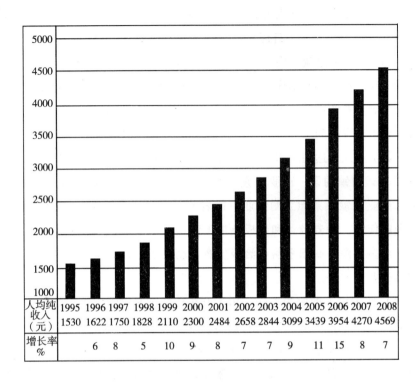

图 1 – 11　1995—2008 年武阳镇农民人均收入统计图

　　从 1995 年到 2008 年 14 年间，武阳镇农民人均收入在稳步提高，而且保持着较高的增长水平，最低增长 1998 年为 5%，最高增长 2006 年为 15%，从 1995—2008 年，农民人均收入增长了 66.4%。全镇家家有住房，人均住房面积 40 平方米。从问卷调查到入户访谈。城区彩电率 100%，冰箱、洗衣机拥有率 65%，摩托车拥有率为 80%，小汽车拥有率为 2%，手机户均为 1.7 部。居民增收渠道多，收入有保障，城区居民主要收入来源是从事第三产业收入和私营企业打工工资收入以及从事第二产业的收入。行政村农民的收入来源主要从事第一产业的农作物种植和养殖业收入以及外出务工收入。

第四节　武阳镇基础设置情况

　　随着经济的发展，武阳镇基础设施得到较好的发展，镇党委、政府在强化素质、突出重点、抓出精品、完善配套、实施新、绿、亮、畅工程，推进城乡一体化进程，建设文明生态村镇的工作思路引导下，深入扎实的开展工作，使武阳镇无论集镇区建设，还是各村基础设施建设，都上了一个新台阶，得到了较大的改善。

一　能源、道路、交通、通信情况

1. 能源建设情况

武阳镇居民生活能源主要为电能，煮饭基本上用电饭煲（边远山区村有小部分用鼎罐，烧柴火煮饭）炒菜、烧水，在集镇区一般用煤、液化气、石油（无管道煤气）。也有小部分用电磁炉，边远的山村基本上用烧柴炒菜、烧水、煮猪潲，工业生产用能源全部是电能，少数偏远山区供电不方便的地方，使用柴油发电机。农业机耕全部使用柴油或汽油，交通运输业使用柴油和汽油。

武阳镇建有一座小型水电站，位于武阳三房村，系灌溉与发电综合水利工程，集雨面积36.4平方公里，引水渠长2600米，水头高34.6米，引用流量每秒1立方米，装机一台，容量325千瓦。年发电量为13万千瓦时，现已并入大电网。全镇用电量为2439038千瓦时，主要由该变电站供给集镇区和各个行政村用电。

镇建有加油站两座，供应汽油和柴油，主要供应本镇工农业生产和交通运输用油，也供应1805线省道来往车辆。

2. 道路街道及交通情况

绥宁县尚无高速公路，不通铁路，交通是制约绥宁县经济发展的"瓶颈"。全县主要公路为贯串全县南北的1805线省道。是绥宁工农业产品不断外运和生活物资内运的交通大动脉。

武阳镇是省道1805线的必经之地，1805线穿镇而过，既为武阳镇的主要道路，也是主要街道（长约3公里），设有武阳镇汽车站。

武阳镇区分老街和新街。老街始于清代乾隆年间，街道弯弯曲曲，上上下下，长约0.5公里，宽约3米，路面铺卵石（现为水泥路面），有店铺作坊200间，建筑面积为木瓦结构2层楼房。1952年，新华中学由黄土矿迁入武阳乱葬坪（今新街处），改为绥宁二中。1956年底，洞绥公路通车至武阳，从绥宁二中门前经过。遂有人开始在公路边修建房屋，形成新街，至20

世纪 70 年代，公社、供销社、饭店、车站等单位相继在新街修建房屋，80
年代后，县新华书店、县农科所、县工业品公司等 30 多个单位在武阳新街
设立了分部或下属机构。新街建设规模超过老街。1985 年，武阳公社改为建
制镇，当年编制出总体建设规划。经过 20 多年的建设，现今武阳镇新街老
街连成一片，城区面积扩大为原来的 20 倍，拥有两纵五横布局的街道。主
街道沿 1805 线，长约 3 公里，宽 30 米，城区街道全为水泥路面，并实现了
亮化、绿化、美化及管网配套化。

近几年，随着我国社会主义新农村建设热潮的掀起。武阳镇党委、政府
认清了形势，抓住了机遇，大干快上。不仅城镇基础设施建设面貌一新，还
完成了通村公路，使全镇的每个行政村都通公路。并完成水泥硬化 100%，
路宽 4 米，路面质量好。村内道路硬化率也超过 70%，道路的畅通，不仅方
便了人们出入，而且极大促进了经济的发展。

3. 邮政、通信情况

武阳早在 1912 年就设了武阳邮寄代办所，至今，镇还设有电信支局和
邮政支局，位于新街。镇区固定电话装机普及率 100%，行政村村村通固话
和移动电话，并且开通了电信小灵通，是绥宁县除县城外唯一能用小灵通的
乡镇。建有武阳镇电视台、有线电视入户率镇区 100%，行政村 95%。城区
宽带接入率达到 30%，行政村达 5%（每村都有宽带接入），城区居民上网
率 40%，行政村为 5%。无线通信开通了移动、联通、电信小灵通，信号覆
盖率为 100%。

4. 文化娱乐及商业服务设施

武阳镇历届党委政府都非常重视文化建设，早在 20 世纪 80 年代就建了
武阳影剧院、镇文化馆、镇图书馆，现在又建立了武阳老年活动中心。有民
营歌厅、舞厅，民营网吧 7 家，民营影像放映厅 7 家，商业服务网点遍布城
区和行政村。具有一定规模的大超市 14 家，中小超市 50 余家。个体店、铺
2000 多个，极大地丰富了群众的业余文化生活。

二　居民生活设施

1995 年，武阳镇开始大规模的城区基本建设，现在城区面积扩大为原来
的 20 倍。管网配套，设施较为齐全，成为全县除县城外建设最快的乡镇。

武阳镇城区已有完善的供水网管，建有自来水厂一座，水源为周家大屋场水库和部分河水，城区自来水普及率100%，行政村比较集中的村落基本上通了自来水，水源为山泉水及浅井水。相对偏远的农户仍然沿袭了饮用浅井水及山泉水的习惯。但都已自设水管引水入户，比较方便。

生活固体垃圾有垃圾清运车，有30名环卫工人。每天清扫清运垃圾，生活污水城区各家分散户处理，粪便主要储在粪池，不外排，卖与附近农户做农用肥，无直排河里状况。

武阳镇居民的基础设施得到了根本改善。总之，现在武阳镇居民生活设施基本配套，环境卫生较好，基本上无污染，流经城外的蓼水河水质清冽，鱼虾成群。具有良好的生态环境。

第五节 武阳镇经济发展的经验与建议

一 武阳镇经济发展的经验

武阳镇经济成就的取得与我国宏观经济高速发展的大背景是分不开的，从1995年到2008年14年间，是我国改革开放力度最大，经济发展最快的14年。武阳镇抓住了机遇，实现了经济的腾飞，除了国家宏观经济的带动以外，有以下几点经验。

1. 依托本地资源优势和特点，从实际出发，走特色经济之路。

武阳的地理区位优势明显，位于全县腹地，交通要冲，条件得天独厚。资源优势主要表现在：（1）耕地面积宽广，土地肥沃，地势平坦，光照充足。水利设施齐全，旱涝保收。（2）森林资源丰富，镇东南和西北均为崇山峻岭，植被繁茂，森林储备十分丰富。（3）水利设施齐备，镇内有五座中小型水库，引水灌溉沟渠齐全，这些区位优势和资源优势，为武阳镇的经济发展奠定了良好的基础，既可以发展第一产业，也可以大力发展第二产业、第三产业。既有本地资源做保障，又可以充分利用周边乡镇以及外地资源。武阳镇正是根据这些优势和特点，制定合理的产业政策，使农业基础地位得到了巩固，种植业和养殖业稳步发展。大力发展加工制造业，突出地方特色。其竹木加工业闻名省内外。第三产业发展迅速，商品批发零售、餐饮服务、休闲、交通运输异军突起，走出了一条充分发挥本镇区位和资源优势的特色经济之路。推动镇城经济上了一个新台阶。

2. 镇党委、政府引导正确，服务到位，宏观管理有力

武阳镇的经济腾飞，镇党委、政府的强有力的领导起了关键作用。14 年来，历届镇党委、政府围绕发展经济和社会事业，加强党的政治领导、思想领导和组织领导，转变政府职能，提高政府的服务功能和管理效率，为经济发展提供全方位的服务，使武阳镇的经济发展驶上快车道。

在巩固农业基础地位，抓好第一产业方面，镇党委、政府一是出台扶持种植、养殖专业大户的政策，如允许农民承包的土地有偿自由流转，对达到一定要求规模的种粮大户，政府指定农技站加强对其进行农作物病虫害防治，牲畜疫病防治知识的培训和咨询。二是提高种植和养殖技术，政府工作人员还经常带领农业技术人员走村串户，为农民排忧解难。解决技术难题，降低种植和养殖风险，促进了种植和养殖业的发展。三是树立种植和养殖大户的典型，为全镇种植和养殖户提供样板和咨询。以点带面，这些有力的举措，使武阳镇的第一产业由粗放型逐渐走向集约型的发展之路。

在发展第二产业和第三产业方面，镇党委、政府更是政策恰当，举措有力。一是大胆发展民营个体经济，引导民营机制改造和发展原有乡镇企业。使乡镇企业重新焕发出生机，充满了活力。二是争取信贷部门为企业提供周转资金，解决企业周转资金短缺的问题。三是镇党委、政府主要领导积极招商引资，并制定有关招商引资的优惠和奖励政策。四是加强服务意识，对来镇投资办厂、开店的商家企业政府做好一站式服务。并协调电力、信贷、学校、城管、治安各方面给予帮助和法律、政策允许范围内的照顾，严禁索、拿、卡、要，赢得了商家的信任。五是镇党委、政府经常深入企业或召开座谈会，了解企业发展情况，为企业排忧解难。六是优化投资环境，禁止相关单位和部门及任何个人到企业索、拿、卡、要、乱报发票，强化治安管理。依法严厉打击针对商家和企业的违法犯罪活动。七是进行适当奖励，对依法纳税大户，优先安排残疾人就业的企业进行表彰和奖励，这一系列措施，都极大地调动了镇内外客商来武阳镇投资创业的热情，促进了第二、三产业的快速发展壮大。

二 武阳镇经济发展中存在的问题与不足

1. 经济发展面临交通的制约

尽管武阳镇处于省道 1805 线上，但由于绥宁不通高速公路和铁路，更

没机场，且距离长沙、邵阳等大中型城市路途较远，仅靠一般公路运输是远远不够的。这在一定程度上成为制约武阳镇经济发展的"瓶颈"。物资和产品的运输成本高，还耗费大量时间，尤其是农产品鲜货，更是受交通的影响，发展不起来。

2. 第二产业的发展相对比较单一

武阳镇第二产业基本上为竹木加工业，少量的建筑业，其他行业很少。无农产品（如粮食、蔬菜、禽肉）加工业，长期以往，不仅会面临资源枯竭，原材料供应紧张的问题，而且也不利于武阳镇第一产业的粮食种植和家禽家畜养殖业的发展。

3. 工业企业规模小，生产效益难以提高

在走访调查过程中，武阳镇的竹木加工点多，规模小，尽管基本上是机械化生产，但家家规模都不大，十几个工人一个厂，"小打小闹"，管理上也比较松散，原材料和废渣的堆放无序，火灾安全隐患严重，产品存放条件差，报废率高，属于粗放型经营，没有一家真正意义上的现代化企业，市场调查、产品研发、质量监管、成本控制基本上空白，全部依靠定单生产，市场适应能力差，抗风险能力差，无法提高经济效益。

4. 居民消费水平偏低，且消费结构单一

依武阳镇经济发展的程度和居民的收入水平，城区居民和农民的消费水平偏低，基本上停留在生存型消费，除适龄儿童在上学外，成年人基本上没有发展型消费和享受型消费，而且，把钱主要投入修建房屋，为祖先造坟或者存入银行。重物质消费、轻精神文化消费，武阳镇文化娱乐场所算比较多的，但在其中消费的几乎全是青少年，很难看到成年人，尤其是中老年人，走访过程中，中老年人的文化娱乐都是搓麻将、打纸牌、还赌点小钱。再就是在家看电视，但普遍反应电视广告太多，不好看，不如打牌。

三　武阳镇的经济发展几点建议

武阳镇第二产业和第三产业虽然较绥宁县其他乡镇发达（仅次于县城长铺镇），但还是一个以第一产业为主的农业大镇。其产业结构目前的情况还是基本合理的，为了武阳镇经济发展后续有力，针对武阳镇经济发展的问题，我们提三点建议：

1. 尽快解决交通 "瓶颈" 问题，在高速公路目前尚无着落的情况下，绥宁县应下大力气拓宽、改造洞绥公路，尽量缩短交通运输时间，提高运力，最好争取省和国家支持，修通洞口到绥宁高速公路的支线，把绥宁融入上海到云南瑞丽高速公路网中，彻底解决绥宁交通 "瓶颈" 问题。

2. 应引导工业企业向现代企业发展，建立现代企业制度。针对武阳镇工业企业规模小，生产效率低的问题，镇党委、政府要重点引导和扶持之家有潜力的企业，扩大生产规模，逐渐建立现代企业气度，引进现代企业管理技术，加强市场营销，产品研发，质量监管，成品控制，向真正意义上的企业过渡，提高抵御市场风险的能力，成为武阳镇的龙头企业，充分发挥市场调节的基础性作用，淘汰一批落后的生产企业，真正成为工业强镇。

3. 逐步改变第二产业行业单一的格局，依托武阳镇第一产业资源优势，引导投资商投资，向农产品尤其是粮食深加工、禽肉深加工、蔬菜深加工、药材深加工方面转移，既解决制约第一产业发展的 "瓶颈"，促进产业的发展，又为第二产业的发展壮大，找到新的出路。

镇党委、政府要进一步贯彻和落实科学发展观，以资源节约型和环境友好型、人与自然和谐发展的理论为向导，科学规划和引导本镇的经济发展。当前，我国社会主义发展已进入了一个崭新的历史时期。作为绥宁县经济强镇的武阳镇，除发展本地经济，壮大经济实力外，还应担负起为全县乃至镇域经济的发展提供样板的义务。为县内外其他乡镇经济发展作出示范。提供好的经验。经济发展水平、发展能力与活力是衡量一个乡镇综合实力的首要指标，但随着社会的进步，其他因素与社会环境、公民素质等权重在逐渐上升，在乡镇综合实力评价中的地位越来越重要。乡镇的发展水平如何，不仅要看它的经济总量有多大，而且要看人民群众的素质是否得到提高，精神面貌是否得到改善，也就是说，最终要看人民群众是否分享经济发展的成果，因此，武阳镇作为绥宁县经济强镇，要切实进一步落实科学发展观，树立正确的政绩观，从本镇的长远利益出发来发展本镇的经济和社会事业。

第二章

武阳镇社会发展状况

　　社会和谐是中国特色社会主义的本质属性。构造和谐社会是我国当前的重要目标，建筑和谐社会就是要按照中国特色社会主义事业的总体布局，全面推行经济、政治、文化、社会建设、促进现代化建设的各个环节、各个方面的协调发展。使生产关系更加适应生产力的发展，是上层建筑更加适应经济基础的状况，坚持生产发展、生活富裕、生态良好的文明发展道路。建设资源节约型、环境友好型社会，实现速度与结构质量效益相统一，经济发展与人口资源环境相协调，实现经济社会永续发展，按照这一指导思想和要求，武阳镇党委、政府在狠抓经济的同时也促进了武阳镇社会事业的发展，并取得了较好的成绩。

第一节　科技、教育与文化事业

一　科技

　　科学技术是第一生产力。绥宁县历年来重视提高农民素质，强调"智力富民"，及时解决农民素质培养工作中遇到的问题和难题，把农民素质的提高工作纳入各乡镇的重要议事日程，形成了领导重视、齐抓共管的工作格局，把科技工作作为提高农民素质的一项重要工作抓紧落实。全县每个乡镇都建有农科教中心，每个村都有"农函大"分校，近年来共举办"农函大"培训班100多个，培训5000余人，其他各类短期培训班400多期，发放各种技术资料 120 多万份，培训 16 万人次；县内开展各种形式的科技下乡活动 100 余次，参与的科技人员达 2000 多人次，赠送各类科技书刊 1 万多册，印发各种科普技术资料 3 万多份，展出各种挂图、宣传展板 2000 多幅，接受科技咨询十多万人次，提供技术信息 2000 余条，举办科普集市展览 200 多场次，放映科教影视片 400 余场次。该县还建成一支 300 多名科技人员组成的科普志愿者队伍，组成多个小分队，进入社区开展科技咨询、科普讲座、科普文化宣传等活动，深入乡村送资料、送技术进村入户；巩固和发展了一批有影响的农村专业技术协会，形成了科、工、贸技术服务为一体，产、供、销一条龙的服务体系；培养发展了科技示范户 3000 多户，成立了农村党员致富能人和科技示范联合会、科技信息咨询服务中心，收到了很好的经济效益和社会效益。

目前该县已有 7 个市级科普示范乡镇，57 个科普示范村创建合格，创办县级科普示范基地 310 个，乡级科普标范基地 150 个，村级示范基地 500 个，形成了县有示范乡、乡有示范村、村有示范园，一乡一品、一村一色，先后在武阳、李熙桥、唐家坊、东山等乡镇引进推广两系杂交稻和超级稻制种 10 万亩，成为全省杂交水稻制种先进示范基地；新品种、新技术推广成效显著，先后引进推广科技项目 90 多项，开发新品种 80 多个，推广新品种 400 多项，全县新技术推广覆盖率达到 90% 以上，农作物优良品种覆盖率达到 93%，主要农产品平均增长 18% 以上，3 万多新型农民成为建设新农村的主力军。武阳镇六王村农民黄生发依靠科技种植梨树、板栗树、杨梅树和葡萄树，建成生态果园，果园每年为他创收近十万元，成为远近闻名的致富能手，多次当选为县政协委员，县内外许多农民都慕名前来他的生态果园取经学艺。

2007 年 2 月 1 日，省、市、县农业、科技、畜牧等部门近百人组成的送科技下乡队伍来到绥宁县红岩镇，把一份份科技资料、一条条致富信息送到农民手中，一位 50 多岁的大伯手捧"抢到"的 40 多份农科资料，笑呵呵地说："真想不到，我一把年纪了还能学到免费的技术，今年我无论做什么事也要讲科技了。"绥宁县加大科技型农民培养力度，农民素质大幅提高，农民致富的能力大大增强，涌现出 3 万多名科技型农民。

武阳镇党委、政府清楚地认识到 21 世纪是知识经济时代，科技对于经济、社会发展的作用越来越大。在财力许可的情况下，尽可能地加大对科技的投入。武阳镇的科技投入由于体制的原因，以县投入为主，采取乡镇报项目实施，县里拨款。目前科技投入的重点在第一产业的种植（杂交水稻制种，水稻等作物的病虫害防治）和养殖业（家禽家畜的养殖技术及病虫害防治）与林业（森林病虫防治）这些方面，科技投入逐年加大。

目前，武阳镇农技站共有 7 名工作人员，3 人为高级技术职称，3 人为中级技术职称，1 人为初级，他们为武阳镇的农业科学技术推广、病虫害防治做了大量工作，为武阳镇第一产业的发展提供了科技保障。

2008 年 8 月 12 日，省农科院专家来到武阳镇，考察由该镇农机站退休干部蒋重君研究的特异稻。蒋重君今年 70 岁，20 世纪 60 年代毕业于湖南师范大学生物学系，毕业后一直在武阳镇农机站工作，专门从事水稻制种研究已经 20 余年，2000 年开始，他倾注了全家的力量，拿出了自己全部的积蓄和工资，致力于特异稻的研究，目前，他的儿子也同他一起在进行特异稻的研究。如今，他所研究的特异稻结实率高，果实颗粒饱满，亩产可达 700 公斤，得到了有关专家的高度关注。

2009 年 9 月湖南省老科协会长汪浩一行，专程来到武阳镇考察了老年科技工作者协会高级农艺师蒋重君正在研究的特异水稻育种基地。用这种特异种源与小粒野生稻、东乡野生稻、杂交水稻、玉米、高粱、薏米、稗草及竹节草、淡竹草、米竹草等禾本科、亚科属种族之间进行远缘人工杂交，成功培育出了有益基因丰富、后代育性良好、结构完整、功能齐全、早世代纯合稳定、穗长、结实率高、抗旱、耐肥、抗倒伏、抗病虫、产量高、米质优的系列一系水稻新品种。用这些新品种在大田栽培，受到了当地农民的欢迎和专家的好评。蒋重君的科研课题和刻苦钻研的科学精神得到了袁隆平院士的充分肯定。

2010 年 8 月 11 日下午，省老科协副会长潘奇才、赵成瑜，省老科协副秘书长李晓黎等一行人，深入武阳镇调研退休高级农艺师蒋重君研究的异源多倍体一系稻育种技术。他们先后考察了在武阳镇肖家村、县农场的异源多倍体一系稻新品种试验田，看到禾苗长势良好。潘奇才、赵成瑜充分肯定了蒋重君这种为科学献身、发挥余热的可贵精神，希望蒋重君注意保护身体，选好助手，进行权威部门检测，继续刻苦钻研，尊重科学，为攻克水稻制种这一前沿课题作出重要贡献；并传达省老科协的决定，蒋重君研究的异源多倍体一系稻育种科研已列入省老科协 2010 年重点项目进行扶持，给予 12 万元的科研经费；同时嘱咐当地党委政府领导，要高度重视，从人、财、物各方面大力支持蒋重君这一科研课题的研究。

二　教育

(一)　基础教育

武阳镇党委、政府历年来重视教育，坚持优先发展教育，早在 20 世纪八九十年代，武阳镇经济还不发达，经济实力不强，镇财政十分困难的情况下，投入巨额资金修建全县最好的中心小学，扩建了镇中学。武阳镇人民办学热情高，也踊跃捐资捐款捐物，使武阳镇的教育走在全县的前列。进入新世纪后，武阳镇再接再厉，以全面提高教育教学质量，建设教育强镇为目标，采取积极有效的措施，加强基础教育工作，取得了良好的效果。

1. 发展概况

武阳镇是绥宁县第一批"两基"达标乡镇之一，1995 年通过省市"两基"评估验收（"两基"即基本普及九年义务教育，基本扫除青少年文盲），是绥宁县"两基"达标先进乡镇。全镇现有中学一所（不包括坐落于此的绥宁二中），中心小学一所，村小 19 所，民办中学两所，民办幼儿园五所，村村办有学前班。但在校学生人数因计划生育政策的落实呈逐年减少的趋势。在校小学生 1995 年为 2750 人，2008 年减少 1545 人。在校中学生 1995 年为 1645 人（有部分小学毕业生升入县民族中学、一中、二中初中部学习，还有部分进入民办学校读书），2008 年减少到 975 人（以上在校学生数均不包括绥宁县二中学生和民办学校学生）。现有小学教师 103 人，中学教师 62 人，中心小学老师学历均为大专以上，村小教师学历均在中师以上，中学教师学历均在大专以上，其中有本科学历 41 人，占中学教师的 67%，中小学教师学历合格率为 100%，小学的入学率、巩固率、合格率均为 100%。初中入学率为 100%，巩固率为 98%，毕业率为 98.5%。教育教学质量好，多年被评为教育先进乡镇，教育目标管理先进单位。先后有 28 名教师被评为县、市、省先进教师，5 人被评为市、县优秀班主任。先后有 185 名学生被评为县、市、省级三好学生，有 27 人被评为县、市优秀少先队员和优秀共青团员，有 8 人被评为县优秀学生干部，镇中心小学是县教师进修小学管理教学的示范学校。

2. 校舍及校园建设

20 世纪 80 年代，面对滚滚而来的入学高峰期，原有教育教学设施无法满足基本需要。在镇党委、政府的领导下，武阳镇掀起了群众性集资办学热潮。采取"上面拨一点，镇政府出一点、群众集一点"三管齐下的办法筹集资金，先后筹集资金 150 多万元，在绥宁二中北侧征地 50 亩，修建了武阳镇中心小学，历时三年，修建了教学大楼一栋，有 20 间教室，教师宿舍一栋，学生宿舍一栋，成套宿舍 30 套。食堂、礼堂、厨房、厕所、水泥球场和操场，建筑面积 7213 平方米。同时筹资 70 万元，扩建了武阳镇中学，修建了有 24 间教室的教学大楼，建筑面积 2370 平方米。修建了 50 间学生宿舍，建筑面积 1350 平方米。扩建了食堂、厕所，修建了三个水泥球场和运动场。各村小学也在村民的踊跃集资帮助下得到了改建、扩建或维修，校舍和校园面貌得到了极大地改观，满足了教育教学需要。当时武阳镇城区和乡村最漂亮的房子是学校。现在武阳镇所有学校，校校都有独立封闭式的校园，并做到了绿化、美化、硬化、亮化和标准化"五化"，个个都是合格寄宿制学校。

3. 教育教学及生活设施的添置

武阳镇党委、政府，在经费十分紧张和困难的情况下，为适应教育未来发展的需要，方便师生生活，坚持了高标准规划和建设学校。首先是保证各校有宽敞的校园；其次，添置和修建了标准化、规范化的教育教学及生活设施。雄伟的校门，宽阔的操场，硬化了的篮排球场。中学和中心小学有六跑道的 100 米直跑道和 400 米环形跑道。教室宽敞明亮，配备了金属黑板和标准的课桌椅。食堂干净、卫生、设施配套，有学生就餐桌凳。卫生设施改善，学生洗漱方便。进入 90 年代后，又筹集经费，为中学和中心小学建了电脑室，各添置电脑 40 台。新世纪后，又在中学建了多媒体教室，为每一个村小学添置了电脑，并可上网。现在武阳镇的学校，教学设备充足，生活设施配套。镇中学和中心小学建有多媒体教室、电脑室、语言室、音乐室、美术室、理、化、生实验室，体育教材齐全、配套，完全能满足师生的教育、教学及生活需要，为提高教育教学质量打下物质基础。

4. 教育教学质量的提高

武阳镇学校领导和全体教师职工重视教育事业，贯彻国家教育方针，大力推行素质教育，促进学生全面发展。

坚持德育首位，重视和加强学生的思想教育和道德品质的培养。在充分发挥课堂教育的基础作用上，开展丰富多彩且行之有效的思想教育活动，如革命理想与传统教育、爱国主义教育、传统美德教育、改革开放成就教育、感恩教育，培养学生正确的世界观、人生观和价值观，将来成为一个能自食其力，服务于家庭、社会的人。

大力推行素质教育，重视学生的个性和特长，促进学生全面发展。武阳镇联校（镇教育管理机构）结合当今和未来教育发展的实际，积极转变教育思想，更新教育观念。大力推行素质教育，大胆进行教育教学改革，制定了鼓励和推动全镇学校教育教学的措施和办法。全镇学校都按照国家新课程标准的要求，开设了全部课程，开足了课时。教师们积极探索新的教育理念，新的教学方法，使教育教学更适合学生的实际，更有利于学生的发展，不片面追求升学率，不搞考试排名，不编重点班，以"不求人人升学，但求个个成才"的理念为指导，充分挖掘每个学生的潜能，发挥其特长，为每个学生设计其成才之路。全镇每年都要举办丰富多彩的文化活动，如春季体育运动会，国庆歌唱祖国歌咏比赛，"五四"青年节和"六一"儿童节的大型文艺会演，学生书画比赛，画展等活动，让每一个学生都有施展才华的平台，都有体验成功喜悦的机会。极大提高了学生的学习兴趣和学习积极性与主动性，教育教学质量稳定提高。在历年的绥宁县中小学生体育运动会上，武阳镇学生都有不俗的表现。有两次获得团体第一名。先后为绥宁一、二中高中部输送了一百多名音乐、美术、体育特长生，其中有32人考入美术学院及大学的美术系，11人考入音乐学院及音乐系，7人考入体育学院及体育系。

积极开展教研教改活动，推进课程改革，在镇联校的组织和领导下，中学、中心小学和各小学广泛地开展教研教改活动，研究新课程目标，研究新教材，探索新的教育理念、教学方法、达到更新的教育观念，与时俱进，开辟教育思想和方法的新领域。每学期联校都要举行全乡青年教师大比武，给青年教师以施展才华和学习提高的机会。组织中年骨干教师、优秀教师的教学观摩课、示范课，对新教师、青年教师进行传、帮、带，传达新理念，示范新教法。为加快青年教师的成长，联校要求并鼓励广大教师积极撰写教育教学心得和教研论文，每年都要举行评选活动，把评选出的优秀论文送县、市、省教育科研部门参加评选，获奖者除给一定物质奖励外，还作为年终考核的加分项，参与评优、晋职。每年送县科学教育研究室的论文上百篇。多年来，已先后有 8 位老师的教研论文获省级一等奖，在省级以上教育科研刊物公开发表论文 6 篇，有 50 多篇论文获邵阳市论文评比的奖励，获县级奖励的论文达 500 多篇。教研教改活动的进行极大地提高了教师的教学主动性和积极性，提高了教育教学活动的科学性和针对性，进一步促进了教育教学质量的提高。

5. 学校管理

镇联校大力强化本镇教学的管理，积极提高管理质量，增强管理效益。

为镇中学、中心小学和各村小学配备了富有学校管理经验的校级领导班子，学校教育、教学、后勤各项工作均有专人专项负责管理。为了提高学校领导及管理人员的素质，定期要求进入县进修学校参加培训。每三年进行各校校长、副校长、教导主任、总务主任轮训一次，使他们的素质能够不断得到提高。

指导各校的管理向规范化、标准化、数字化迈进。要求学校管理做到教育、教学活动规范化，教育、教学器材和场地标准化，教师工作考核数字化，学校管理上了一个新台阶。中心小学还成为县教师进修学校小学校长培训的教学示范学校。

强化教学常规管理。在镇联校的领导下，各校加强了对教学常规的督导检查力度，使教学常规工作不断规范。联校重点检查校长对常规工作的重视程度和督导检查情况，校长和教导主任加强对教师常规工作的检查和管理。各校普遍做到教师备课每月一查，作业批改每期二查，校长及领导每期听课不少于 20 节，教师每期听课不少于 8 节。由于常规管理抓得好，教师工作的责任心明显加强，学生的学风，教师的教风，整个学校的校风一年比一年好。

6. 师资队伍建设与提高

打造一支师德高尚、业务过硬的教师队伍，是提高学校教育教学质量的关键。武阳镇联校及各学校在师资队伍建设上，付出了极大的努力，取得了明显的效果。

　　以教师职业道德为突破口，强化师德建设，以师德促进教师业务水平的提高。在师德建设过程中，联校组织师德先进个人报告会，并通过电视、录像介绍外地的师德典范，在教师的年终考核中，加大了对师德的考核权重，凡是师德考核不为优秀的，当年不能评为先进教师，考核等级也不能评为优秀。对师德高尚、表现突出的教师在晋级上给予优先，这一举措有效地调动了教师的积极性，在整个武阳镇教师队伍中，形成了爱岗敬业，为人师表，争先创优的良好局面。

　　加强制度建设，强化对教师的管理。各校都制定了教师工作、出勤、请假制度，对教师的出勤和作息有硬性规定，这对规范教师的行为、提高工作效率起了重要作用。加强教师业务学习，努力提高文化业务素质。镇联校会同县进修学校制定了武阳镇联校教师轮训计划，分批让每一位教师都能够参加县进修学校的继续教育培训、普通话培训、信息技术培训、英语培训等进修课程，对学历暂不合格或想提高学历的教师，鼓励他们参加大专或本科函授学习。联校还分别组织教师到湖南一师附小、武冈师范附小、长沙雅礼中学观摩和学习，接受先进的课改教育，学习新的教学方法，提高业务素质。通过这一系列的培训和进修，从 1985 年至今，先后已有 78 位小学教师获中师学历，有 37 位教师获大专学历，有 35 位教师获本科学历，教师学历达标率 100%，全部教师已完成了第三轮继续教育培训，均获合格证。全镇的教师中获得信息技术高级合格证明者有 58 人。普通话测试中，获二级甲等证书的 23 人；获二级乙等的 87 人；获三级甲等的 55 人，全部普通话合格。在全县的优秀课教学比武中，先后有 5 位教师获一等奖，7 位教师获二等奖。由此可见，武阳镇教师的业务素质得到了普遍提高。

　　对教师实行考核聘任制。在县教育局的统一规划和部署下，武阳镇对全镇教师进行学科业务考试，全面掌握和了解教师的实际工作能力，并根据教师的实际水平，进行岗位变动。现在武阳镇对教师实行年度考核制，对考核不合格和处于末位的教师要换离一线岗位，并与津贴挂钩，实行优岗优酬，能者上，庸者下。这些举措，极大地调动了教师的工作主动性和积极性，增强了教师的使命感、责任感和紧迫感。刻苦钻研业务，利用业余时间自修学习，不断充实和提高自己，已在教师中蔚然成风。

7. 武阳镇基础教育的两个典范

（1）武阳镇中心小学

镇中心小学是绥宁县农村规模最大的小学。这里环境优美，教学设施齐全，各项管理规范，师资力量雄厚，教学特色突出。

近年来，武阳镇中心小学大力改善办学条件，投入资金200多万元，修建了设施齐全的学生宿舍，创办了上规模、上档次的幼儿园，新建了水冲式厕所和学生浴室。拥有全县农村小学规模最大、最标准的室外运动场和高标准的篮球场。电脑室、仪器室、图书阅览室、乒乓球室、高规格的办公室、会议室，以及智能广播系统等现代化的教学设施一应俱全。2008年3月，国家投资61万元的新教学大楼落成，武阳镇中心小学农村远程教育系统在多媒体教室正式启用。这对提高学校教师素质、扩大教师视野、实现名师名校资源共享，达到进一步提高学校教育教学质量目标，将产生深远影响，成为武阳镇中心小学发展史上的一个里程碑。

镇中心小学管理层人员均是通过竞聘上岗，具有良好的专业素养和管理才能。他们团结务实，努力提升教学质量，积极改善教师待遇。

组织教师学习先进的教学理念，开展丰富多彩的教研课改活动。在学校率先推行教师竞争上岗，着力培养一支高素质、高水平的教师队伍。73名专任教师中，80%以上为30—40岁的教师；有本科学历的教师5人，在读2人，学历合格率达100%；有小学高级教师50多人，一级教师18人；有30多位教师获得过县级以上荣誉称号。学校现有一支专业知识扎实，教学经验丰富，教育理念先进，工作作风踏实的教师队伍。近几年，学校每年有70篇以上的教育教学论文在县级以上获奖或公开发表，学校教师多次在县级各类比赛中获奖。2003年下期举行的全县小学数学、语文学科教学比赛中，黄庚兰、肖华梅两位老师分别获得数学组、语文组一、二等奖。2007年5月份举行的全县小学英语、数学学科教学比赛中，莫丽红、龙秋秀两位老师分别获得英语组、数学组一、二等奖的好成绩。

在教学过程中注重对学生能力的培养，教育教学质量稳步提高。自2001年以来，每年至少有40多人升入县重点中学。2007年小六质量检测，升入县重点中学人数达68人，打破了学校历史纪录，升入蓼园中学44人，比去年增加了26人。今年"两基"国检、"两项"省检得到县、市、省检查组的一致好评。学校素质教育有声有色，学校舞蹈队、合唱队相继成立，各种兴趣小组应运而生。学生人数由原来的1400多人增加到上期的1500多人，这个学期增加到1600多人，实现了武阳镇中心小学从大校到强校的跨越。从这里走出的黄民烈和唐亮考上清华大学，成为武阳人的骄傲。

该校前临蓼水河，后倚马鞍山，省道S221从中而过，为确保1600多名学生人身和财产安全，学校实行封闭式管理，加强安全教育，建立健全教师管理制度、班级管理制度。学生食堂管理增大透明度，实施教师轮流采购，全程监督制。学校加大后勤管理力度，增强服务意识，强调安全防范措施，每期进行后勤人员健康体检，统一着装上班，抱着"一切为了学生"的态度，努力做到饭菜质量最好，价格最低，深受学生们的欢迎，得到了社会的一致好评。学校由于管理得当，负债压力得到明显缓解，由原来的十几万减少到4万元。学校注重学生爱心教育，把爱心撒向每一位学生。2007年5月二年级2班学生刘佳豪被烫伤，移植皮肤需医药费十多万元，学校积极发动师生捐款1600多元。2007年学校共为9位贫困生减免费用2000多元。分别为黄小艳、黄琦两孤儿减免费用275元、246元，分别为贫困生严桂枝、严秀枝两姐妹减免费用273元、246元，为患白血病的黄梦怡减免费用272元。

学校以进步率、优秀率、巩固率、合格率为主要评价指标，分层次开展教育教学活动。全校每年都开展一个主题活动，2004年度开展的主题活动是"内增素质，外树形象"，2005年度开展的主题活动是"展师德风采，提工作能力，树育人新风"，2006年度开展的主题活动是"三讲"，即"讲学习、讲和谐、讲创新"，2007年度开展的主题活动是"三个一流"，即"当一流教师，创一流业绩，做一流奉献"。学校每一个年级组实行责任制，学校行政人员每人负责一个年级组，实行问责制。通过开展教育教学常规管理监控，实施科学督导评估制，五年来，武阳镇中心小学一直保持着学生流失率、违法和严重违纪、重大安全事故率为零的良好记录，办学水平、办学质量稳步上升，已跨入一流乡镇学校行列。

（2）绥宁县第二中学

绥宁二中坐落在武阳镇蓼水河畔，马鞍山下，校园依山傍水，绿树成荫，环境幽雅。校园占地面积182亩，现有高中教学班44个，其中高三年级14个班，高二年级14个班，高一年级16个班；初中共12个班、初一年级4

个班、初二年级 4 个班、初三年级 4 个班，初、高中学生共 3896 人。2006 年下期在岗专任教师 153 人，其中具有中学高级职称的教师 14 个，具有中学一级职称的教师 66 人，中级以上职称的人数达到专任教师总数的 52%，专任教师学历合格率达 100%。

该校领导班子是 2005 年通过竞聘上岗的。新的领导班子成员均具有本科学历，12 名成员中有 5 人具有高级职称。该校有一条不成文却是事实的原则：学校领导必须吃苦在先，享受在后，由于新的领导班子成员事业心强，办事公道，团结协作，廉洁奉公，赢得了广大教工的一致拥护。

为了使学校始终保持良好纯正的校风，校长每月在教工例会上，带领教工学习教育政策性文件，学校教育教学战线上优秀事迹，教育教工要保持敬业爱生，甘于清贫，乐于奉献的品格。学校每年都要奖励一批工作业绩和师德突出的教师，给其他教师树立良好的学习榜样。学校规定每年新招聘的教师在上岗前必须进行培训，让他们不仅要学习模范教师的教学经验，更要学习他们高尚的师德师风，从而提高了整个教师队伍的师德水平。

多年来，该校重视教师专业技术技能的培训，注重中青年教师业务水平的提高，形成了以老带新的"传"、"帮"、"带"的业务培训机制。特别是 2006 年以来，学校和长沙市一中联合办学，学校配置了 50 台电脑分配到各教研室和课件室，并要求全体教师充分利用这一条件学习长沙市一中教师的教学经验，取长补短，提高自身的业务素质。

该校位于较偏远的乡镇，学生来源虽然较广，但由于地理和教育环境等诸多因素的影响，90% 以上的学生来自农村，绝大多数学生的文化课基础较差，而且"留守"子弟特别多，给学校的教育教学带来了巨大的压力。针对这一情况，学校在抓文化课教学的同时，注重学生的思想品德教育，并且根据学生的爱好和特长，注重音、体、美专业生的培养。每年举办艺术节和体育节，不仅全面提高了学生的文化艺术素养，而且使学生在学校觉得学有所得，学有所长，稳定了学生的学习情绪，提高了学校的教育教学效果。2005 年下期至 2006 年上期，该校学生巩固率达 97%，毕业合格率达 95%，高考上线率达 20%，2006 年学校毕业考入中央美院的有 2 人，专业生高考第二批本科以上上线人数为 84 人，高考第二批本科以上上线人数达 194 人，2004 年至 2006 年连续三年该校高考成绩在同类学校中名列前茅。

该校办学时间虽久，但学校硬件建设起步迟。进入20世纪后，该校硬件建设远远落后于市内同类学校，学校建设滞后，无疑制约了学校的正常发展。面临新的形势和新的挑战，学校领导和全体教工形成了一种共识，就是为了学校的明天宁愿现在苦，也要利用学校自身有限的财力，加快学校建设步伐。近几年来，学校自筹资金修建了男女生公寓、办公大楼、新教学大楼、科教大楼等，正在建设中的还有两栋教工宿舍楼，在筹建中的有运动场和学生餐饮大楼。一幢幢大楼在校园内拔地而起，凝聚了该校师生的艰辛和努力，也体现了该校师生发奋图强的精神和争创市内一流学校的强烈愿望。

绥宁二中办学历史悠久，人才辈出，为北大、清华、人大等国家重点大学输送了一批批优秀学生。学校先后获得"湖南省高等师范教育先进实践基

表 2 - 1　　　　　　　　武阳镇在校学生统计表　　　　　　　　（单位：人）

年度	在校学生			每万人在校学生数	每个老师负担学生数
	小学	中学	总数		
1995	2750	1645	4395	1716	21
1996	2645	1579	4224	1637	20
1997	2545	1516	4061	1562	20
1998	2449	1456	3905	1491	20
1999	2396	1399	3795	1438	20
2000	2305	1345	3650	1372	19
2001	2215	1294	3509	1309	19
2002	2085	1246	3331	1234	18
2003	1995	1200	3195	1175	18
2004	1905	1155	3060	1117	17
2005	1815	1110	2925	1060	17
2006	1725	1065	2790	1004	16
2007	1635	1020	2655	949	16
2008	1545	975	2520	894	16

地"、"邵阳市教育系统学校民主管理先进单位"、"邵阳市花园式单位"等荣誉称号，多次被评为市级优秀高考考点，是邵阳市最先安装监控系统的学校，2003年被评为邵阳市示范性高级中学。

（二）幼儿教育

根据国务院《关于幼儿教育改革与发展指导意见》和《幼儿教育指导纲要》的精神，按照"法人独立、管理独立、财务独立、人员独立"的要求，坚持"整体规划、分步实施、工作参与、规范管理、提高质量"的原则。武阳镇积极推进幼儿教育事业改革，促进幼儿教育事业的发展。在联校的指导下，各村办了学前班。招收5—6岁的儿童进行学前教育，经县教育局的审批同意，在镇指导下，城区开办了五家民办幼儿园，基本满足了家长要求对孩子进行学前教育的需求。城区幼儿入学率达100%，农村幼儿入园达到了90%。

武阳镇联校对幼儿教育工作的管理抓得较好，每期开学都要到各园进行检查。一查设施是否标准、安全，规范；二查是否乱收费；三查是否用规定教材和规定开课，严禁幼儿教育小学化。每期均要召开两次园长会议，宣传国家关于幼儿教育的政策，强调安全责任。还督促各园轮派幼师到县进修学校参加培训，提高业务素质和水平。镇联校还时常到各幼儿园检查教学情况，幼儿生活及卫生、安全情况，规范幼儿园的办学行为，这一系列举措，促进了武阳镇幼儿教育的健康发展。

绥宁县小太阳幼儿园与邵阳师范结成首家友好学校。武阳镇小太阳幼儿园现有教师9人，在园幼儿188人。该园以博爱、自信、敬业、睿智、创新为园风；以"要散布阳光到孩子心里，先得自己心里充满阳光"为园训，以办园环境佳，管理理念新，队伍素质高，教学质量优的现代化新型园所为标准，以你的满意，就是我的成功为最大追求目标。办园以来，该园成绩斐然，2003年莫季凤老师带领学生参加绥宁县庆元旦舞蹈大赛，群舞《百家姓》荣获幼儿组一等奖；2007年4月她参加绥宁县幼儿教师教学比赛，荣获三等奖。毕业于湖南师大的李春梅老师，2002年参加邵阳市移动杯书法大赛，荣获钢笔字二等奖。正在该园实习的黄晓玲老师2007年参加邵阳师范学校美术比赛，作品《鹰》荣获二等奖；实习教师赵李淑芬2007年参加邵阳师范学校庆元旦舞蹈大赛，独舞《烛光里的妈妈》荣获一等奖。莫季凤老师告诉笔者一个好消息，她正准备向邵阳师范学校提出申请，从优秀实习毕业生中，经该园听课评比考核后，以每月不低于 800 元的工资留在该园任教。该园实习的黄晓玲老师说，在这里实习的 8 天时间里，最大的感受就是：实习前没有与学生直接接触，注意不到有些细节问题。实习中，在这里得到指导老师手把手的指导，学会怎样处理细节问题，如上课最基本的时间怎么安排，一天下来具体要做些什么，如何与家长、同事相处等。

（三）成人教育

武阳镇成人教育工作是在县教育局的统一领导和部署下进行的。根据县教育局的指示，镇联校配有一名副校长专管成人教育工作，各校有兼管师训的副校长，各村由村小学校长兼任农民夜校校长，形成了武阳镇成人教育的管理模式。

在 20 世纪 90 年代，绥宁"两基"督导评估期间，武阳镇为落实"两基"目标，相继在 19 个行政村和 2 个居委会办了农民夜校，聘请村小学校长担任各村农民夜校校长，管理夜校的教学工作，聘请村小学的教师担任夜校教师。农民夜校的主要工作有：（1）开展文化知识教育，扫除农民中青壮年文盲。（2）开展农业科学技术教育，提高农民科学种田，科学养殖的能力，提高农民素质。（3）开展社会主义民主法制教育，增强农民的法制意识，使农民学法、懂法、守法、护法。（4）开展科学教育，突破封建迷信思想，反对邪教。在各级组织的支持和努力下，夜校教学工作开展得有声有色，农民的法制意识普遍提高，农民的封建迷信活动、打牌赌博、打架斗殴明显减少，农民素质得到了明显提高，收到了良好的社会效益，受到了农民的一致好评。为方便农民学文化，农村农民夜校还在村口交通要道处树立了识字牌，把 1500 个常用字写在上面，方便农民随时识读。并以办墙报、黑板报的方式宣传国家的农村政策。

进入新世纪后，农民夜校逐步成为农业科技教育的场所。近几年，随着国家各项惠农政策在农村的逐步落实，武阳镇成人教育工作的重点转向协助县劳动局就业培训中心实施对农村劳动力的免费培训、转移农村剩余劳力的工作，帮助县职业培训中心摸清基本情况，确定参训对象，组织培训课程。

武阳镇的成人教育工作搞得有声有色，成绩十分突出，通过对农民进行免费培训，提高了农民的素质，大部分农民掌握了一至两门专业技术，无论是在家创业还是外出务工，都能做出一定的成绩，有利于武阳镇经济的持续发展，成为武阳镇经济起飞的助推器。

三　文化事业

随着经济的发展，物质生活水平的不断提高，人们对精神文化生活也越来越重视。当代社会文化被称为国家的软实力，越来越成为民族凝聚力和创造力的源泉及一个国家综合力竞争的重要因素，这已成为世界各国的共识。

武阳镇历来重视文化事业的发展，每届党委、政府都把提高文化建设，发展文化事业作为一项重要工作来做。坚持把发展公益性文化事业作为保障人民基本文化权益的主要途径。逐渐加大投入力度，加强社会和乡村文化建设。

（一）在文化建设软件方面，坚持文化为中国特色社会主义服务，为人民群众服务。宣扬主旋律，宣传改革开放所取得的伟大成就。大力弘扬爱国主义、集体主义、社会主义思想和价值观、加强诚信意识、社会公德、家庭美德、个人品德建设。教育引导人民自觉履行法定义务、社会责任和家庭责任。深入开展群众性的精神文明创建活动，形成男女平等、尊老爱幼、互爱互助、见义勇为的社会风尚。大力弘扬科学精神，普及科学知识，反对愚昧和落后，拒绝邪教，远离毒品，珍爱生命。倡导健康向上的文化生活，抵御低级趣味的庸俗文化，反对资产阶级腐朽文化，反对封建落后文化。

（二）在文化建设的硬件方面，武阳镇早在20世纪80年代就修建了影剧院，每天放映电影和录像，每逢节日还进行文艺演出，建成了万册图书馆，藏书万余册，组建了武阳镇业余花鼓戏剧团，利用农闲时间和节假日到各村巡回演出，组建了武阳镇电影放映队，下村为群众放映电影，极大地丰富了群众的业余文化生活，满足了人民的文化需求。随着经济、社会的发展，人民对文化的要求也越来越高，需求也越来越丰富，镇党委、政府与时俱进，加大投入，发展了文化事业，如今图书馆藏书已达20万册，影剧院已改扩建为多功能文化活动场所。有舞厅、演艺厅、影像放映厅、KTV歌厅、台球室、棋牌室、网络会所等，每天为群众提供丰富多彩的文体活动，在农村，各村都建有文化室、广播室。19个村都接通了有线电视。大部分村民在家就能收看有线电视节目。

1986 年 7 月，镇建立万册图书馆，并成为邵阳市第一个乡镇文明图书馆。现在拥有各类图书 13600 多册，订阅杂志 58 种，报纸 14 份。图书馆经常展开各种形式的读书活动，在两个文明建设中发挥了重要的作用。当地人民称之为"农民求知、求富、求乐的金钥匙"①。

每天上午九时至下午三时，晚上六时至九时为农民进镇办事和镇内群众休息时间，图书馆根据农村特点在此时间开放，适宜大多数人的需要。逢赶集时则全天开放。专业户、重点户和远道而来的读者，随到随借。长冲村李有功就常来借书，但由于居住较远，距镇 20 多里，一般都是闭馆后才到。管理员不厌其烦，充分满足他的借书需要。李有功兴趣广泛，文学、音乐、科技等方面都有涉猎。他从《西班牙吉他演奏法》学会弹吉他。他常阅读文学书籍，并将所想所感诉诸笔端，已发表了多篇文学作品。他通过养猪等技术书籍，学会饲养生猪和猪饲料加工技术，他用包谷、豆子、松树针叶等配制饲料，喂养八头猪，平均每日增肉一斤多。在他的带动下全村 58 个专业户都来租借图书，迅速走上了致富道路。现在图书馆每天租借 80 余人次，集日可达到 160 余人次，阅览每天 150 余人次。

为了充分发挥图书馆的社会效益，帮助农民了解信息，掌握知识，找到致富门径。图书馆除了经常进行口头宣传，个别访谈外，还有计划举行座谈会扩大了读者队伍，而且收到事半功倍的效果。大田村村民黄胜金，54 岁，致富无门，想送小孩拜师学艺，却无人可授。他栽种了 100 多株柑橘树，只长苗不结果；承包一口鱼塘，鱼已长到六七寸长一尾，结果死了一大半。参加了座谈会后说"到处找不到师傅，这下可找到了"。当即租借了《柑橘栽培技术》、《鱼病防治》等书，改变了施肥方法，掌握了正确的剪枝技术；鱼塘重新放养，及时防治鱼病。生产经营状况得到了很大的改善，获得了良好的经济效益。

由于农村居住分散，租借图书往来不便，有的读者带口信、写便条前来办理租借，图书馆及时办理，为他们服务。有些用户，急需了解相关专业信息，图书馆知道后派专人送上门或委托带送加以解决。关峡村村民苏连英兄妹为房产继承引起争端，图书管理员乘车 25 里路，送去《继承法》，及时化

---

① 姚光荣"农民求富、求知、求乐的金钥匙——介绍武阳镇图书馆"，湖南图书馆主办，《图书馆》1987 年第 5 期。

解了纠纷。园艺场技术员黄生荣种凤尾菇，失败三次，图书馆为他送去资料后找到稻草消毒处理法，调整温湿度，解决了问题。黄生荣感慨地说"不按科学办事，决心再大，也是空的"。近年来，镇图书馆为农户送书上门，行程几百里，深受群众的欢迎。

（三）大力开展群众性的文化活动，武阳镇充分发挥妇联、共青团的作用，组织开展各种群众性的文化娱乐活动。鼓励和支持民间成立各种文化和艺术团体，并引导他们开展健康向上的文化生活。镇里每四年举办一次农民运动会，每两年举办农民文艺会演，平时，倡导群众开展健康向上的文化活动，并为活动提供力所能及的指导和帮助。

（四）鼓励和支持民间投资文化产业。武阳镇党委、政府应上级文化精神，出台了相关政策和措施。鼓励、支持、引导民间投资文化产业，取得了良好的效果。现在，武阳镇共有民营书店 17 家，民间演出团体 2 个，鼓乐队 4 个，民间影视放映厅 5 个，民营 KVT 歌舞厅 6 家，民营网吧 11 家，既扩大了就业，创造了可观的经济效益，也丰富和方便了城乡人民的业余文化生活，收到了良好的社会效益。

武阳镇加强文化建设收到了明显的社会效果。净化了社会风气，把人民的业余生活引到健康向上的文化生活上来，打牌赌博现象明显减少，社会治安明显好转，人民素质明显提高，农村一度猖獗的封建迷信活动得到明显遏制，社会主义核心价值体系深入人心，良好的思想道德风尚进一步弘扬，社会进步明显。

第二节　医疗卫生事业

健康是人发展的基础，医疗卫生是民生的重要方面。国家高度关注民生，把解决老百姓看病难、看病贵、看不起病的问题作为重要工作来管理，取得了很大的成效。武阳镇贯彻国家农村医疗政策，抓好医疗卫生工作，切实为老百姓排忧解难。他们坚持公共医疗卫生的公益性质，坚持预防为主，以农村为重点，坚持中西医并重。强化政府责任和加大政府投入，大力鼓励社会投资参与，建设覆盖城乡居民的公益卫生体系、医疗服务体系、医疗保障体系、药品供应体系，逐渐实行医药分开，为群众提供了安全、有效、方便、价廉的医疗卫生服务。

一　医疗设施建设

武阳镇在医疗设施建设方面，采取了政府投入和鼓励社会参与"两条腿"走路的方针，取得了较好的成绩。

1. 绥宁县第二人民医院

绥宁县第二人民医院地处武阳中心街的东北角，服务范围覆盖 12 个乡镇，近 20 万人口。近三年来，该院坚持以人为本，不断夯实基础，深化改革，努力构建老百姓放心的医院，老百姓满意的医院，就医群众稳定增长，每年业务收入达到 450 万元以上。曾被邵阳市卫生局评为"社会公众最满意的医院"，连续 5 年被县卫生局评为"双文明先进单位"。当地群众亲切地称其为"妇女儿童的保护神"，老百姓看得起病的"贫民医院"。

改革出生机，管理出成效。绥宁县第二人民医院始终坚持把深化改革看做医院发展壮大的生命线，把解决群众看病难、看病贵作为医院的办院宗旨，管理质量是一所医院的核心竞争力，该院把提高管理质量和服务质量作为办院实践中一贯坚持的理念。通过开展医德医风大讨论，建立人才成长激励机制，引导、促进广大医护人员和管理者牢固树立质量第一的意识，树立符合现代医院多元的、开放的、发展的质量观，不断发挥管理严格的优良传统，进一步健全各种管理制度，注重运用全面质量管理等先进的管理思想和方法，坚持以人为本，按照"转变质量观念——确立质量标准——构建质量管理体系"的思路，实施行医、管理、育人三位一体的管理模式，依照业务流程再造原理构建了内部管理业务流程系统，编印了《绥宁县第二人民医院业务管理手册》，建立了集系统性、科学性、可操作性于一体的质量管理体系。在此基础上，该院每月开展 4 次以上的督查活动，重点督查医护人员的医德医风、上班纪律、会诊活动等情况。同时，向每位住院病人发放调查表，开展全方向的满意度调查，以此提高医院的办院质量，树立良好的医德医风形象。

实行开门办医院、构建流动医院网点是绥宁县第二人民医院的办院特色。该院为了扩大医院影响，服务当地群众，成立了由骨干医护人员组成的流动医疗队，配备了常用的先进医疗设备，由一台专用汽车护送，在周边 12

个乡镇 160 多个村开展巡回医疗服务和义诊。去年 11 月 1 日，该院又一次组织了为期 30 天的大型义诊活动，接受义诊群众达 1400 余人，发放卫生防疫宣传资料 3000 余份，解答群众病理疑难问题 1600 余个，为困难群众免费发放药品总价 2.3 万余元。该院的这种义举，凝聚了民心，提升了医院形象，群众得到了实惠，受到了当地群众的普遍欢迎。

医院的发展壮大，关键在于基础，基础不牢，地动山摇。为了夯实基础，营造优质就医环境，绥宁县第二人民医院坚持两手抓、两手都硬的治院方略。一方面狠抓硬件设施建设。一是加快医疗设备的更新换代。近三年来已投资 320 余万元，购买了 21 项血细胞分析仪、300m A 光机、全自动洗片机、半自动生化仪、阿洛卡 B 超、B 超工作站、脑电地形图、心电监护仪、电子胃镜、麻醉机等一系列先进医疗设备，设备水平有了较大的提升。二是住院环境更趋人性化，科室开设更齐全，技术装备更专业。该院现设有病床 50 张，开设了内科、普外科、传染科、骨伤科等 11 个科室。三是"一刀"创特色。该院有一支主刀骨干队伍，能有效开展肝、胆、脾、肾脏等各类手术，治愈率 100%。除此之外还能开展前列腺、椎间盘突出、同体植骨术等高难手术，妇产科手术声名远播，成功率 100%。另一方面狠抓人才队伍建设，鼓励医护人员参加继续教育，不断提升自身业务素质。为提高医护人员的整体素质，该院进一步完善了人才培养机制，建立了人才培养基金会，每年定期输送 4 至 6 名医护人员到医学院或大中型医院跟班进修。到目前为止，全院 92 位职工中，有副主任医师 2 人，主治医师 23 人，大专以上学历者 78 人，合格学历达 86%。软件建设和硬件建设齐头并进，为广大群众营造了优质的就医环境，也赢得广大群众的普遍赞誉。

为了构建医患关系，创建贫民医院，绥宁县第二人民医院始终坚持"一切为了病人，为了病人的一切"的办院方针，在全院推行人性化服务。一是设置导诊台，方便病人寻医问药；二是每个病房装有传呼器，方便病人呼唤医护人员；三是推行亲情化服务，禁止以床号代替患者名号；四是建立回访卡制度，为患者提供跟踪服务；五是坚持周一、周四主治医师会诊制度，为住院病人提供优质高效的技术服务。该院已坚持了三年多的人性化服务，病人放心，社会满意，和谐医患关系初步形成。

绥宁县第二人民医院定位为贫民医院的目的就是要方便群众看病，让群众看得起病，为实现这个目标，该院采取了三大措施，一是建立流动医疗服务队，由病人到医院看病，转变为医生上门服务；二是主动降低药品价格，让利于群众。近三年来，该院5次降低药品价格，让利90余万元；三是实行特困病人资助制度，为困难群众撑起一把绿荫大伞。

2005年10月20日，该院流动服务队到武阳镇肖家村上门服务时，发现该村申某因患综合急性缺钾病，全身瘫痪，不省人事，生命垂危。医护人员进行了临时紧急抢救，并派车将申某送往县第二人民医院。该院十分重视，立即组织骨干医师进行会诊，经过一天一夜的全力抢救，终于将病人从死亡线上拉回。申某及家人万分感谢，痊愈后为该院送来了感谢信。

武阳镇毛坪村村民肖某的爱人是一个哑巴，膝下又有2个女儿读书，原本家庭就特别困难。今年7月14日，肖某因膀胱巨大结石住进了绥宁县第二人民医院，在患者不交任何费用的情况下，该院立即施行手术，并发动全体医护人员为其捐款1280元，同时医院减免医药费640元。肖某康复出院时，激动地说："这里是俺老百姓的医院，医生好！服务好！"

绥宁县第二人民医院以改革促发展换来了丰厚回报，广大医护人员的质量意识、服务意识明显提高，人才培养模式走上了规范化、制度化的道路，医院管理水平，技术设备水平显著提高，知名度、信誉度不断加强，竞争力迅速提升，成为全县乡镇医院名符其实的杏林旗舰。

2. 城区还建有四家私人诊所。诊所备有简单的医疗器械，主要方便老百姓看个伤风感冒之类的小病，各拥有输液用的床位2张。实行自负盈亏、自主经营的办法。政府医疗监督部门进行定期和不定期检查与抽查，规范其医疗行为和操作。查扣没收假药，确保医疗安全。

3. 城区开有三家小规模的药店。均为社会投资，属私营性质。常用药比较齐全，店内整洁，卫生干燥，有利于药品的存放，药品摆放成例规范，开架售药，都承诺无假药，极大地方便了附近居民。

4. 各村居委会都建有卫生室。卫生室作为农村三级医疗预防保健网的基础，不仅担负着农村群众基本医疗服务的任务，而且承担着预防保健、健康教育、爱国卫生等公共卫生职责。以前农村卫生室基本为民营，卫生所以家带所，房屋不达标，卫生条件差，医疗设施简陋，技术操作不规范，存在着较大的安全隐患。加强村卫生所规范化建设，改善基本条件，提高医疗服务能力和水平，不仅是加快农村医疗卫生事业发展的需要，也是贯彻落实科学发展观和社会主义新农村建设的重要内容。为此，武阳镇党委、政府高度重视，会同县卫生管理相关部门深入各村调查、摸清情况，然后精心规划，加大投入，按标准建设了规范化的村卫生所。在具体操作中，坚持政府引导，集体举办，一村一所的原则，由镇政府具体组织实施。此外，还加强人才培训，加强在岗乡村医生的培训和学历教育，有计划有步骤地提高村卫生所医务人员的专业技术水平。严把村卫生所人员准入关，逐步实现乡村医生向执业医师转化。

　　经过近几年的努力，武阳镇基本完善了覆盖全镇居民的三级医疗卫生预防保健网络，做到了居民小病不出村，中病不出镇，大病不出县，遇有危重病人和紧急情况，城区救护车能在 10 分钟之内赶到，农村在 30 分钟之内赶到，基本上解决了老百姓看病难的问题。

表 2 - 2　　　　　1995—2008 年武阳镇医疗设施情况及医生数

| 年度 | 医疗机构和医生 | | | 每万人拥有住院床位数（个） | 每位医生负担人口数（个） |
	医疗机构（个）	病床（个）	医生（个）		
1995	20	26	45	10	569
1996	20	26	45	10	573
1997	21	26	46	10	565
1998	21	26	46	10	569
1999	21	26	50	10	521
2000	22	26	60	13	443
2001	22	35	70	15	382
2002	22	40	75	15	359
2003	22	40	85	18	319
2004	24	50	95	22	288
2005	24	60	101	22	273
2006	26	60	105	22	264
2007	26	60	110	22	254
2008	28	60	113	21	249

二 新型农村合作医疗

武阳镇党委、政府认真贯彻落实 2003 年卫生部、财政部、农业部联合发布的《关于建立新型农村合作医疗制度的意见》中提出的到 2010 年实行新型农村合作医疗基本覆盖农村居民的目标精神，在县委、县政府及相关部门的领导和支持下，目前已完成新型农村合作医疗体系及运行机制。2007 年12 月 15 日，武阳镇参加新型农村医疗合作的农民达 21537 人，占农民总人数的 85%。自 2008 年 1 月至 10 月全镇有 896 余人次享受到农村合作医疗报销 1466375.40 元。2009 年新型农村合作医疗筹资 23.376 万元，参合率达88%。2010 年新型农村合作医疗筹资 41.932 万元，参合率达 95%。2011 年新型农村合作医疗筹资 60 余万元，参合率达 100%；城镇居民医保缴费实际完成 3412 人，完成率达 98%。

具体操作中，武阳镇严格执行政策规定，坚持政府支持，群众自愿的原则，政府、集体、个人多方筹资，扎实推进农村合作医疗工作。他们将绥宁县第二人民医院设立为定点医院，实现了医院与管理中心计算联网，农民住院治病，就可以在医院直接报销。根据县里政策，对参加新型农村合作医疗的农民每人每年补贴 20 元，报销比例为 60%。2007 年补贴提高到每人每年40 元，政府全额负担了农村五保户的参合费用。最大限度地惠及参加新型农村合作医疗的农民。

三 城区职工基本医疗保险

武阳镇城区职工的基本医疗是由绥宁县统一部署和管理的。近几年，绥宁县进一步完善了城镇职工基本医疗保险制度，不断地提高了医疗保险水平。使得全县城镇职工受益，武阳镇也在其中，武阳镇城镇职工参保率为100%。

四 计划生育工作

计划生育工作是我国的基本国策，实行计划生育，优生优育，限制人口过快增长，不仅事关国家经济发展的大局。也关系到国民素质的提高，是贯彻落实科学工作者发展观的重要方面。也是我国各级政府的一项重要工作。

　　近年来，武阳镇在总结教训、学习吸收外地经验的基础上，对计划生育管理体制实行了改革，计划生育工作开始走出困境。①

　　镇党委清醒地认识到，造成全镇计划生育困境的根本原因，是没有充分调动村干部的积极性，致使计划生育工作变成镇干部的"独角戏"。为了扭转这种局面。镇党委重新调整和改选了村级领导班子，明确规定不抓计划生育的不能当村组干部，不带头计划生育的也不能当村组干部。配备村组计划生育专干，在班子成员精简的情况下，镇里明确规定抓计划生育的干部不减，全镇 21 个村（委员会）都配齐了专干，159 个村民小组配齐了宣传员或信息员，并采取统筹资金的办法妥善解决了他们的报酬。镇上还与村里签订计划生育承包合同，对突破人口指标的村，不评先进，不发奖金，村干部报酬降一等。

　　靠突击为主的计划生育工作，动辄兴师动众，既劳民伤财，又容易形成一阵风，来得快、去得快，达不到预期的效果。武阳镇决心改革这种不正常的工作方法，他们在完善以村为主方法的基础上，建立健全镇常年工作队，使计划生育工作由突击抓转移到经常抓。为了加强常年工作队建设，党委政府采取了如下措施，一是精简人数，将常年工作队人数由过去的几十名精简到 7 名；二是提高素质，按照德才兼备的原则，坚持从复员军人、村组干部和计划生育积极分子中物色人选，设立工作队正副队长，建立工作队党支部，制定了一整套规章制度。镇政府与工作队签订了承包责任书，实行"三定"，即定报酬、定任务、定奖罚。

　　过去武阳镇的计划生育工作都是抓群众。每次突击活动，总是要求群众如何如何，对干部没有要求；在执行政策上，往往也是要求群众严，要求干部松，致使群众逆反心理越来越强，抵触情绪越来越大，群众围攻工作队和计划生育干部的事情屡屡发生。为了打破僵局，走出困境，镇党委政府大胆改革工作方法，把要求群众必须如何如何，改为要求干部必须如何如何。在落实节育措施和执行计划生育政策方面，对镇干部和党团员要求从严、处理从严。明确规定凡是要求基层做到的，镇机关必须先做到。毛坪村 5 名村干部积极带头、以身作则，全部落实了节育措施，全村 43 名党员近年来没有

　　① 　许英杰、黄润光"走出困境，开拓前进——武阳镇改革计划生育管理体制"，《人口与经济》1990 年第 3 期。

一人超计划生育；桐木村有位专干，动员两个儿子都落实了节育措施，当有人问她这么积极图个啥时，她笑着说："我是共产党员，只图带个好头！"许多群众看到党员干部模范带头，颇有感触地说："这合理、那合理，计划生育政策组最合理，在这个政策面前，平民百姓不能违反，党员干部也得遵守"。

过去计划生育工作中罚得多、奖得少，抓消极因素多，抓积极因素少，致使工作越抓越难、路子越走越窄。镇党委政府决心改变这种做法，把计划生育工作的重点从处罚为主转到奖励为主上来。其结果是，有效地解除了节育对象的后顾之忧，提高了实行计划生育的自觉性。

实践证明，武阳镇改革计划生育管理体制，取得了明显的成效。一是充分调动了村干部的积极性，使计划生育工作真正落实到了基层。以村为主后，村干部由"看戏"变成了"唱戏"，由配角变成了主角，压力增大了，责任感增强了，工作主动了。二是提高了广大群众实行计划生育的自觉性，使党群关系得到缓和。许多原来想躲生、强行生的群众，感到跑不掉、躲不脱，迟落实措施不如早落实措施，被动挨罚不如主动得奖；同时，党员干部的模范带头作用，也使得他们受到鼓舞和教育。全镇上下出现了踊跃落实节育措施的局面。群众自觉性提高后，党群关系迅速得到缓和。村镇干部和工作队上门时，出现了"进屋搬凳子，坐下烟和茶，冬天有火烤，夏天递西瓜"的融洽场面。改革使武阳镇的计划生育工作节省了人力物力，促进了经济发展。镇干部用于抓计划生育工作的时间少了，可以集中精力抓经济工作。镇党委书记抓计划生育的时间由过去数十天减少到十几天，镇长只出面处理过个别疑难问题。全镇做到不出夜班、不搞大突击，既节省了人力又减少了开支，计划生育经费由每年十几万减少到两三万元。

2005年6月中旬以来，绥宁县武阳镇党委政府在县法院、县计生局的支持配合下，集中对镇内雀林村、毛坪村和六王村3组开展了为期近半个月的社会抚养费征收试点专项活动，对这三个村近5年来拒不缴纳社会抚养费的超生对象共26户进行了征收，收缴社会抚养费16万余元，征收面积达到了100%，截至7月6日，该镇已征收社会抚养费19.5万元。

武阳镇过去在征收社会抚养费问题上存在许多偏差，致使社会抚养费征收工作一度陷入困境，严重影响了计划生育工作的开展，为扭转这种局面，武阳镇在开展社会抚养费征收工作中，强化措施，真抓实干，加强了领导，组织了强有力的征收队伍，镇里成立了以党委书记为指挥长的专项活动领导小组，下设两个活动组，均由班子主要成员担任正、副组长，各组安排干部8人，分片包干，责任到组到人。该镇采取攻心为上的措施，加强了对超生对象的思想劝导工作，在工作中对超生对象普遍发放了限期缴纳社会抚养费的通知，标明应缴纳的数额和主动缴纳与拒不缴纳的法律后果，并由工作组上门说服教育，做思想工作，清收工作开展以来，经做工作主动缴纳的达85％以上，对征收工作抓重点，牵一发而动全局。该镇确定了"抓重点，瞄难点，以点带面，各个击破"的办法，明确了重点整治村。该镇还注重发挥村干部的积极性和主动性，坚持"以村为主"的工作机制，重视村干部在村一级的桥梁作用，情况熟、基础好、群众信任的优势，在征收过程中，大约60％的超生对象是由村干部做通的思想工作。该镇自开展社会抚养费征收工作以来，取得了明显成效，扭转了社会抚养费征收难的被动局面，推动了计划生育工作的开展。活动期间，育龄妇女主动到计生服务所落实上环16例，结扎20例，流引产5例，外出育龄人员主动寄回妇检证（卡）151张，有63人进行了补检。

第三节 社会保障事业

社会保障工作的好坏，不仅事关社会稳定，事关国家经济体制改革和建立社会主义市场经济体制的成败，而且事关科学发展观，坚持以人为本理念的贯彻和落实，事关社会的公平正义，缩小社会两极分化，建设和谐社会的大局。

武阳镇的社会保障工作主要根据国家政策和法律进行。在县政府统一领导下，采取政府为主，社会为辅的保障形式，认真履行"上为政府分忧，下为百姓解愁"的工作思想，较好的完成好优抚、城镇低保、五保及救灾工作。

一 劳动保障工作

武阳镇劳动保障工作正处于起步阶段。相关部门正在县劳动局保障局的领导下对镇内企业进行摸底调查，督促企业尤其是私营企业与职工签订劳动合同。目前，私营企业与职工劳动合同的签订率达到 95% 以上。正在落实非公有制企业（主要是私营企业）的职工参加养老保险以及失地农民参加养老保险的事项。正在筹划对农村特困群众进行低保。

二 老龄福利事务

武阳镇比较重视老龄工作。在 2005 年建立了敬老院，总投资 150 万元，可容纳 200 多老人入住安享晚年。进入敬老院实行个人交纳一定费用，政府按月补助的办法。现有入院老人 34 人，敬老院设施齐全、规范、整洁、安全、舒适，有棋牌室、电脑室，还有一个供老人散步的院落，绿树成荫，花草繁茂，环境幽静。

镇里还建有老年活动中心，备有门球、台球、棋牌、电视、电脑宽带网，书刊报纸，并每年定期举行活动。

镇政府在每年的农历九月九日重阳节，对全镇 60 岁以上的老人进行慰问。在有线电视上为老人们点歌，发慰问信，祝老人们节日快乐，健康长寿，万事如意，并从镇财政中拿出钱来为每位 60 岁以上的老人发放慰问金20 元。

据了解，投资 100 万元的武阳镇中心敬老院建设工程进展顺利，2010 年已进入装修扫尾阶段。该项目系 2009 年武阳镇农业资源整合规划项目之一，今年，被列入省为民办实事项目，同时也是绥宁县 2009 年唯一的福利性建设项目。武阳镇地处绥宁县北片中心，人口多，五保老人也多；县民政局在该镇敬老院的基础上拟建一所中心敬老院，经县建筑设计院技术人员现场勘察，选址确定在镇内万福桥村原小学，占地约 5 亩，计划床位数 60 个。该项目包括改造一栋 480 平方米的二层砖混结构原教学楼，新修一栋 680 平方米的三层砖混结构的敬老院综合楼，总投资超过 100 万元，目前，主体工程已建成，预计 10 月份可正式交付使用。

三 城镇低保工作

根据国家有关政策，武阳镇对城区人均收入低于 1000 元的家庭实行低保政策，由上级拨款和镇财政资金加以补贴。2005 年开始，当年有低保户27 户，共 48 人，按每月 150 元补助，共发放低保金 151200 元，2008 年低保标准提高到每人每月180元。农村低保处于起步阶段。

四　社会救济工作

武阳镇社会救济工作成绩突出。

2001年6月19日，绥宁县暴发百年不遇的大洪灾，武阳镇是受灾最为严重的乡镇，有五个村205户农民受灾，房屋被冲毁，牲畜被冲走，田地庄稼被毁，还造成较为严重的人员伤亡。镇党委、政府反应迅速，一方面向上级汇报灾情，一方面组织力量救灾。由于组织有力，迅速果断，在短短三天内，灾民全部得到安置，救灾款物全部发放到灾民手中，接着又派干部住村指导救灾，恢复生产，使损失减少到最低，面对无情严重的自然灾害，武阳镇建立了应对灾害的预警机制，在各村口大路边立了指路牌，如有灾害时，群众按指定线路撤退，并进行演练。在各村实行灾情监测报告制度，受灾群众求助制度。

2010年"6·17"特大山洪地质灾害造成武阳镇21个村（居）均不同程度遭灾，直接经济损失达9500万元。洪灾发生伊始，由于指挥得当、调度科学、措施得力、工作到位，全镇没有出现一例人员伤亡的情况，并涌现出了刘登才、黄海友等抗洪救灾功臣，受到了县里的表彰。同时镇政府集中人力、物力、财力开展恢复重建：一是为受灾户送去了粮食、棉被、慰问金，10户全倒户均得到妥善安置并修建了新房；二是抢修供水供电设施。受损严重的人饮工程现已全部修复。给断电的村组送去了柴油发电机和碾米机，保障群众的基本生活；三是修复农田水利设施。全镇共清沙保苗2600余亩，堆砌简易水坝30余座，疏通水渠9000余米，加固整修道路；四是抓好重大动物疫病防疫工作，防疫密度达96%以上，为农村发展家禽养殖提供保障；五是统筹做好农村剩余劳力转移培训工作，共转移农村富余劳力1250人，增加了农民收入。

在社会求助方面，武阳镇机关干部广泛开展了"双联户"活动，即每名干部联系一个贫困户和富裕户，干部当媒介，富户帮贫户，通过干部努力，把一些贫困户的劳动力安排到镇上的民营企业中务工。为困难群众排忧解难。

每年春节，镇党委、政府都要对全镇五保户、困难户、受灾户、优抚对象进行慰问，并发放求助金和慰问金。

五　社会优抚工作

武阳镇政府根据国家政策，在县民政局的指导下。对下列人员实行优抚：（1）1954 年以前参军的老人，志愿军、退伍战士、无劳动能力的烈属。（2）残疾人家庭（家庭主要人员肢残或智残）。（3）大病人员家庭（家庭成员患有严重疾病，已丧失劳动能力）。（4）贫困老人家庭（无子女赡养或子女无赡养能力）。对 1954 年以前入伍的老军人、志愿军战士填写了全国在乡复员军人信息采集表，已入网进行电脑管理，对其他对象，也进行造册立档管理。并根据国家政策，采取一定的优惠措施。

到 2008 年底，武阳镇已基本建立民以社会保险，社会救济、社会福利和社会优抚为内容的社会保障体系，使人人享有了基本的生活保障。

第四节　社会主义新农村建设

一　新农村经济建设

社会主义新农村建设是党的"三农"政策的重要体现，是建设和谐社会、让亿万人民共享改革发展成果的重要举措，党中央、国务院高度重视，指出要工业反哺农业，城市支援乡村的方针，充分发挥亿万农民的积极性，加大公共财政覆盖农村的范围，增加支农资金带动社会资金更多投向农村，从多方面支持新农村建设，并提出了"立足村情，体现特色，机制牵动，全面建设"的总体思路和"生产发展、生活富裕、乡风文明、村容整洁、管理民主"的总目标。

（一）绥宁县新农村经济建设概况

绥宁县坚持用发展的绩效来检验"以村为主"工作的成效，引导村级组织紧紧围绕农业增效、农民增收两大目标，制订发展规划，明确发展目标，落实发展措施。开拓思维，依托资源和区位条件因地制宜，不限发展模式，不论经济成分，宜农则农、宜林则林、宜工则工、宜商则商，走出了一条各具特色的农村经济发展之路，重点在"调、加、合、转"四字上做文章。

"调"就是面向市场、加快农业产业结构调整，提高农业的规模经济和效益，各村做到"四有"，即有规划、有基地、有协会、有能人。依托资源优势，培植主导产业，发展"新、优、特"产品，形成一村一品、几村一业的经济发展格局。该县 2005 年产业结构调整面积达到 16 万亩。完成杂交水稻 6.25 万亩，人工造林 5.3 万亩，其中社会化造林达到 80%，完成楠竹丰产 3.3 万亩，封山育林 3.5 万亩，发展高山反季节西红柿 3000 亩，食用菌 600 万筒。

"加"就是大力发展农产品加工，推动农业产业化经营，提高农业的市场竞争力。全县有 5 万农户依托制种集团、联纸公司等龙头企业发展经济，年制种收入 1.2 亿元，竹帘加工收入 1.1 亿元。

"合"就是围绕主导产业兴办各类经济合作组织，自我完善产前、产中、产后服务，促进农产品流通，确保农产品卖得出、卖得好。市苗族侗族乡盛产柑橘。以前，因市场信息不灵，产品销售渠道不畅，橘农往往增产不增收，柑橘每市斤最低时才卖 1 角多钱，连付采摘工资都不够，有的橘农干脆让橘子烂在山上。城内居委会主任于大春通过市场调查发现，橘子在黑龙江、广西等地很好卖，且价钱好，他便热心为村民们联系老板，往外销蜜橘。时间长了，他认识的老板就多了，外地老板与他打交道后，对他的为人和才干很赏识，认定了他这个"中介人"。老百姓对他也很信任，"卖橘子，找大春"成了方圆几十里橘农的一句流行话。在此基础上，于大春成立了"大春中介公司"，与广西南宁、黑龙江佳木斯、吉林长春等地的 20 多位老板建立了长期合作关系，每年金秋时节，于大春便走村串户为货老板联系货源，每年联系销售蜜橘 60 万—100 万公斤。因搞活了流通，近几年在市乡的柑橘购销两旺，价格一路走高，使 100 多户柑橘种植大户直接受益。

"转"就是通过开展职业技能培训，引导和帮助农村富余劳动力转移，扩大劳务收入。李熙桥镇岩湾村，因无明显的资源优势，在本村创业的空间不大，随着改革开放的深入，村里的年轻人大多走出去创业。起先，大家个务个的工，个创个的业，虽然能赚些钱，但效益不大。1992 年该村 4 组村民莫文和，发现城里人越来越注重房子装修，他凭着过硬的技术，走出绥宁，跻身长沙房屋装修行业，并站稳了脚跟。后来，他的生意越做越大，该村许多人都投到了他的门下。经过十几年的创业，该村村民在长沙房屋装修业中已占有一定份额，大大小小的装修队成立了好几个。到目前为止，该村打工者在长沙市场杨家山已形成小有名气的"湾头村"，长年在此创业的村民已达到 60 余人，业务的范围也从开始时的地板条销售、铺设，扩大到现在的整座房屋装修，平均每年创收近 200 万元，人均创收 3 万多元。河口苗族乡水车村村民金光腾在家乡种植草莓成功以后，一年收入 2 万余元，但他不满足现状，经过多次的市场调查后，最终选择了走出去创大业。他瞄准交通便利，市场广阔的湘潭市，于 1999 年在湘潭市郊区租土地 20 余亩种草莓。现在他每年创收超过 10 万元。在他的带动下，水车村先后有 6 户人家在湘潭、长沙等地租地种植草莓同样获得了丰厚回报。

另一方面，该县因地制宜发展新的集体经济，充分利用村级土地、矿产、水能等资源，采取以资源引资金、以产权引客商等办法，靠兴办村集体企业增收，靠发展特色产业增收，靠资产经营增收，靠搞活土地使用权增收，靠资源开发增收，靠物业经营增收。同时，对贫困村加大政策扶持力度，采取上级帮、部门扶等形式，通过项目合作、资金倾斜、信息技术服务等，逐步实现从送钱送物向送科技送服务转变，从单纯"输血"向提高"造血"功能转变。今年 1—4 月，全县发展村级集体项目 183 个，增加村级收入 212 万元。枫木团苗族侗族乡界头炉村过去集体经济比较薄弱，自实行"以村为主"以来，村里依托丰富的矿产资源，招商引资 1300 万元，建起一座大型铁矿，每年可增加村集体收入 16 万元。

以村为主发展农村经济，就是要广谋路子，拓宽渠道，千方百计增加农民收入。该县通过发挥党员干部、经济能人、专业协会的积极作用，走出了一条多渠道农民增收的路子。

如枫木团苗族侗族乡境内以山地、丘陵居多，年平均降雨量为 2420 毫米，属中亚热带南岭湿润气候区，昼夜温差大，光照充足，土壤肥沃，特别适宜百合、茯苓、鱼腥草等中药材的生长。该乡有耕地 4546 亩，其中水田 4033.4 亩，旱地 512 亩，以前基本上用来种植水稻、玉米等作物。虽然能让老百姓吃饱肚子，但距离发家致富的目标还很远。近几年，该乡不断调整农业产业结构，尝试种过茯苓、黑美人、亚贡、鱼腥草等等，经过不断的探索，最终瞄准百合中药材种植这个产业，并逐年扩大规模，为老百姓找到了一条可行的致富之路。百合为百合科，药食兼优，鳞茎供食用或药用。百合味甘、微苦、性平，具有补益心肺、固肾、补脑、清心、安神、镇静、清润肺燥、调理脾胃、益气调中、清热止咳、养阴止血、消暑等功效。

2004 年，新屋场村只有少数农民开始零星的种植百合，到 2005 年，村民们发现种植百合的收入比种粮食赚钱，卖百合主要是卖鲜百合，一挖出来就可以卖，每公斤价格为 5 元至 8 元。而那些个头小的百合更是紧俏，可作为百合种子，每公斤价格更可达 15 元。这样算来种 1 亩百合相当于种 5 亩粮食的收入，"眼红"的乡亲们也跃跃欲试，纷纷购买百合种子进行小规模种植。2005 年，种植面积达到了 50 亩，人均年收入增加近 500 元。

看到农民种植百合热情高，有钱赚，枫木团苗族侗族乡政府因势利导，加大引导力度。乡政府多次组织部分百合种植大户到广东等地了解市场行情，并按照产业化布局、标准化生产、规模化经营的发展思路，不断扩大种植规模，提高种植水平。针对新屋场村、枫木团村等村交通不便、百合买卖难的状况，乡政府先后筹资 50 万元，修建道口村桥至枫木团村桥 2 公里的林道。为提高种植水平，乡政府筹资 2 万元，在新屋场村、秋木田村、道口村修建了 8 个沼气池，大力推广"猪—沼—药"的发展模式。以前农民种植的百合，要经过商贩转手卖到上海、浙江等地，中间环节多，价格就变低，2008 年，乡政府扶持以"企业＋支部＋基地"的模式助推百合产业发展。在新屋场村成立了百合生产基地，建立百合示范基地 100 亩，带动周边村落发展百合。到 2009 年，枫木团村、净溪村等村百合种植面积达 80 亩。尝到甜头的农民巧借政策优势，不断扩大百合种植规模，部分农民租赁土地进行种植，催生了一批种植大户。

党员干部"带"。开展"双培双带"活动，推出了农村党员干部"双带"200 强，发挥示范带动作用。竹舟江苗族乡联溪村村"两委"带领村民发展食用菌，种植秀珍菇 20 多万袋、香菇 20 多万袋、冬菇 30 多万袋，为群众增收 150 余万元。金屋塘镇草寨村村支书刘玉国牵头，村里 28 名党员参股，投资 380 万元，修建瀑布江电站，装机容量 600 千瓦，年产值 200 余万元，带动了该村全民创业。今年初，刘玉国又开始筹建以加工腊肉、小笋子、蕨菜为主的总投资达 500 万的才美绿色食品有限公司，目前通过市场评估，已进入建厂投产阶段。同时他们立足区位优势，大力发展运输业。村支委刘永纯率先借款买了台康明斯大卡车，成为该村首个运输专业户。随后，经其牵头成立了草寨村运输协会，吸纳会员 23 人。平时，由协会出面联系货源，会员专管运输。下街组村民刘汉民、刘汉青两兄弟靠跑运输盖上了洋房，配上了手机，过上了富足的生活。

经济能人"引"。该县推出了发展农村经济"十二招"和农村经济能人150强，发挥典型引导作用。乐安铺苗族侗族乡大胆启用农村"小康领路人、产业带头人、科技明白人和市场经纪人"，推动了农村经济发展，农民人均纯收入达3486元。

专业协会"促"。该县按照"一个村一个产业，一个产业一个协会"的模式，由经济头脑活、务实精神强、开拓意识浓、专业技能好的农民能人牵头成立专业协会，为农民提供产前、产中、产后服务。拥有100个蜂箱的铺子苗族乡哨溪村村民彭先祥，自加入县养蜂协会并担任副会长后，从不担心蜂蜜的销路问题。不仅是他的蜂蜜品质好，更重要的是他依托协会，做足宣传。在开展学习科学发展观的实践活动中，绥宁县建立农村合作经济组织28个，注册资本2000万元，吸纳会员5120人，辐射带动农户2万多户，为农民架起"致富金桥"。在农业经济发展中，大力推广优良品种，重点发展畜禽规模养殖、杂交水稻制种、食用菌等具有地方特色的农业产业。依托产业优势，先后成立种植专业合作社10家、畜禽养殖专业合作社4家，今年1月至7月实现销售收入1.3亿元，会员人均增加收入1000元。长铺子乡枫香村组建蔬菜合作社，入社会员26户，会员年收入超过2万元。鹅公岭上白松柏油茶专业合作社被申报为2009年省委、省政府为民办实事专业合作社省级示范社。该县注重培育和扶持典型，对一批种养大户、营销大户、龙头企业主、返乡创业人员，进行动员和集中培训，使其成为合作社的领办人。乐安铺乡联丰村省级科技示范户李万兴牵头成立绥宁县板栗技术研究会，发展会员230人，推广种植面积3700多亩，年培育和销售尖顶油板栗种苗200万株，年产值达500万元。该技术研究会先后被评为邵阳市先进农村专业技术协会、邵阳市"十佳"科普示范基地，李万兴被评为"湖南省优秀农村实用人才"。

(二) 武阳镇新农村经济建设概况

武阳镇落实县关于扶持农民合作组织的意见，政府安排专项资金用于合作社的培训、商标注册、质量认证奖励等，同时在税收减免、用电、用水、用地等方面都明确了优惠措施，极大地调动了农民组建合作社的积极性。通过林改，山林经营权属全部明晰到位，广大林农依法享有其产权，并自发组建林业专业合作社。政府每年出资扶持林业合作社发展，林业合作社迅速崛起成为当地林业经营管理的主体。

表 2 - 3　　　武阳镇林木采伐指标"入村到户"公示表（2）

"入村到户" 单位（个人）	采伐指标数量 （出材量立方米）	"入村到户" 单位（个人）	采伐指标数量 （出材量立方米）
老祖村合计	700	桐木村合计	1155
集体		集体	
个人	700	个人	1155
林业专业合作社		专业合作社	
黄元义	30	陈大友	40
龙道智	30	吴正根	50
王庆芝	30	吴炳友	70
袁光成	30	杨焕东	70
杨胜元	30	黄始道	70
孙平荣	30	黄渊通	40
黄孝友	30	杨盛周	40
宋成家	30	陈显付	30
黄浩强	30	吴正松	50
黄民顶	30	吴炳永	60
友道孝	30	杨进刚	80
黄浩旦	30	黄渊进	60
周成接	40	曾祥发	65
龙道仪	30	杨进开	50
龙道柏	30	陈树文	30
龙道文	30	吴正增	40
蔡周石	30	甫长松	60
肖和珍	40	甫长忠	80
肖和体	20	黄始正	40

"入村到户" 单位（个人）	采伐指标数量 （出材量立方米）	"入村到户" 单位（个人）	采伐指标数量 （出材量立方米）
严维灿	50	陈明清	80
肖和永	20	杨盛明	50
杨进云	30	双龙村合计	200
龙怀炳	20	集体	
连塘村合计	200	个人	200
集体		专业合作社	
个人	200	刘道龙	10
专业合作社		黄启进	10
黄波	15	付立同	10
黄始清	10	曾令彪	10
黄立中	10	肖红胜	10
黄始顺	10	雷英	10
黄民吉	15	陈明发	10
黄锡兰	10	罗孝文	10
黄始兵	10	罗孝付	10
黄小生	10	刘德铁	10
黄宗寿	10	罗中彪	10
黄祥正	15	肖调汉	10
黄生启	10	李明付	20
黄韶斌	15	黄明清	10
陈金长	15	罗中智	10
陈金卫	15	罗少成	10
黄先庭	10	李典洪	10
刘建团	10	刘登付	20

　　村级集体经济是村级组织建设的一个重要标志。凡是先进村，很重要的一条就是，村级集体经济实力极强，村级组织能依靠集体经济为群众办实

事，从而得到群众的拥护和支持。如何发展新形势下的村级集体经济，转变观念谋发展，不断做强村级集体经济。一方面改变"守摊子"的旧观念，管好盘活村级集体资产，使其发挥最大的经济效益，缓解村级经济困难。

武阳镇武阳村依托杂交水稻制种协会，发展杂交水稻制种 600 余亩，产值 120 余万元。武阳镇武阳村被立为绥宁县新农村建设的试点之一。武阳村位于省道旁，距镇政府只有 1 公里，近几年经济发展很快。但绥宁是"八山一水一分田"，全县 25 个乡镇人口 35 万多，其中苗、侗、瑶、壮、回等 15个少数民族就占总人口的 61.23%。大部分乡村还很穷，像武阳村这样条件好的少。按照产业规划，2010 年左右，武阳村主导产业杂交水稻的制种面积将在 600 亩的基础上再增加 300 亩，力争亩产产值达到 2000 元。武阳村党支部书记周延强现经营着年产值超过 500 万元的武阳吉利板业厂，已不再是某种意义上的农民了，但作为武阳村新农村建设的带头人，他不能仅仅考虑自己的事情，"我们必须做好产业发展规划"周延强说，经过 20 多年的发展，武阳村已彻底告别贫困，2005 年全村经济总收入超过 1000 万元，农民的人均收入接近 5000 元。主要经济产业已经由水稻业向农民经商办企业和养殖业转变。武阳镇武阳村坚持"村事村办"的原则，通过盘活闲置资产和改建商业铺面，年增收 12 万元，2004 年至 2005 年对老街进行了重新规划，投资 20 万元新修水泥村道 3000 米，美化了院落。

绞股蓝富含人参皂甘类化学物质及叶绿素、氨基酸、维生素、锌、钙、铁等多种微量元素，有"南方人参"、"七叶参"之誉。1986 年国家科委将绞股蓝饮料、食品酒等系列产品开发列入"星火计划"给予大力支持，1990年 1 月，国家科委正式发文推荐绞股蓝系列产品。同年经国家农业部"绿色食品办公室"监测，绞股蓝饮料被列为亚运会指定饮料，绥宁县森林覆盖率高，气候适宜，土地肥沃，昼夜温差大，湿度光照条件好，无任何工业污染，绞股蓝生长快、产量高、质量好。开发绞股蓝茶有得天独厚的优势。以天然"七叶参"鲜嫩叶为原料，以传统工艺和现代科学方法精制而成的绞股蓝茶，常喝有防癌抗癌、降血脂、抑制肥胖、降血压、抗衰老等独特功效。

武阳镇雀林村焕发绞股蓝茶厂，自 1997 年开始种植绞股蓝，加工绞股蓝茶，至今已 12 年多的种植、加工茶叶历史。武阳镇雀林村绞股蓝茶专业合作社也于 2001 年自发成立，种植规模逐年扩大，2009 年 1 月申请登记注册，正式成立"绥宁县武阳镇雀林村专业合作社"。该合作社年产值 1800 万元，合作注册资金 50 万元，产业从业人员达 600 人，每年办社创利 130 万元。现在该社已发展社员 450 户，辐射种植基地遍及武阳、李西、白玉、唐家坊、瓦屋塘、关峡六个乡镇 120 多个村，种植面积 1800 多亩，惠及农户 2500 多户。该合作社已形成了"农户＋基地＋外商联营销售"的经营模式，发挥了合作社在产、供、销一条龙服务的积极作用，达到了农民增收、财政增税的目的。武阳村村民杨顺友在武阳镇、朝仪乡、在市乡等乡镇租赁 1600 多亩土地种植绞股蓝茶，平均每天有 800 多村民采摘和加工绞股蓝茶叶，采摘鲜叶的村民每天人均收入 40 多元。

走进绥宁县武阳镇六王村板栗冲，映入眼帘的是郁郁葱葱的梨树、板栗树、杨梅树和葡萄树，成群的鸡、鸭、鹅，或在草丛里啄食，或在池塘里戏水，一条小溪从山间潺潺流过，真像走进了世外桃源。这就是该村村民、县政协委员黄生发开发出来的生态果园。果园每年为他创收近十万元。黄生发也因而成了远近闻名的致富能手而多次当选为县政协委员。现在，县内外许多农民都慕名前来黄生发的生态果园取经学艺。

1996 年 10 月，在越来越多的人跑往南方淘金发财的情况下，30 多岁的黄生发也有过外出打工发财的念头，但想到既然南方能成为财源地，为什么家乡就不能变成聚宝盆呢？在纵横对比、左右验证的情况下，他选择了留在家乡创事业，并且把目光投上了村里板栗冲那块无人问津的荒山秃岭，他想在那种植经济林。当他把这个想法告诉妻子时，妻子骂他是不是头脑进了水。家庭本来就不宽裕，一家老小的生活本已吃紧了，何况两个小孩很快就要上中学了，到时又需要一大笔钱。自己的丈夫不仅不量米下锅，反而要到那块"鸟都不拉屎"的秃山荒岭上种什么经济林，妻子能不反对吗？左邻右舍也说他还是到南方淘金好一些，说去南方不要承担风险，说不定还能成为一个大老板呢，到时大家也沾沾光。

他没有放弃和退缩，而是再三说服妻子支持自己的选择。在办理好承包荒山 300 亩的合同后，他天天在板栗冲那块荒山上开垦、种树。一年中他筹集资金 26000 元种植了金秋梨、美国布朗李 120 多亩、杂交板栗 30 多亩、优质乌梅 20 亩、良种葡萄 10 亩，退耕还林 130 多亩。如今，昔日的荒山变成了葱翠的果园。130 多亩林地也成为他的"绿色银行"。这时，大家对他另眼相看，妻子说他有远见，街头邻尾也都夸他是个绿色"银行家"。

1997 年刚过完春节，黄生发在板栗冲挖了个 3 亩大小的鱼塘，之后又在自己果园里建起一个小型养猪场。从此，黄生发又开始经营自己的养殖王国。那年他在自己的鱼塘里放养了 1000 尾鱼苗，有草鱼、鲤鱼、鲢鱼、青鱼，饲养了 50 头猪，喂养了 300 多只麻鸭、200 多只鸡和 100 多只四川白鹅。用猪、鸡、鸭、鹅的粪便养鱼，用青饲料喂猪、养鸡、养鸭、养鹅。这些肉类动物由于喂的全是青饲料，肉香味甜，很受市民的喜爱。这些当年就为黄生发创收 3 万多元。现在，黄生发的养殖业每年以 10% 的幅度递增。走在黄生发的果园里，看着一群群白鹅、麻鸭在塘里戏水，草鱼、鲤鱼在塘中悠游，鸟在林中自由飞翔，真是一幅绝美的桃源风景图。现在，每年到黄生发果园参观的人络绎不绝。

成了能人的黄生发，每年都有很多农民向他取经学艺。据黄生发统计，从 1996 年至今，学艺取经的人不下于 600 人次。

黄小亮是前年刚毕业的一名高中生，因为没有考上大学，曾经一度消沉过。但看到黄生发一个只有初中文化的七尺汉子，用自己的双手在贫瘠的土地上干出不平凡的业绩，还成了远近闻名的能人。为什么自己就不能像他那样干出一番事业呢？从此，黄小亮拜黄生发为师，学习种养技能。黄生发也乐意教小亮，并在小亮创业之初无偿送给小亮 30 只麻鸭作为他的创业资本。由于黄小亮勤学好问，以及黄生发的热心帮助，现在黄小亮也成了远近闻名的农民企业家。像小亮这样在黄生发的帮助成长起来的成功农民企业家在六王村就有 20 多人。在黄生发的带动和影响下，周边几个村的农民现在也大兴种植和养殖业。这不仅带动了农民发家致富，也为国家创造了大量的税收。

二　加强和改善农村基层民主建设管理

农村基层民主建设是社会主义新农村建设的重要内容，是社会主义国家性质的本质要求，是我国社会主义制度的重要组成部分。

（一）绥宁县农村基层管理概况

绥宁县全面推行以村为主工作以来，紧紧抓住村级制度建设这根主轴不放松，理顺了村级事务，规范了村干部行为，明确了村级经济发展的目标，使村级组织"有章办事"、"有制可循",为该县经济社会的健康、快速、和谐发展提供了强有力的保障。

科学设置村级职能,明确职责。"以村为主"推进农村工作,就是以"村"为主体开展各项农村工作,乡镇党委、政府和其他部门对村级工作由包揽型向指导型转轨。绥宁县完善各项责任机制,将工作项目化,出台了《村支两委主要职责》,明确规定了村支两委在宣传政策法规、发展农村经济、落实计划生育、建设公益事业、维护社会稳定、建设精神文明等方面的18项职责,理顺了村两委的关系。同时,制定《村干部管理暂行办法》、《绥宁县村干部行为规范》,从制度上明确了村干部的职责,要求村干部改变相对上级而言的"差役"角色,改变相对农民而言的"长官"形象,彻底改变"发号施令"的工作方式,由被动应付向主动服务转变,切实当好"五员",即农村政策法规的宣传员,农业生产的技术员,农村矛盾的调解员,发展经济的服务员,为民办实事的勤务员,强化了村干部的责任意识。如该县黄桑坪苗族乡赤板村村支两委热心为村民发展西红柿产业服务,今年以来,村支两委成员明确职责,实行分工包片落实面积,组织生产,全村共发展西红柿293亩。针对农村工作实际,该县还制定了《农村党员定岗定责目标管理办法》,根据党员的特长、能力,设置了先锋岗、监督岗、服务岗等三大类党员职责岗位共20个岗位。党员上岗按自我荐岗、支部定岗、公示明岗、上岗履责进行,岗位确定后,村党支部发给上岗证,年终对上岗党员进行考核评比。目前,该县有10514名农村无职党员在各自的岗位上履行职责。

依法规范村级职权,调整权力。为确保村级组织和村干部权责平衡,该县出台《村党支部和村民委员会的主要权力》,对村支两委的16项职权进行了界定,形成了部门协助、乡镇指导、村为主体的工作格局。着重抓好了"三个分离"。首先,执法权与事权适当分离。该县从六个方面入手,适当下放事权,做到政策法规以村为主进行宣传,经济结构以村为主进行调整,计划生育以村为主进行落实,科技文化以村为主进行普及,社会稳定以村为主进行维护,精神文明以村为主进行创建,切实把领导生产的权力交给村里,变"为民做主"为"让民做主",转变了乡镇职能。其次,决策权与执行权分离。结合实际,制定了《村民自治章程》、《村民议事制度》、《村支两委联席会议制度》等一系列制度，实行村民会议和村民代表会议事决策权与村委会村务执行权分离，对与农民群众利益密切相关的事项如村集体的土地承包和租赁、工程建设承包、青山买卖等都要实行民主决策。再次，管理权与监督权分离。村委会享有对村级集体资产的管理权和财务审批权，村支部有组织党员和村民监督村务、财务的权力。同时，该县按照"细化、量化、科学化"的要求，合理确定乡、村干部的工作目标，理顺乡镇及"七站八所"与村级的关系，实现二者的优化组合。如该县东山侗族乡建立"村为主"工作"乡、村、民"三级联动机制，促进了热点、难点问题的顺利解决，该村社会治安实现了"四无"目标，即无群众上访，无群众械斗，无民转刑案件，无刑事案件。

合理调整利益格局，保障利益。该县建立和完善了村干部待遇保障机制、激励机制和社会保障机制，切实确保村干部的利益。在县乡村之间进行适当的分权让利改革，明确了村级集体资金的四项主要来源，县、乡两级采取财政补助、奖金资助和部门扶助等方式主动向村级让利。财政补助就是县、乡两级财政每年预算部分资金用于保障村干部的工资发放。如县财政今年共安排150万元，用于保障村干部的工资待遇；党坪苗族乡每年为村支两委统筹办公经费1万元。奖金资助就是县委、县政府按照一定的比例，统一调配部分涉农收费资金，根据年终"以村为主"工作的考评结果进行奖励，考核合格的村每村奖励1000元。部门扶助就是县直部门通过项目开发、资金返还等形式对村级进行扶助。如县计生局征收的社会抚养费按70%的比例返回给乡、村两级。如武阳镇今年共征收社会抚养费30万元，县计生局根据有关制度按比例返回乡镇21万元，乡镇再根据工作任务完成情况按比例返回到村。为提高村干部收入，该县对村干部推行村支两委交叉任职。如党坪乡12个村的村支书兼秘书，村主任兼治调主任，妇女主任兼计育专干，每个村村干部由原来的6人减为3—4人。目前，该县有15个村的村支两委主要负责人交叉任职，全县村干部从1621人降至1483人，年减少村干部工资支出34.8万元。为激发村干部的工作激情，该县每年拿出1—2名公务员名额从在岗的村支部书记、村主任中招考。如2005年公务员招考中，该县有11名村干部踊跃报考，党坪乡界溪村村主任陆全章以笔试、面试总分第一的成绩成为第一批从村干部考录为国家公务员的佼佼者。该县还建立了社会保障机制，对任职满 3 年以上政绩突出、不再任职的村支部书记、村主任，由乡镇党委颁发荣誉证书，并按一定的标准给予一次性补助，对连续任职 10 年以上的村干部根据其任职时间和贡献考虑其退职费和养老保险，确保村干部退有所安、老有所养，切实解决好村干部的后顾之忧。

由于农村基层组织的责、权、利得到了有效调整，从而大大增强了村干部对岗位的吸引力，激发了工作激情。

绥宁县在推进新农村建设的过程中，狠抓村级班子建设。在最近开展的"党员干部下基层，建设和谐新农村"活动中，把培训村干部作为一项重要内容来抓，至 3 月底，全县共举办村干部培训班 25 期，培训村干部 200 多人。

绥宁县在开展新农村建设工作中，把配强村级领导班子作为加强执政能力建设的基础。按照精干高效原则，鼓励村干部实行"一肩挑"，全县村支书、村主任"一肩挑"的村 63 个，比以往增加 15%，秘书与计育专干兼职率达 90%。凡是班子长期涣散，或班子不能发挥正常职能的则选派国家干部下村任职。去年共有 62 名机关干部被下派到村里任支部书记、村主任助理等职。在选举中注重培养和推介能带头致富、带领群众致富的优秀党员村民进村支两委班子，在去年换届选举后，村级班子经济能人比例占 72%，比以往增加 20%。

该县把强化培训作为加强执政能力建设的重点。为了提高村干部素质，制定了《2001—2005 年村干部培训规划》，建立了以县、乡镇党校为主体，远程教育、职教中心为支点，以农函大、成人教育和理论夜校为补充的培训体系，要求村级班子成员每年受训时间不得少于 15 天。同时，组织人员编写了《绥宁县村干部读本》和《农村工作四十三问》作为村干部培训教材。举办了村干部培训班，全县新当选的 46 名村支部书记、村主任参加了为期五天的培训。近两年来，共举办各类培训班 16 期，培训村干部 2676 人次，村干部普遍掌握了 1—2 门的致富技术。

该县把提高待遇作为加强执政能力建设的动力。针对农村基层组织特别是村干部经济待遇普遍较低的问题，绥宁县从 2005 年开始每年县财政拿出 200 万元设立专项基金，用于补贴村干部工资，以提高村干部的经济待遇。年底，村干部除领取固定工资外，县财政根据县委组织部和民政局核定的村支两委干部职数，按每人每年不低于 1200 元的标准给予补助，其极大地调动了村干部的积极性。同时，以提高村干部政治待遇为切入点，激发村干部活力。

（二）武阳镇农村基层民主管理概况

武阳镇把村级财务公开作为落实村务公开的重点。所有收支状况逐项逐笔公布明细账目。在确保村级资金所有权不变的前提下，实行村账乡镇监管。坚持和完善村级事务民主决策制度以保障农民群众的知情权和决策权，凡是与农民群众切身利益相关的事项，都要通过村民大会或者村民代表委员会议民主决策，不能由个人或者是少数人决定。

推行农村基层党务公开，除涉及国家秘密外，都要向党员和群众公开。重点公开农村基层党组织的工作目标、决策内容和决策程序、干部选拔任用、发展党员、党费收缴和管理使用、民主评议党员、党员干部违法乱纪问题的处理、落实党风廉政建设责任制情况等内容。

武阳镇积极贯彻《绥宁县村务公开和民主管理实施办法》，对村级事务实行民主决策、民主管理、民主监督。村级事务全面推行"阳光作业"，坚持做到"六个百分之百"：即村务公开栏 100% 从墙内移到墙外；公开时间 100% 按照每季度一次；公开内容 100% 按照要求设置；村务监督小组 100% 民主选举产生；村干部工资、奖金 100% 做到逐人公开；村级开支 100% 按时间、事由、金额、经手人逐笔公开。从 2004 年起，武阳镇普遍实施了民主评议村干部制度，村干部的工作让群众评判，村干部的职务由群众决定，使村干部始终置于群众的监督之下。推行该制度以来，该镇有 5 名村干部被民主评议为不合格，其中有 1 名村干部被依法罢免。通过民主评议村干部强化了群众对村干部的监督，促使村干部转变作风，有效地增强了他们的工作责任心和事业心。

为了促进农民群众"自我管理、自我教育、自我服务、自我发展"的目的，各村根据实际成立了民主理财小组、治安调解小组、红白喜事理事会、治安巡逻队、抗洪抢险队、护林队、护村队、木材招标小组、劳务输出站等村民自治组织，并相应地建立起工作制度，明确各自治组织的职责，充分发挥了村民的自治作用。以前武阳镇武阳村红白喜事攀比成风，铺张浪费严重，自成立了红白喜事理事会后，大力倡导移风易俗，厉行节约，婚事新办，丧事简办，每年为村民节约开支十多万元。

2004年，绥宁县针对村级事务管理松散的情况，县委、县政府出台了《绥宁县村干部管理暂行办法》、《绥宁县村干部行为规范》、《绥宁县民主评议村干部实施细则》等政策，从村级领导体制、村干部选拔任用和教育管理、村务决策、村干部待遇等方面对村干部行为进行了明确规定，促使村干部做事守规矩、按章程。

武阳镇积极贯彻和落实各项村干部管理细则。重视干部的年龄结构和性别结构。要求每村至少有一名30岁左右的干部，形成合理的年龄梯次结构；每村至少有一名妇女干部；村干部后备力量按照1∶1比例配备。重视干部的文化素质水平，要求45岁以下的村党组织书记、村民委员会主任应该具备中专或者高中以上的学历，并逐步实现每村至少有一名大专以上的村干部。

重视农村干部的素质培养。每年定期对村干部和村级后备干部进行政策理论、法治理论和实用技术培训工作。利用农村特点，实行现代远程教育方式，在农村建立远程教育站点，每个站点，每月开展集中学习教育不少于两次，并开展个性化学习和教育，充分发挥"红星"网络辅助教育平台。依托有关院校开展"一村一名大学生"学历教育，为农村培养一批靠得住、用得上和能够适应新农村建设需要的高素质人才。争取在9年内，每个村级领导班子中，至少有一名大专以上学历的干部。武阳镇19个村的73名村干部，35%有沿海打工经历，90%的村干部有自己的经济实体。

建立健全村干部年终考核制度。镇党委加强指导和监督村党组织的力度，村委会在广泛听取党员群众意见的基础上，制定科学的任期工作目标和年度工作目标，明确村干部的岗位职责，制定具体的考核办法，按照责权利统一的原则，实行绩效与报酬、奖励与惩罚挂钩。每年年底，乡镇党委对村党组织书记、村民委员会主任等村干部实行年终考评。年终考评一般先由村党组织、村民委员会及其成员向村党员大会和村民会议或村民代表委员会报告工作和述职，然后组织党员群众对村干部进行评议。乡镇党委依据个人述职、民主评议等情况，对村干部进行组织评定，组织评定的结果，作为村干部奖惩和领取报酬的直接依据。

落实经济责任审计制度。对村党组书记、村民委员会主任和村会计离任前，必须实行任期财务清理和经济责任审计。审计工作由县乡农村经济工作管理部门和村民主理财小组共同负责。审计结果必须向村民公示。县乡农村经济管理部门和村民主理财小组同时还要对村集体经济进行审计。

建立和完善村干部激励保障机制。完善村干部误工报酬保障制度。从2008年起，对村干部给予每人每月不少于200元的误工基本补贴，由县市区按村规模大小，每村核定3—5名村干部职数，将补贴落实到人，现行标准高于此补贴的，按此标准执行，建立奖励制度。奖励标准由各村根据经济发展水平、农民收入状况和村规模、人口数量、集体经济收入等情况，召开村民大会或者村民代表会议提出，报乡镇审定。对其他村干部和村民小组长的误工补贴，由村视财力状况适当确定。有条件的地方，可探索建立村干部养老保险制度、医疗保险制度、村干部保险制度和离职补偿制度。

建立离任村党组织书记、村民委员会主任生活困难补助制度。对连续任职10年以上或累计任职15年以上，正常卸职、离职而且年龄已在60岁以上，家庭人均纯收入、生活水平低于当地村民生活平均水平的村党组织书记、村民委员会主任，每人每月按照不少于30元的标准，给予生活困难补助。由县市区、县镇核定补助对象，直接发放到人，现行生活困难补助标准低于此标准的，按此标准执行。对生活困难的其他离任村干部，县市区、乡镇党委要关心照顾，采取相应措施，帮助解决生活困难问题。符合农村低保条件的离任干部，应列为低保对象。

探索从优秀村干部中间选拔公务员具体办法和途径。注重从优秀的村党组织书记、村民委员会主任中选拔乡镇领导干部。从2008年开始，每年要拿出一定的公务员编制，面向年富力强、实绩突出、有中专（高中）以上文化程度的优秀村党组织书记和村民委员会主任定向考试，择优录取。

武阳镇坚决推行《村干部辞职履行办法》、《村干部履职责任制度》、《"三卡"诚勉制度》等管理办法，进一步规范了村干部行为。镇里与每个村干部就财务管理、计划生育、社会稳定等几项重要工作签订履职责任书，每季度将履职情况向群众通报并接受群众的监督，年底由村民对村干部的履职情况进行评议。根据评议结果对干部作出引咎辞职或责令辞职的处理，从而大大地加强了村干部的工作责任感和紧迫感。保证每村村支两委换届顺利进行，该镇建立了《村民委员会换届后工作移交制度》，规定各村委员换届工作结束后，原村委会应将公章、集体财务账目、固定资产、工作档案、债权债务及其他遗留问题等，及时移交给新一届村委会。从而彻底杜绝了拒绝移交或无故拖延移交的现象，保障村级各项工作的正常运转。

表 2 - 4　　　　　　　　　武阳镇村级干部情况统计表

年度	数量（人）	平均年龄	平均文化程度	平均补贴（元）	平均家庭收入（元）
1995	86	45	初中	3000	8000
1996	86	45	初中	3000	8400
1997	86	45	初中	3000	8800
1998	86	45	初中	3000	9200
1999	86	44	初中	3200	9600
2000	86	44	初中	3200	10000
2001	86	44	初中	3200	10400
2002	86	43	初中	3200	10800
2003	86	43	初中	3200	11200
2004	86	43	初中	3200	11600
2005	86	42	初中	3400	12000
2006	86	42	初中	3400	12400
2007	86	42	初中	3400	12800
2008	87	42	高中	3400	13600

（三）规范和加强农村基层财务管理

1. 绥宁县规范农村基层财务制度

村级财务管理是农业和农村经济工作的重要内容，是广大农民群众关注的热点问题，也是加强农村基层党风廉政建设的有力保障，事关农村改革、发展和稳定的大局。随着农业部在全国开展的农村集体财务管理规范化建设工作的不断深入，目前全国村级管理总体上基本迈入了制度化、规范化轨道。但部分地方仍然由于体制不顺、制度漏洞、管理松懈等原因，导致村级财务管理较乱，集体资产流失，村级债务增加，突出表现在：现金管理混乱，收入不及时入账，非生产性开支较多，越权超限审批报销，基建项目不招投标，大额开支不透明等，农民群众对此反映强烈。

对财务管理混乱的村进行整顿，对于规范村级财务管理，化解基层矛盾，推进农村基层党风廉政建设，维护农村社会稳定具有非常重要的意义。绥宁县各乡镇在农村积极推行《绥宁县农村集体经济组织财务管理》办法，加强全县农村集体经济组织的财务管理，规范村账乡镇代管的财务制度，提高农村财务管理水平。

县农村经济管理局依照有关法律法规，对农村财务管理工作进行指导、审计和监督。乡镇政府主管辖区内的农村财务管理工作，日常工作由乡镇农村经济管理站（简称乡镇农经站）负责。全县农村集体经济组织的财务统一实行"村账乡镇双代管"制度，即在不改变农村经济组织的基本核算单位、资产所有权、资金使用权及收益权的基础上对集体资金、账户实行监控管理，乡镇农经站与各村委会签订委托代管协议。

各乡镇农经站应严格按本办法履行自己的工作职责，严禁利用管理之便平调、挪用和截留村集体资金、财产。各乡镇应成立村账乡镇双代管工作领导小组，领导小组下设办公室，由乡镇农经站站长兼任办公室主任，办公地点设在乡镇农经站，具体负责村委会所报票据的审核和现金支票的管理及结、记账工作，专职记账会计原则上由乡镇农经站工作人员担任，乡镇农经站工作人员不足的，由乡镇人民政府负责从其他部门调剂或聘请政治思想好、具有从业资格的人员担任，但必须报县农村经济管理局备案。

各村委会设报账员一名（各村不再设出纳员），原则上由现任村出纳员担任，如其因故不能担任，则由除村支书、村主任及其配偶、子女及直系亲属以外的其他村干部兼任，但必须经村民代表大会讨论通过，报乡镇人民政府批准，县农村经济管理局备案。凡出现重大业务差错或有经济违规违法行为的不得担任村报账员。村报账员的工资待遇由村支两委提出方案，经村民代表大会讨论决定，最高不得超过村主要负责人工资的80%。村报账员确定后，应保持相对稳定，无正当理由不得随意撤换。村报账员负责现金（银行存款）的收、付工作，并负责做好现金日记账（银行存款）、往来明细账的登记工作，定期将经村民主理财小组审核和村财务负责人审批，审核的原始凭证交乡镇农经站报账，同时协助村民主理财小组做好财务公开工作。

乡镇农经站要严把审核关，对手续不齐全的票据，退回原据按规定重新补办手续，对违反财务制度的一律不予入账。农经站要分村建账、核算，并编制会计报表，保管会计档案。每次记账后 10 日内要将编制好的财务公开明细表交各村报账员，由村民主理财小组审核后负责向村民公布财务收支情况，接受群众监督。农经站每个月或每个季度编制一次财务公开明细表。为确保乡镇农经站日常工作的开展，乡镇农经站与各村委会签订代管协议，实行有偿服务，参照省物价局湘价综〔2008〕165 号文件规定，根据各村业务量大小，每年向各村委会收取 1000—1500 元的业务服务费，从各村村级运转经费中列支，主要用于乡镇农经站办公业务开支。收取的业务服务费如不能保证乡镇农经站正常运转的，不足部分由乡镇人民政府予以补足。县农村经济管理局要加强对乡镇农经站、村委会工作人员的业务培训，乡镇农经站每年要对村民主理财小组组长和村报账员进行一次业务培训。村报账员、村民主理财小组组长、村干部应积极参加县、乡两级组织的业务培训，以提高自己的政治水平、业务素质和工作能力，其培训经费从村级运转经费中列支。村报账员必须具有初中以上文化程度，并取得经县农村经济管理局培训合格后发放的资格证书，如通过两次培训后仍未能取得资格证书的，乡镇农经站应建议村支两委召开村民代表会议撤换报账员。

各乡镇农经站统一指定各村委会在农村信用社开设一个基本账户，实行支票户管理，并预留村报账员、村主任、乡镇农经站站长个人印鉴和村财务专用章印鉴，个人印鉴分别由上述人员保管，村财务专用章印鉴由村报账员保管。现金支票由各村购买，乡镇农经站统一保管、填写。严禁多头开户和用现金直接支付 2000 元以上开支。乡镇农经站对村委会的日常开支实行备用金制度，备用金限额一般为 1000 元，经济业务较多的村最高不超过 2000元，由村报账员负责管理，用于日常零星开支，其他人员一律不得经手现金。上级各部门下拨的村级组织的各种款项，统一划入村级运转经费专户，再由乡镇农经站转入各村基本账户，严禁以现金形式拨付资金。2000 元以下的村现金收入由村报账员收取并在 24 小时内解缴存入村基本账户，特殊情况最迟不得超过 5 天。超过 2000 元的村现金收入由乡镇农经站代收，村报账员应定期与乡镇农经站和信用社核对银行存款余额。村报账员对每笔现金（银行存款）业务必须及时编号，逐日、逐笔、准确的登记现金（银行存款）日记账。村民主理财小组应加强对货币资金的监督，及时将村集体资金的收入、支出及结余情况向村支两委和村民代表会议报告。

村集体所有收入必须纳入村账乡镇双代管核算范围，包括村级组织运转经费、村民"一事一议"筹集的资金、各项财政拨款及其他有关部门拨款、扶贫救济款、社会捐赠款、土地征用补偿费、村级经营收入、发包及出租收入、村集体经济组织的其他收入。各村向单位和农户收取现金款项时，必须使用县农村经济管理局统一印制的有效票据，严禁私自印制、购买、使用其他无效票据，严禁截留"坐支"收入，严禁收款不开票，严禁私设账外账和"小金库"。所有收据实行领用登记和缴销制度，由村报账员统一到乡镇农经站领取并保管，严禁将票据借给其他单位或个人使用。

村委会一切费用开支必须纳入账内核算，所有开支必须有符合法律和制度规定的有效单据作为凭证，严禁使用不符合要求的单据入账。明确开支审批权限。所有村集体开支均由村支书、村主任"两支笔"审批，1000元至5000元的单笔开支要经村支两委集体讨论决定，5000元以上的单笔开支则必须经村民代表会议或村民大会讨论通过后方可实施，村报账员向乡镇农经站报账时，须提供有与会人员签名的会议记录或会议记录的复印件。

规范开支审批程序。经手人取得有效原始凭证后，在凭证上注明开支用途并签字，交村民主理财小组审核，村民主理财小组组长签字并加盖村财务会审专用章，最后交村主任、村支书共同审批签字后方可报账。村干部因公出差参照县财政局的有关文件规定执行，并填制出差报销单，住宿发票及车票附后。外出学习考察的费用，必须有组织单位的证明或会议记录复印件作附件。村级报刊费实行限额管理，各村每年不得超过500元，只能用于订阅党报党刊，其他报刊费不予报销。村干部的工资及其他所有的福利补贴标准由村支两委提出方案，村民代表大会讨论决定，报乡镇党委政府批准，县财政从村级运转经费中统一打入村干部个人账户，基本误工补贴应包括在村干部的年工资总额之内。组长工资及其他人员的误工补贴由村支两委核定发放。凡在国营或个体商店、酒店等营业性单位发生的与村集体有关的经济业务，必须取得正式税务发票，任何人不得以任何借口用白纸票据或领条报账。村报账员负责本村的债权债务登记管理工作，应建立好应收应付款明细账，并在每年末对债权债务进行清查核实，做到账账、账实相符。村集体所有应收款由村支两委负责追缴。

严禁举债兴办公益事业；严禁举债垫付各种税费；严禁举债用于村级开

支；严禁举债发放村干部报酬补贴；严禁以任何名义从银行贷款或为企业（个人）提供贷款担保。凡违反上述规定导致新债发生，一律按"谁签字、谁经手、谁负责"的原则，追究有关责任人的责任。村集体资金的借出须经村支两委集体研究，2000元以上的借支要经村民代表会议或村民大会讨论决定，并有村支书、村主任共同签字担保方可借出，否则由审批人负责偿还，未经审批的由经办人负责偿还。

村集体兴办公益事业需向村民筹资的，必须通过"一事一议"的程序解决，严禁强制村民以资代劳，严禁向外单位或个人借款。村民主理财小组负责对本村债权债务情况进行监督。各村由村民代表会议或村民大会推选3—5名为人正直、热心公务、熟悉财会业务的村民组成民主理财小组（确定其中一人任组长），代表村民监督管理本村财务。现任村干部及其配偶、子女、直系亲属和有犯罪前科或因经济问题被处分的人不得担任民主理财小组成员。民主理财小组成员与全体村干部及村报账员组成村财务会审小组，每季度至少开展一次财务会审，财务会审专用章由民主理财小组组长保管。财务会审时，民主理财小组与村支两委意见不一致的，提交村民代表会议或村民大会讨论决定。村民主理财小组对村民代表会议或村民大会负责，依法监督本村财务，听取和反映村民对村级财务的意见和建议，接受县、乡业务主管部门的指导和管理，积极配合和支持村支两委的工作。对要素不全的票据，应责成村干部及相关人员补办有关手续；对不合理开支应予否决并不予盖章签字，对合理合法、手续齐全的票据，村民主理财小组应予以认可，由民主理财小组组长在票据上加盖财务会审专用章并签名。

建立民主决策和民主监督机制。凡涉及村集体的重大建设、重大支出、资产处置等重大事项，包括集体土地征用、变卖、出租、集体企业改制、大额举债、核销应收款项、固定资产变卖或报废处理、大额对外投资、村财务人员的任免和调换、大额财务开支、项目承包、工程招投标、村组干部工资及其他重大事项必须经村支两委集体研究，按程序提交村民代表会议或村民大会讨论决定。各村必须将会议表决结果及涉及经济业务的合同、协议等报乡镇农经站备案，作为财务报账的依据存入会计档案。各村委会应将其财务活动情况及其有关账目定期如实地向村民公布，接受村民监督。至少每季度公布一次。财务公开的内容主要包括财务计划、各项收入、支出、结余及财产、债权债务情况、收益分配情况和农户承担费用情况。财务账目张榜公布以后，村主要负责人应安排时间接待村民来访，听取群众意见和建议，解答群众提出的问题。对群众反映的问题要及时解决，一时难以解决的，要作出解释。所有财务公布表要有村支书、村主任、村理财小组组长及村报账员签名，并报乡镇农经站审核。

村委会每年形成的会计档案由乡镇农经站按《档案法》和《会计档案管理办法》归档保管，所有会计档案任何人不得私自借出；查阅档案应履行登记手续，并出示相关证明；会计档案原件原则上不得外借，特殊情况须经乡镇分管领导或主要负责人签字同意，并注明归还期限后，方可办理相关借档登记手续。有关人员查阅档案时，严禁在会计档案上作任何记录或勾、画及涂改，更不能抽撤单据。乡镇农经站要加强对会计档案的管理。会计档案保管期满，需销毁的，应编制好销毁簿册，由村支两委提出申请，经村组干部、党员会议讨论通过，乡镇农经站签具意见，报乡镇人民政府批准，并派人监销。村级财务管理违规行为责任追究的形式包括责令改正、通报批评、政纪处分、党纪处分、司法处理。

乡镇人民政府是村级财务管理工作的第一责任人，有下列行为之一的，由县纪检、监察部门对乡镇长和分管领导予以通报批评并责令改正，情节严重或造成严重后果的，由县纪检、监察部门分别对乡镇长和分管领导予以党纪、政纪处分：（1）不安排在编农经站人员上岗，导致村级财务双代管工作不能正常开展的；（2）因村级财务混乱又不采取应对措施任其发展，导致群体性上访或发生群体性恶性事件的；（3）擅自任免村财务人员或打击报复财务人员和举报人的。

乡镇农经站站长有下列行为之一的，由乡镇党委政府予以通报批评，并责令改正：（1）未按规定建立财务管理制度的；（2）不严格执行村账乡镇双代管体制的；（3）对票据不规范、要素不齐全、手续不完备的凭据予以入账的；（4）不按期对村报账员库存现金盘底的；（5）不按规定和制度建立重要票据领用、登记和缴销制度，导致票据管理混乱，造成集体资产损失的；（6）对村级运转经费不按规定实行报账制的；（7）不按规定拨付资金的；（8）造成重要票据和有价证券遗失、毁坏及利用职务之便私自借出借用村集体资金的。有上述行为，并且情节严重的，由县纪检、监察部门对其进行党纪、政纪处分，并视损失额大小承担相应的经济责任，构成犯罪的，移交司法机关处理。

乡镇农经站会计人员如有下列行为之一的，由乡镇党委政府予以通报批评，并责令改正，情节严重或造成严重后果的由县纪检、监察部门给予党纪、政纪处分；构成犯罪的，移交司法机关处理：（1）未按规定及时向村级组织提供财务公开资料的；（2）对私设小金库、侵占私分集体资产不严肃处理又不向农经站站长和主管领导汇报的；（3）不按会计制度要求进行会计核算而造成集体资金损失的；（4）未按规定执行备用金制度的；（5）因监管不到位造成乡镇农经站会计资料遗失或损毁的；（6）对票据不规范、要素不齐全、手续不完备的凭据予以入账的。

村干部、村报账员及村民主理财小组成员因工作失职、渎职和滥用职权有下列行为之一，情节较轻的，党员由乡镇党委或纪委给予党纪处分，非党员由乡镇人民政府予以通报批评，并责令整改；情节严重的，责令其辞职或依照有关程序撤销或罢免其职务；构成犯罪的，移交司法机关处理：（1）未按规定建立财务管理制度的；（2）非村报账员管理现金和票据的；（3）未按规定提供财务资料进行财务公开的；（4）不按规定期限报账的；（5）不接受上级职能部门财务审计的；（6）收入不及时入账且在报账期内隐瞒不报的；（7）不按规定审批开支费用的；（8）不按规定设立基本账户的；（9）未按规定配备或随意撤换村报账员的；（10）未按规定建立村民主理财小组的；（11）用公款大吃大喝、铺张浪费的；（12）伪造、变造、故意销毁会计资料的；（13）用虚假票据套取集体资金的；（14）违规举债或为他人提供经济担保，造成集体资金损失的；（15）不按规定处置集体资产或擅自减免应收款以及截留、侵占、挪用集体资产的；（16）对集体建设项目、青山拍卖等重大事项未按规定实行公开招投标的；（17）违反村民代表大会或村民大会决议超额发放村干部工资补贴的；（18）授意报账员设立账外账或公款私存的；（19）对业务主管部门提出的整改意见不及时整改或拒不整改的；（20）违反收支两条线规定，坐收坐支现金收入的；（21）违规虚开票据为他人或有关单位套取国家资金的；（22）诱导村报账员虚开收款票据为个人或小团体谋取私利套取国家财政资金的；（23）在财务会审中不严格把关，导致虚报冒领的；（24）不遵守财务制度、打击报复财务人员、阻碍正常财务会审，导致无法开展财务工作的；（25）因村级财务混乱又不采取应对措施任其发展而导致群体性上访或发生群体性恶性事件的；（26）在群众中散布不真实的财务信息，影响干群关系的；（27）私设小金库及侵占私分集体资金的。

乡镇经管站工作人员和村报账员及村民主理财小组成员因工作变动或落选或被免职、撤职的，应在规定期限内办理好财务移交手续，不得以任何借口拒绝移交会计资料及印章等物品。如违反此规定导致该村各项工作瘫痪而引发村民群体上访，在有关部门反复劝说和解释后仍不改正的，依法依规追究其责任。

与村级有经济业务关系的县直相关部门财务负责人和财务经办人在对村级组织下拨、结算各项资金款项业务时如有下列行为之一，情节较轻的，由组织、纪检、监察部门予以通报批评，并责令其改正；情节严重或造成严重后果的，给予党纪、政纪处分或移交司法机关处理：（1）不履行工作职责，诱导村级财务人员虚开收据套取国家财政资金的；（2）不按要求将资金拨付到村级运转经费专户而直接支付现金及利用向村级组织拨款之机索取财物的。

2. 武阳镇农村经济管理站

武阳镇是个大镇，配备了两名经管干部，但由于武阳镇干部人员缺乏，工作量大，两名经管干部都身兼数职，在经管业务工作方面要做到精、专存在一定的困难。为了强化经管站的工作效力，2007年武阳镇党委政府成立了武阳镇农村经济经营管理领导小组，由镇长任组长，分管领导任副组长，经管站干部及各驻村干部为成员，形成了全体镇干部都来抓农村经济经营管理的局面。

武阳镇经济管理站以"服务农村，强化村级财务制度"为目标，积极开展各村经济经营管理工作。为了使武阳镇经管工作明确职责，责任到人，按质按量完成任务，对全镇19个村进行了分片包干制度。分管领导，负责指导经管站全面工作。经管站站长，负责经管站具体业务安排及办公室日常工作包括资料数据的统计汇报，负责联系长冲、大溪、桐木、雀林、连塘、三房、秀水、大田、道口、双龙、干坡等十一个村的业务指导。经管员，负责农村减负及基金会工作，负责联系大干、老祖、毛坪、周家、武阳、肖家、六王、双鸣等八个村的业务指导。

武阳镇经管站加强了对村级财务的清理。一是对村级财务进行了全面、深入的清理,镇、村分别成立了村级财务清理领导小组。二是对财务清理结果进行张榜公布,消除群众因不了解村集体资金收入、开支情况而产生的不满情绪。村级财务混乱是农村工作的主要问题,也给部分损公肥私的不法分子提供了便利掠取集体财产的机会。2007年初,经管站进一步完善了村级财务管理制度,实行村级财务公开制度,各村每季度要将村集体经济经营情况做一次细致的统计并张榜公布。实行各村定期到镇经管站入账制度。实行行政首长负责制度。坚持一支笔签字的财务管理,村主任负责全村的资金使用,出纳则由其他村支两委成员担任,一定程度上减少了"乱开乱报"的不良现象。对于违法违纪乱开支集体资金的不法分子给予严肃处理,情节严重者移交县有关部门处理。村里的出纳大部分文化水平不高,业务素质达不到要求。为提高农村财务管理人员的业务水平,经管站从两条渠道对村级财务管理人员进行培训。一是举办业务培训班,每季度对村级财务管理人员进行培训。二是镇经管工作人员经常下镇入村现场指导财务管理工作,使其具有一定的会计基础知识。镇经管站还要做好联系村的财务记账,足额收取各村记账服务费。做好农村减负监督工作。经管站工作人员不定期对各部门的收费情况进行监督检查,经常下村入户了解农民负担情况。做好农村合作基金会清欠工作。

2009年,镇经管站还全面贯彻落实好大田延包换证工作。召开各村专题会议,对农户讲清依法纠正承包期及换发证工作的重要性和必要性。搞好调查摸底,清理登记。汇总情况,开展试点工作。对农村土地状况和农村承包情况进行核实登记,填写《农村土地承包情况登记表》,对未发包的土地也逐一清理登记,并将清理登记情况汇总,同时根据土地承包的相关法律、政策,以事实为依据,尊重历史,结合实际,妥善处理好土地承包的遗留问题。

(四)开展"进千家门解百姓难"活动

1. 绥宁县"进千家门解百姓难"活动

武阳镇积极推行绥宁县"进千家门解百姓难"活动。该活动是由各个乡镇统一制作的小卡片记载了乡镇领导班子和党员干部职工的姓名、职务、联系电话等内容，向联系群众一一发放，保持相互联系，"知民心、摸民情、惠民家"，帮助解决实际困难。

"联心卡"发下去后，迅速发挥了作用。瓦屋塘乡官路村阳小华是一残疾人，长年卧床在家，特别想拥有一架轮椅。在看到"联心卡"后，他抱着试试看的想法给乡党委书记刘永成打了一个电话。刘书记及时到他家了解情况，并与县民政局、县残联取得联系，帮他解决了问题。黄桑坪乡大力发展金银花种植，通过"联心卡"，将210多户村民的心迅速联到一起，1200亩种植面积很快落实到位。"现在不光能经常见到乡村干部，有了联心卡，随时随地还能找到干部了"，村民满意地说干群距离也近了。目前，该县已制作发放干群联心卡56000余张，群众通过联心卡直接向党员干部反映问题达3000余人（次）。

"周家村杂交水稻制种秩序混乱，急需加以整顿。""大田村农业综合开发项目因群众阻挠而停工，急需解决。""川武110千伏输电线路武阳段施工受阻，急需处理。"……翻开武阳镇班子成员的一本本"进千家门解百姓难"记事本，上面密密麻麻记满了该镇百姓最关注、最盼望、最不满意、最急需办的桩桩"民事"。

干部沉下去，民情记上来。该县党员干部入农户、察民情、听民声、纳民意，把解民忧作为工作第一标准，使"民情记事本"成为联系群众的纽带。目前，全县党员干部共走访群众21000余户，收集群众反映问题4480多条，化解矛盾纠纷680多起。该县要求党员干部对记事本中群众反映的问题，能现场解决的立即解决；不能现场解决的，要排出时间表，采取有效措施解决；对基层无法解决的重大突出民情问题，及时上报县有关部门。李熙桥镇退休老干部于相坤家中住房地势较低，一到下雨天，院落里的积水就渗进他的房间。这一问题通过记事本反映到镇里后，镇党委政府立即指派一名副职专门解决此事，并安排资金8000元用于疏通街道下水道，解除了群众的后顾之忧。

乐安铺乡党员干部在走访中，了解到群众反映最多的是饮用水问题。在作出两个月解决的承诺后，乡党委政府积极争取把安全饮水工程挤入国债项目建设，筹集资金94.3万元，从8公里外的山涧将干净、卫生的山泉水引到农户家中，解决了4个村2180人的饮水问题。同时，在安装自来水过程中，乡里补贴每户100元，对特困户、五保户、低保户、残疾人等弱势群体减免安装费用，受到群众的一致称赞。

一名党员一个承诺，一个承诺一份情怀。该县在基层党员干部中推行服务群众承诺制，做到一个问题一份承诺。承诺书交给承诺对象，实行承诺公开，办理时限一般不能超过一个月。对一时无法解决的重大问题，向群众说明情况，提交乡镇党委政府集体研究，不开"空头支票"。目前，党员干部共向群众承诺2200余人（次），办结1880人（次），为群众办实事600多件，解决各类疑难、遗留问题200多个，落实惠农项目120多个，帮扶困难户2820户。金屋塘镇党委政府20多名干部走访了740多户农户，走访中作出86个承诺，现已解决问题80个，其中乡党委政府集体研究处理的重大疑难问题就有14个，化解了一批经常上访甚至引起群体性事件的矛盾纠纷。

在枫木团乡新屋场村"农家书屋"，3万多册关于农业技术、医疗保健、文学艺术和法律等方面的图书受到了村民的热捧，前来学习、查阅的人络绎不绝。群众想不到的是，乡党委政府承诺不到半年时间，就建立了全乡第一家"农家书屋"，用于解决群众科技文化知识缺乏和看书难、买书难的现状。村民在承诺事项办结反馈单上写下了"满意"。

一份承诺书一张反馈单。该县在各乡镇推行承诺事项办结反馈制，做到反馈单上注明承诺事项、办理情况、群众意见、党员干部电话等内容，以承诺书和反馈单接受承诺对象、群众和党组织的监督，作为干部考察、评先评优、为民办实事的依据。同时，实行定期检查承诺兑现情况，坚持每周一例会，每周一分析，每周一汇总。凡是向群众作出承诺的必须在承诺的时限内办结，办结情况以群众反馈意见为准。对未能按时兑现承诺的，要说明原因，属正当理由的要继续承诺，无正当理由的要追究承诺人员的责任。

春风化雨，润物无声。绥宁乡镇开展的"进千家门解百姓难"活动使党员干部与群众的关系更加融洽了，感情更加密切了，成为推动经济发展态势良好的强大动力。

2. 武阳镇积极开展"四帮"活动

2008年1月13日—2月5日绥宁县发生了严重的冰冻天气。这次冰冻造成25个乡镇普遍受损，受灾人口34万人，全县直接经济损失15.51亿元。交通、电力、通信基础设施损失特别严重。倒、断高、低压电杆6700根，断线 1810 处，损坏输电线路 980 公里，损坏电力变压器 263 台，35 千伏线路中断供电 10 条，损失 1.35 亿元。损坏自来水管 22000 米，经济损失 2000万元。公路塌方 650 处，损失 1.56 亿元。因断电造成 196 个村被困，6.77万人缺粮。损坏房屋 14300 多栋，损失 1.04 亿元。农作物受灾面积 19 万亩，冻死生猪 13245 头，耕牛 1398 头，农业直接经济损失 2.8 亿元。受损林地面积 220 万亩，损毁林木 400 万立方米，受损楠竹 52 万亩 7850 万根，受损苗木 103 亩 410 万株，受损经济林 6 万亩 180 万株，全县林业直接损失 8.182亿元，工业因停产和倒塌车间造成的损失 3500 万元。

针对这次严重的灾害。绥宁县积极推行"四帮"（帮助解决生活困难，帮助恢复基础设施，帮助开展灾后生产自救，帮助恢复正常的生产生活秩序和维护社会大局稳定）活动。武阳镇有 6 个"四帮"活动工作组，70 余名党员干部下村开展活动。

各工作组到乡镇下村后立即全面展开调查摸底工作，共走访群众 3000余户；准确掌握困难户的生产生活情况；详细了解因冰冻受损的道路、电力、水利、有线电视、通信等基础设施情况，以及因冰冻灾害产生的各种矛盾纠纷，广泛听取灾民的重建意见；广泛宣传国家各项惠民政策和法律法规。各工作组下村后与群众同吃同住，下田间地头，带头组织劳力，现场指挥恢复各种生产生活设施，立电线杆，抬石头水泥，维修道路水利工程。据统计，在"四帮"活动期间，各工组作共为村里新修及维修公路 8000 米，新修及维修水利设施 120 处，架设线路 36000 米。调整产业结构 1000 亩，植树造林 980 亩，恢复电视信号 1631 户，提供产供销或就业信息 85 条，消除各种安全隐患 30 余起。

为使灾后重建工作迅速开展起来，在资金方面确保投入，各工作组积极争取资金项目，共争取资金 10 万余元，争取县市水利、道路等建设项目 5个，市房产局工作组、县法院工作组还将有后续资金到工作组所驻村。资金项目的到位确保了"四帮"活动的成效。

开展"四帮"活动的目的在于帮助困难群众做好春耕备耕工作，解决群众内部的矛盾纠纷，确保受灾群众有安全房屋住，有清洁水喝，有粮油菜吃，有基本的御寒保暖条件，促进社会稳定，经济发展，建设和谐和睦的农村社会秩序。各工作组自己出钱出物慰问 130 余户困难户，调处各类矛盾纠纷 15 起，积极支持参与村支书村委会换届工作，做好换届的矛盾排查，财务公开，换届后的善后安抚工作，为换届后的社会稳定和谐作出了积极贡献，保证了武阳镇换届前后的顺利过渡，为建设武阳的和谐社会创造了有利条件和较好的舆论形势。

三　农村生活环境建设

武阳镇社会主义新农村建设坚持了软硬一起抓，以"创环境"为着力点，即营造良好的人居环境，诚信的社会环境，和谐安全的生产环境。在硬件建设方面，突出绿化、美化、净化。绿化：对村部、村小学和村道两边都种上了树木和花草，倡议农户在庭院种植果树及花草。营造一个四季绿树成荫、鸟语花香的环境。净化：村道、村部都有专人打扫，并要求农户对人畜粪尿以户为单位进行归集处理，生活污水归集处理，不准乱泼乱倒，乱拉，也不准倒入溪流。美化：重点是村小学、村部、村道。除进行硬化外，还种植了花草树木，围墙及宣传栏、窗都做了统一要求，严禁乱搭乱占。武阳镇党委政府为了全镇的生活垃圾达到无害化处理，在该镇茅坪村一山冲，建立了全县第一家乡镇垃圾处理场。

在居住环境改善工作方面，武阳镇重点抓"一池三改"。在绥宁县沼气办的领导和指导下，抓好沼气池建设工作。同时，改圈、改厕、改灶。努力建设资源节约型，环境友好型的农村社会。

在发展沼气方面，武阳镇在县沼气办的领导下，依据绥宁县有关政策，从实际出发，重点放在城区附近的几个村。对比较偏远的山村，农民因经济原因不愿建沼气池的农户便改灶。为进一步改善生态环境，改善农村生活条件，加快社会主义新农村建设步伐，如数、保质、如期完成沼气建设任务，减少烧柴量，愿建沼气池的政府予以补贴。（1）新建池政府无偿补助 1200元/口，其中技术员工资 580 元，补助农户 620 元（其中沼气灶全套 375 元，其他材料 270 元，不足部分由政府补足，另补助水泥 1 吨/口）。（2）农户负责挖池子、拖运沙石（两方粗砂、一方细砂）。（3）村里要抓紧时间落实建池任务（周家村落实 55 口建设任务，雀林村落实 50 口建设任务，都包括旧改新任务）。旧池改新的能源局补助 500 元/口，其中沼气灶 200 元，技术员工资 100 元，其他材料 200 元。

经过了 2002 年到 2005 年三年的努力，附近的六王村、肖家村、莲塘村、武阳村、雀林村、三房村、道口村、毛坪村共建沼气池 1324 个，政府补助 264800 元，建池率达到 67%。完成任务较好的村，年终政府给予 800 元的奖励。同时，建池农户都进行"三改"。即改猪圈、牛圈、羊圈、鸡圈、鸭圈、使牲畜粪便入池。改厕：厕所与沼气池贯通。改灶，全部改成燃气灶，有小部要求保留烧柴灶也改成了省柴灶。通过"一池三改"，农民节约了能源支出，庭院整洁，空气清新。由于大量减少烧柴，山上植被更繁茂了，空气更清新了。真正达到山清水秀，风光好。

为解决群众饮水困难和提高饮水安全，武阳镇向上级有关部门申报了自来水厂供水工程扩建项目，六王、大田、道口的饮用水工程项目已基本完成。

农村行路难是长期困扰农村发展和农民生活的老大难问题，农村道路狭窄，且弯多坡陡，坎坷不平，又加上南方多雨，春夏两季道路泥泞不堪，车辆行驶困难，严重的甚至不能通车，严重影响了农民的生产和生活，制约了农村经济发展，不解决道路问题，新农村建设便无从谈起。从 2005 年起，武阳镇发起了通村公路攻坚战，邀请了县交通局的专家进行测量，改道拉直、硬化，举全镇之财力，广泛调动群众积极性，多方面筹集资金，采取"政府拨一点、村里拿一点、村民集一点、在外工作的人捐一点"的四轮运动方案，集资修路，到 2008 年底，全镇 19 个行政村的通村公路全部得到改造和硬化，使昔日弯曲泥泞的羊肠小道变成了宽敞平整的水泥路，每个村都成立了养护队，并制定村规民约保护村道路，接着各村也多方筹集资金，对村内的主要道路进行硬化。基本上解决了行路难问题。

今年已 67 岁高龄的黄宗同老人，1998 年从绥宁公路局退休。2001 年他的爱人周春菊患肾结石，后恶化为尿毒症，2008 年医治无效不幸过世。2009 年，他本人三岔神经出现问题，导致右眼失明。为了治病，他家先后花费 20 多万元，至今还欠着 2 万多元的债务。2010 年"6·17"洪灾中，老祖村基础设施多处受损，村里忙于集中力量修复农田水利设施，无暇顾及茶叶坊至老祖村通组公路的维护，看到该段公路人车难行，他从市场上买来碎石、整石填土平路，晨曦出工，戴月归来，在每天的日出日落时分，分别工作三个来小时。到 7 月 14 日止，他已经花费 2300 余元用于买石及运输，他计划在未来的一个月里将这段路全程整平。对于父亲的修路行为，黄宗平的两个儿子黄民平、黄民哲非常支持，在他们眼里，父亲的行为既方便了邻居的出行，又锻炼了自己的身体，同时给小孩的成长起到了良好的模范作用。

四　农村精神文明建设

武阳镇党委政府，坚持一手抓经济建设，一手抓精神文明建设，两手抓，两手都硬，不走单一发展经济，使农民鼓了钱袋，空了脑袋的发展之路，坚持以人为本，促进人与人之间的和谐相处，提高农民的精神素质。

利用各村的村小学，办农民夜校，在完成了基本扫除青壮年文盲任务后，继续对农民进行思想道德教育、民主法制教育和科学文化知识教育，进一步提高农民的科学文化水平和思想道德素质，懂法、守法、护法，并依法办事。使农村打牌赌博、打架斗殴现象减少，社会治安状况明显改善。村民之间发生纠纷，会主动找村干部和乡政府调解，或通过法律途径解决。减少了打架谩骂现象，促进了村民的团结，做到了和谐相处。

利用有线电视进行社会公德、职业道德、家庭美德、个人品德的教育，进一步提高农民的综合素质，乡镇政府在有线电视播放村民喜闻乐见的节目，大力宣传睦邻友好、尊老爱幼、互相帮助的传统美德。

倡导各村利用农闲时间组织村民开展丰富多彩的文体活动，丰富村民的业余生活，减少村民打牌赌博现象，武阳镇每四年举行一次农民运动会，举行一些别开生面，又符合农村实际、深受农民喜爱的体育比赛，大部分村民，组建了农民演艺队，妇女腰鼓队，民乐演奏队，镇里每两年举办一次文艺演出，并对优秀节目进行表彰奖励，每年的"五四"青年节，镇团委要组织青年开展文娱体育活动。

开展争创"文明户"、"五好家庭"的活动，政府每年都要表彰、奖励一批"文明户"、"五好家庭"，倡导和谐邻里关系、婆媳关系，做到夫妻恩爱、尊老爱幼、家庭和睦、家业兴旺。

围绕绥宁县创先争优，以"双学双比"为主题，广泛开展"争当科技带头人，争当致富女能人，争当经营管理能人，创小康户"的"三争一创"活动，涌现出一批以妇女为主体，年收入达10万元以上的种养、加工大户。情系青山的绿化先锋武阳镇双龙村妇女刘善玉，20多年来，与家人带领村民造林 1586 亩，造楠竹 200 亩，个人租赁造林 1800 亩，和别人联营造林 1786 亩。2007 年，她家被国家绿化委授予"全国绿色小康户"；2009 年，她获得省绿化委颁发的"绿化三湘贡献奖"。

2009 年武阳镇有 19 个村已安装了农村党员远程教育设备，有 8 个村的硬件和软件均已安装到位；有 5 个村已修建了村级活动中心，为村级组织活动的开展提供了方便；已建成了武阳等三个村的农家书屋，用以储备科学用书，方便群众学习知识和技术。

武阳镇通过以上措施，进一步提高了村民的科学文化素质、思想道德素质和身心健康素质，增强了村民的法制意识、道德意识和主人翁意识，净化了农村的社会风气，封建迷信活动，打牌赌博，打架斗殴现象明显减少，邻里关系进一步和睦，家庭关系进一步和谐。基本形成了健康和谐的社会风气。农民的精神面貌焕然一新。

五　武阳镇实施的惠农政策情况

近年来，对中央、省、市、县四级政府启动实施的各项惠农政策，武阳镇基本能按上级的要求得到实施和落实。

支农惠农项目资金的落实情况。该镇遵循"多予、少取、放活"的原则，坚持公开、公平、公正的原则，认真做好了直接补贴的组织和落实工作，保证了对种粮农户的补贴资金直接兑付到农户手中，让农民真正得到了实惠，对上级计划下达的支农惠农项目和下拨资金，较好地按要求下达并组织实施。2007 年和 2008 年武阳镇共落实粮食直补 59.74 万元，良种补贴 66.64 万元，农资综合直补 248.33 万元，且均已通过农村信用社及时发放到位；共完成退耕还林任务 4719.1 亩，两年来共落实退耕还林款 203.69 万元，2007 年兑现退耕还林抚育补贴 9.23 万元，已全部直接发放到农民手中；全镇 2007 年共养殖能繁母猪 159 头，按照 50 元/头的标准进行了补贴，共发放农户补贴 7.95 万元；2007 年全镇购置农机 56 台，落实农机补贴 6 万元，为农民减负 50 万元；2007 年年初，移民身份核定工作开始，共核定移民 1350 余人，2008 年现已落实移民后期扶持资金 36.35 万元。以上所有惠农补贴均已纳入"一本通"的发放范围并及时足额发放到了农民手中。其他社会事业资金的落实情况。武阳镇新型农村合作医疗于 2007 年 1 月 1 日启动，参合人员达 2.3 万人，参合率达 78%，2008 年武阳镇的合作医疗工作在去年工作的基础上参合率得到大大提高，达到 80%，为武阳镇群众大大减缓了过去"就医难、看病难"问题；全面执行农村义务教育"两免一补"政策，全镇累计为 2800 名学生减免杂费和教科书费 69.3 万元，为 2300 人（次）发放寄宿生补助生活费 69 万元，落实少数民族助学金 3 万元，爱心助学金 5 万元，获益学生达 65 人，共投入中小校舍维修资金 70 万元，改造校舍 600 平方米；2007 年全年发放计划生育奖扶金 12600 元，获益群众达 21 人，2008 年现已发放计划生育后遗症补偿金 0.17 万元；为 79 人进行了劳动力就业培训，20 人正在培训；目前，现已发放 2008 年第三季度低保金 3.47 万元，为五保户发放第三季度保障金 1.52 万元；广播电视"村村通"工程除个别偏远山村外已基本落实到位；村级报刊费按限额制执行，对村级报刊订阅任务控制在 500 元以下；今年的冰雪灾害救灾款物、5 月 28 日洪灾防洪救灾款物、民政救灾款物的发放都足额发放到位。

农户称誉较多的惠农政策。从人均受益金额和受益覆盖面来看，该镇农户直接得到实惠较多的有：一是退耕还林补贴。退耕户人均年增收 280 元，退耕面积较大的可增收 350—450 元。二是种粮补贴和良种补贴。种地农业人口受益面达 100%，人均年受益 40 元。三是享受农村义务教育"两免"政策。农村义务教育阶段学生年人均受益 278 元；享受住宿补助的学生每人每年受益 100 元，全镇义务教育阶段学生受益面达 100%。

国家的各项支农惠农政策在武阳镇得到了认真落实，各项支农惠农的项目资金都能按时足额发放到农户手中，对农业生产和农民的增收起到了较大的促进作用，既优化了武阳镇广大农民的生产环节，也极大地调动了农民的生产积极性。

落实惠农政策中发现的一些问题。随着国家一系列"高含金量"的支农惠农政策的相继出台和落实，特别是在取消农业税的同时，退耕还林、粮食直补、良种补贴、农机具购置补贴等支农惠农政策的实施，使老百姓得到了实惠，极大地调动了广大干部群众加快农村经济发展的积极性，为推进社会主义新农村建设打下了良好的基础。但在落实过程中存在一些需完善的地方：一是农业生产资料上涨问题。近年来，农药、化肥等农资价格上涨过快，在一定程度上遏制了政策效益的发挥，加上种粮有一定风险，农民外出打工的收入可观，无形中降低了农民对种粮的热情和收入的期望值。据调查核实：今年4月底，尿素每吨的价格比去年同期提高11%；化肥价格比去年同期提高6.5%；农膜比去年同期提高7.7%。由于农业生产资料价格上涨，武阳镇农民2008年对农业生产的投入比2007年每亩多支出32.5元。二是惠农政策落实的行政运行成本问题。为保证每项惠农政策的落实，镇村两级都要组织会议、转发兑付文件、制作宣传资料、编制账卡、上门宣传、核实面积、张榜公布、协调纠纷、为农户办理"一卡（折）通"等，这些支出完全由财力十分有限的地方自行承担，无形中增加了地方政府的行政运行成本。三是农机补贴范围限制太死。一些农民想买的、买得起的、适应当地作业条件的小型农机具没有补贴，造成有限的农机补贴资金指标难以落实，不能足额补贴到农民手中。四是农村合作医疗补贴的病种范围有限制。农民在生产生活中易产生的疾病、事故不能纳入补偿范围，同时，城乡青年居民也应纳入合作医疗。五是劳动力转移就业培训人员的年龄限定问题。对于一部分年龄在30岁以上的青壮年劳动力，他们同样面临由于自身就业技能和创业资金的欠缺，只能从事一些劳动力价值低的行业。而劳动力转移就业培训人员的年龄限定在30岁以下，由于年龄限制，这一部分人得不到培训机会。六是武阳镇人畜饮水安全工程的力度需加大。武阳镇历来是一个较缺水的大镇，饮水问题也成为历来限制武阳快速发展的一大问题，人畜饮水安全工程需加大力度，切实解决武阳镇人民的饮水问题。七是农村广播电视收费过高。农村群众一般早出晚归，白天做农活没时间，晚上休息的早，真正收看有线电视的时间不多，应降低农村广播电视收费标准。

　　进一步完善支农惠农政策落实的几点建议。农业作为一个相对薄弱的产业，离不开政府的投入和扶持，支农惠农政策还要进一步巩固、完善、加强，使惠农政策发挥更大的效应。现就进一步完善惠农政策提几点建议：（1）进一步加大支农惠农政策宣传力度。要利用多渠道的宣传形式让农民群众明白，目前国家实行的一系列支农惠农政策不仅不会改变，还要"巩固、完善、加强"，要让他们了解党中央、国务院加强"三农"工作的决心，给他们一颗"定心丸"。（2）进一步加强农资市场管理力度。当前群众意见最多的是农业生产资料价格上涨问题，针对这一问题，政府应建立健全农资市场管理机制，加强对农资市场的管理，严厉打击生产、销售假冒伪劣农药、兽药、化肥、种子等农业生产资料的行为，控制农资价格，实行农资最高限价，切实维护农民利益。（3）进一步增强对农业发展的政策扶助力度。当前，农业的基础设施依然薄弱，农村社会经济还相对落后，要提高农业抗御自然灾害、市场风险的能力，政府必须遵循自然规律、经济规律，适时增加和完善对农业发展的政策扶助措施。（4）进一步增加补助的规模。由于财政支农资金总量有限，农民实际得到的实惠仍较小，很难充分调动农民群众的积极性，政府在增添新的农业生产补助种类的同时，对已有的补助标准要进一步提高，使支农惠农政策发挥出更大的效应。（5）进一步减轻农民负担。在新农村建设的背景下，要确保惠农政策的效果，需正确理解"生产发展、生活宽裕、乡风文明、村容整洁、管理民主"，这一新农村建设的内涵；需建立以提高农民收入、坚持因地制宜、尊重农民意愿、从实际出发、维护农民权益，这一新农村建设主要目标。在新农村建设项目中遵循农民意愿，考虑切实减轻农民负担的问题。进一步拓宽就业培训项目。对于外出打工或转行从事二、三产业的农民，要进一步扩大劳动力转移就业培训项目，让更多的农村外出务工人员都能得到技能培训，得到面更广的技能培训。对转行从事二、三产业的农民，要给予一系列优惠政策以激励更多的农民自主创业。

六　农村劳动力转移技能培训状况

绥宁县各乡镇立足当地优势，引导和扶持发展食用菌、楠竹、柑橘等产业，创办特色产业生产基地，缓解就业压力。

依托隆平高科、亚华种业公司，全县杂交水稻制种面积由 2000 年的 1.7 万亩扩大到 2006 年的 7 万亩，制种面积为全省第一，遍及武阳镇、李熙桥、唐家坊、关峡、瓦屋塘等 9 个乡镇；形成了以竹舟江为中心的香菇基地，以长铺子、乐安等地为中心的平菇基地，以水口为中心的巴西菇基地，食用菌年产值达到 1000 万元；以猪、牛、羊为主的养殖业逐步壮大，建成了东山养牛基地、堡子岭种羊基地；茯苓、天麻、杜仲、厚朴、黄柏、红豆杉，绞股蓝等中草药种植面积达到 3 万亩；以西红柿、茄子为主的高山延季蔬菜进一步扩大，达到 1 万亩，黄桑乡今年仅西红柿一项，种植户将增收 900 万元。

围绕主导产业和基地，组建了一批专业经济协会和农副产品加工企业，在资金、政策上给予大力支持。在开发这些产业的过程中，大力推广农业生产新技术，提高主导产业的科技含量。由农村经济能人牵头成立了20多个专业协会，建立科技推广中心、农技服务部等民营服务实体61个，为农民提供产前、产中、产后服务。扶持农副产品加工企业建设，并促使龙头企业和农户按照利益均沾、风险共担的原则结成利益共同体，由企业向农户提供生资供应、技术服务、产品回收等系列化服务，确保资金到项目，效益到农户。

当地政府帮助返乡农民工再就业，除对其进行技能培训及向他们提供信息外，还在农民工资助创业方面进行一些帮助和指导。出台相关政策，向自主创业的农民提供低息或者无息贷款；在税费方面也给予相应的照顾。

绥宁县农村信用合作社的25个支农小分队，深入到全县各个乡镇村落，田间地头，一边调研农民资金需求情况，一边发放农业贷款，以实际行动全力服务"三农"，到9月底，该社农业贷款余额达33789万元，占贷款总额的77.7%，比年初增加8541万元，突出了信贷支农重点。绥宁县农村信用合作社积极探索优化信贷结构，调整思路，改进方式，做好"三农"服务新途径，为农民开设绿色通道。大力组织存款，壮大支农资金实力。抓住各级政府对农村资金投入增加、农民普遍增收、农村信用社电子网络开通、服务功能增强的有利契机，强化工作措施，重点加大对公存款和农村项目资金组织力度，为信贷支农提供坚实的资金支持。加强贷款营销，增加信贷有效投入。该社今年信贷投放计划贷款最高投放额达到1亿元左右，年末净增额控制在7000万元左右，年末存贷比例控制在57%以内。突出重点，优化结构。在保持适度投放总量的同时，重点在优化信贷结构上下工夫，努力寻找支农服务、风险控制、提高效益三者之间的最佳结合点，做到"一个保证、两个倾斜"。一个保证即对农户特别是持证农户小额生产生活的有效贷款需求，做到基本保证。二个倾斜即向农村信用社的优良客户倾斜；向农业产业化经营领域倾斜。重点支持楠竹、生猪、蔬菜、优质稻、中药材等优势产业做大做强。创新贷款方式，进一步完善小额农户信用贷款、联保贷款方式，继续开展创建农村信用乡镇、村组和信用户活动。积极探索新的贷款方式。拓展信贷服务领域，对当地经济有重大影响的骨干企业和重点项目进行重点扶持。对单个社难以承担的大型优质贷款项目，采取社团贷款模式解决，逐步改变农村信用社扶小不扶大，支农不支工的社会公众形象。9月末，该社各项存款余额达67772万元，比年初增加8875万元，增幅为15%，占任务的104%。信贷支农重点突出，全社各项贷款余额43788万元，比年初增加11159万元，增幅34.2%，服务农户49600户，同比增加2100户。唐家坊镇冲锋村养猪专业户阳享元，2005年在信用社贷款5万元，养猪300头，当年还清贷款并获利2万元，今年新贷2万元用于扩大养殖规模。

2008年受国际金融危机影响，沿海部分企业生产经营遇到困难，用工需求锐减，许多农民工返乡后处于失业状态，这给农民工家庭带来了沉重的经济压力，也给社会安定带来了潜在的不稳定因素。为了化解这些问题，绥宁县各乡镇免费举办返乡农民工创业培训，培训内容包括种植养殖技术、创业设计、电脑等现代技能培训。全县举办蔬菜、林果、畜禽、饲养等技术培训班300多场次，培训人员2.5万余人次，使农业科技走进千家万户。

表2-5　　　　　　绥宁县2009年农村劳动力转移技能培训补贴
人员和职业技能鉴定补贴人员花名册

公示				
姓名	性别	出生年月	家庭住址	培训单位
侯江桂	女	1992.11	水口乡侯家村4组	湘大绥宁电脑科技培训学校
刘菊荣	女	1974.09	李西镇苏洲村5组	湘大绥宁电脑科技培训学校
杨焰吉	男	1990.12	黄桑乡兰家村候家溪组	湘大绥宁电脑科技培训学校
李庆君	男	1979.06	长铺子乡李家团村6组	湘大绥宁电脑科技培训学校
黄民亮	男	1990.06	枫木团乡净溪村4组	湘大绥宁电脑科技培训学校
滕璐	女	1988.11	长铺子乡川石村5组	湘大绥宁电脑科技培训学校
肖繁荣	男	1982.08	金屋镇万紫村万紫冲组	湘大绥宁电脑科技培训学校
匡孝旺	男	1988.05	红岩镇下匡村5组	湘大绥宁电脑科技培训学校
万璐	女	1989.08	枫木团乡秋木田村5组	湘大绥宁电脑科技培训学校
谢国平	男	1990.03	河口乡水车村2组	湘大绥宁电脑科技培训学校

续表

姓名	性别	出生年月	家庭住址	培训单位
彭伟珍	女	1989.04	枫木团乡枫木团组	湘大绥宁电脑科技培训学校
杨园	女	1989.09	党坪乡苗族乡滚水村 2 组	湘大绥宁电脑科技培训学校
张晓丽	女	1989.05	瓦屋乡三星村 1 组	湘大绥宁电脑科技培训学校
黄子耀	男	1990.12	武阳镇毛坪村 5 组	湘大绥宁电脑科技培训学校
曾淑芳	女	1989.08	枫木团乡道口村 8 组	湘大绥宁电脑科技培训学校
舒春娥	女	1976.03	长铺子大寨村 5 组	湘大绥宁电脑科技培训学校
杨已珍	女	1975.08	党坪乡滚水村 1 组	湘大绥宁电脑科技培训学校
伍铭亮	男	1988.08	麻塘乡桐油冲村茶坝冲组	湘大绥宁电脑科技培训学校
向丽娟	女	1987.07	唐家坊镇崇阳村 2 组	湘大绥宁电脑科技培训学校
周满红	女	1990.05	鹅公乡鹅公村 3 组	湘大绥宁电脑科技培训学校
陈晓玲	女	1991.06	红岩镇桃坪村 3 组	湘大绥宁电脑科技培训学校
秦缘	女	1987.08	长铺子乡李家团村 17 组	湘大绥宁电脑科技培训学校
雷小丁	男	1987.11	河口乡水车村 2 组	湘大绥宁电脑科技培训学校
李辉	男	1977.11	长铺子乡李家团村 10 组	湘大绥宁电脑科技培训学校
李世江	男	1989.06	武阳镇大干村 7 组	湘大绥宁电脑科技培训学校
伍仁爱	女	1985.07	红岩镇稠树脚村 2 组	湘大绥宁电脑科技培训学校
陈晓燕	女	1991.12	关峡乡岩头村 2 组	湘大绥宁电脑科技培训学校
袁京	女	1993.10	水口乡菖卜江村 1 组	湘大绥宁电脑科技培训学校
丰爱玲	女	1977.05	寨市乡十里铺村地家田组	湘大绥宁电脑科技培训学校
唐小华	女	1979.03	唐家坊镇赖梅村 8 组	湘大绥宁电脑科技培训学校
苏明康	男	1989.02	长铺子乡大寨村	湘大绥宁电脑科技培训学校
黄晓艳	女	1988.10	武阳镇毛坪村 13 组	绥宁县振绥职业培训学校
刘满青	女	1984.12	武阳镇六王村 2 组	绥宁县振绥职业培训学校
贺周祥	男	1986.12	瓦屋乡丰门村 5 组	绥宁县振绥职业培训学校
杨双凤	女	1989.09	关峡乡珠玉村 2 组	绥宁县振绥职业培训学校
谢元槿	男	1987.08	河口乡岩坡村 5 组	绥宁县振绥职业培训学校
龙艳	女	1990.06	东山乡石桥村 6 组	绥宁县振绥职业培训学校

姓名	性别	出生年月	家庭住址	培训单位
陈伶珍	女	1979.08	长铺乡拓田村2组	绥宁县振绥职业培训学校
杨花红	女	1993.03	关峡乡石脉村10组	绥宁县振绥职业培训学校
龙开清	男	1974.02	长铺乡相家村4组	绥宁县振绥职业培训学校
伍先全	男	1973.11	长铺乡相家村5组	绥宁县振绥职业培训学校
于定明	男	1987.06	党坪乡龙家村5组	绥宁县振绥职业培训学校
陈代军	男	1983.12	枫木团乡白岩水村2组	绥宁县振绥职业培训学校
罗再鹏	男	1988.11	枫木团乡净溪村4组	绥宁县振绥职业培训学校
何进	男	1987.01	竹舟江乡万林湾村6组	绥宁县振绥职业培训学校
杨爱	男	1976.06	鹅公乡上白村3组	绥宁县振绥职业培训学校
龙章梅	男	1987.08	东山乡牛背岭村5组	绥宁县振绥职业培训学校
刘光强	男	1978.10	朝仪乡翁培村7组	绥宁县振绥职业培训学校
张成英	女	1987.10	党坪乡滚水村4组	绥宁县振绥职业培训学校
杨盛春	男	1987.05	黄桑乡地林村1组	绥宁县振绥职业培训学校
谢元梁	男	1986.01	河口乡岩坡村5组	绥宁县振绥职业培训学校
袁辉	男	1990.04	唐家坊镇白沙村6组	绥宁县职业技术培训学校
黄剑	女	1992.03	武阳镇大田村4组	绥宁县职业技术培训学校
黄敏	女	1992.03	红岩镇楼下村4组	绥宁县职业技术培训学校
袁慧慧	女	1992.07	瓦屋乡白家坊村7组	绥宁县职业技术培训学校
袁平	女	1992.03	长铺镇邓家团	绥宁县职业技术培训学校
袁志华	男	1991.01	唐家坊镇白沙村1组	绥宁县职业技术培训学校
吴作东	男	1991.03	东山乡大坪村1组	绥宁县职业技术培训学校
黄建和	男	1991.04	武阳镇连塘村3组	绥宁县职业技术培训学校
陈玉华	女	1991.06	党坪乡动雷村5组	绥宁县职业技术培训学校
陆庄东	男	1990.12	党坪乡龙家村9组	绥宁县职业技术培训学校
侯华清	女	1991.09	水口乡新哨村6组	绥宁县职业技术培训学校
黄萍	女	1991.03	水口乡新哨村9组	绥宁县职业技术培训学校
杨志洪	男	1992.04	朝仪乡朝仪村2组	绥宁县职业技术培训学校

姓名	性别	出生年月	家庭住址	培训单位
黄桃春	女	1991.02	武阳镇毛坪村1组	绥宁县职业技术培训学校
刘喜莲	女	1989.11	黄土矿乡石溪村3组	绥宁县职业技术培训学校
陈晓述	女	1991.08	李西镇陈家村5组	绥宁县职业技术培训学校
陶芳婵	女	1991.01	李西镇湾头村6组	绥宁县职业技术培训学校
罗晓静	女	1992.04	白玉乡曾家桥村1组	绥宁县职业技术培训学校
龙建	女	1992.11	朝仪乡益门村3组	绥宁县职业技术培训学校
杨川	男	1992.03	朝仪乡朝仪村3组	绥宁县职业技术培训学校
张爱香	女	1992.01	寨市乡大湾村下湾组	绥宁县职业技术培训学校
龙巧平	女	1992.02	寨市乡下桥村大地湾组	绥宁县职业技术培训学校
侯小蓉	女	1991.05	水口乡新哨村5组	绥宁县职业技术培训学校
黄红星	男	1991.12	武阳镇连塘村3组	绥宁县职业技术培训学校
伍乐连	女	1989.02	红岩镇稠树脚村1组	绥宁县职业技术培训学校
侯秋香	女	1991.07	水口乡侯家村4组	绥宁县职业技术培训学校
黄娟	女	1992.01	水口乡曲溪村1组	绥宁县职业技术培训学校
贺丽梅	女	1991.11	水口乡侯家村7组	绥宁县职业技术培训学校
林长辉	男	1993.04	联民乡半冲村5组	绥宁县职业技术培训学校
邓引香	女	1991.05	长铺乡荣岩村村6组	绥宁县职业技术培训学校
苑娟	女	1991.01	党坪乡界溪村10组	绥宁县职业技术培训学校
龙康	男	1991.10	党坪乡冻坡村1组	绥宁县职业技术培训学校
谭米长	男	1992.02	李西镇双元村6组	绥宁县职业技术培训学校
孙可欣	男	1992.03	麻塘乡船田村宝龙组	绥宁县职业技术培训学校
吴华伟	男	1991.12	水口乡田凼村4组	绥宁县职业技术培训学校
唐世辉	男	1992.08	黄土矿乡唐家村3组	绥宁县职业技术培训学校
阳刚	男	1991.10	唐家坊镇下湾村7组	绥宁县职业技术培训学校
李茂聪	男	1990.10	武阳镇秀水村1组	绥宁县职业技术培训学校
陈慧玲	女	1990.11	武阳镇三房村1组	绥宁县职业技术培训学校
唐伯石	男	1990.09	唐家坊镇大团村6组	绥宁县职业技术培训学校

姓名	性别	出生年月	家庭住址	培训单位
申慧敏	女	1991.09	长铺镇江口园	绥宁县职业技术培训学校
于艳艳	女	1992.01	李西镇石阶田村1组	绥宁县职业技术培训学校
龙淑兰	女	1989.11	东山乡谢庄村5组	绥宁县职业技术培训学校
侯平幼	男	1991.09	水口乡新哨村6组	绥宁县职业技术培训学校
杨潭	男	1991.05	关峡乡芷田村3组	绥宁县职业技术培训学校
莫玉兰	女	1990.06	瓦屋塘乡双江村5组	绥宁县职业技术培训学校
李德胜	男	1992.04	武阳镇大干村5组	绥宁县职业技术培训学校
袁光亮	男	1992.03	唐家坊镇白沙村5组	绥宁县职业技术培训学校
黄姚桂	女	1991.09	武阳镇毛坪村8组	绥宁县职业技术培训学校
陈治湘	男	1992.04	竹舟江新团村9组	绥宁县职业技术培训学校
黄生喜	男	1992.12	瓦屋乡岩湾村1组	绥宁县职业技术培训学校
杨忠	男	1991.05	朝仪乡铁坡村3组	绥宁县职业技术培训学校
黄瑞伟	男	1990.08	武阳镇大田村6组	绥宁县职业技术培训学校
杨春红	男	1990.01	鹅公乡鹅公村4组	绥宁县职业技术培训学校

2009年在"绥宁县返乡农民工自主创业表彰大会"上，一位文质彬彬的青年被县人民政府授予"返乡创业模范"称号，他就是当地的"栽花大王"谢晔。今年35岁的谢晔是绥宁县河口苗族乡岩坡村人，1993年高中毕业后出外打工。几度沉浮，总是在成功与失败的边缘徘徊，立志要做出一番事业的他不甘心就这样平凡一生，决心要换一种活法。2006年7月份，在苦苦思索发展方向的谢晔从报纸上看了中央关于对农村的政策，政府将继续加大"三农"工作力度时，眼前一亮，当即决定：回家乡去发展！家乡有很多荒山空地，有许多渴望脱贫致富的乡亲，只缺一个切实可行的致富项目。谢晔决心要寻找一个不仅自己能率先致富，而且可以带动周边乡邻共同致富的项目。经在济南、昆明、深圳等地进行的实地考察和市场调查，最后他选择了种植玫瑰，开发玫瑰花系列产品的项目，充分利用家乡的荒山荒地种植玫瑰花。玫瑰集观赏、药用、食用于一体。有资料表明，玫瑰具有醒郁解脾、治疗急慢性肠胃炎、口腔炎、通经活血、美容美颜之功效，对治疗心脑血管

疾病有特效。国内已开发提炼的玫瑰精油，价值是黄金的 1—2 倍。玫瑰花茶等绿色产品远销日本、新加坡，在国内外市场备受青睐，且供不应求。种植玫瑰，家乡的人们听了可是炸了窝。这是新鲜事物，在人们的印象中，玫瑰花是送给情人的，大面积种植哪有那么大的销量？谢晔受到的阻力可想而知，对此谢晔早有准备，他采用公司＋基地＋农户的经营模式，大面积种植玫瑰，把这个项目产业化、规模化，然后自己进行产品深加工，提炼玫瑰精油，生产玫瑰花茶。县委、县政府对这个项目也十分重视，及时给予政策上的支持，并责成县移民局、扶贫办等有关部门解决扶持资金 12 万元。2007年下半年以来，当地全面推行集体林权制度改革，把林业产权明晰到户后，给林农群众吃了"定心丸"，更坚定了谢晔立足家乡、治山致富的信心，他投资 20 多万元，在岩坡村、水车村租了 1000 余亩荒山，从外面引进了适应本地气候的玫瑰花品种，请 100 多名村民进行栽种。栽种的玫瑰，6 月份就开出美丽的花，浓郁的花香飘荡在家乡的山山水水之间，醉倒了所有的乡亲。玫瑰花栽植成功后，他免费为乡亲们提供花苗，传授栽培技术，让村民们在房前屋后的荒山空地上都种上玫瑰花，再按每市斤 3 元的价格回收鲜玫瑰花，每亩产值可达 1 万元以上。目前已带动附近乡亲在荒山荒地种植玫瑰500 多亩，可使乡亲们增收十余万元。谢晔更是雄心勃勃，计划今后将种植面积扩大到 5000 亩以上，打造一个大型玫瑰花种植基地。山东省一家玫瑰花开发公司对这个项目特别感兴趣，特意找到谢晔，洽谈合作开发事宜。双方已签订合作意向书，共同开发玫瑰花项目，年产值达 6000 万元，可带动周围村民增收 1000 万元以上。谢晔在回乡创业致富路上迈出了坚实的一步。当有人问谢晔，为何想到把种植玫瑰花作为一个致富的项目在农村推广发展时，他解释说："从中央到地方各级政府的政策重视农村，积极扶助民工返乡创业，对我们这些想干事业的人来说，机会千载难逢。且玫瑰花系列产品在国际市场上的需求量很大，种植玫瑰花能充分地利用农村的荒山空地，是一个可以带动乡亲们脱贫致富的好项目，我有信心。我要用行动证明，只要勤奋耕耘，科学经营，在家乡自主创业也能致富。"

2009 年武阳镇在招商引资上广辟渠道，通过支持和鼓励返乡农民利用他们的经验、技术和资金回乡进行再创业，在政策上给予倾斜，在基地建设上提供服务，促使一批有思想、有胆识的返乡农民工实现了梦想。大溪村返乡农民工李明定，投资350万元在雀林村创办了邵阳市唯一的一家琉璃瓦厂，是武阳镇的返乡农民工进行再创业的典型。也是武阳镇进行招商引资的一大亮点之一。

李明定是武阳镇大溪村村民。四十多岁的他饱经风霜，曾因家境贫寒长期出外打工，先后辗转深圳、福建等地，不论做什么，都怀揣一个梦想：就是有朝一日可以返乡创业，打拼出属于自己的事业，属于自己的天空。在梦想的激励下，他勤奋工作，逐步进入管理阶层。打工十多年积累了数百万资产和丰富的工作、管理经验。2008年，他毅然放弃了年薪16万元的销售经理职位，回乡创业。在得知他想回乡办厂的情况后，武阳镇党委、政府表示热烈欢迎，在厂房建设用地审批上给予支持和优惠，并为其做好与有关部门的协调服务工作。对于良好的发展氛围，李明定心领神会，回乡创业的决心更加坚定。经过认真切实的市场调研后，他与人合资350万元，租赁武阳镇雀林村的土地，兴建了一座占地面积1500平方米的厂房，创建了邵阳市唯一的一家琉璃瓦厂。2008年11月琉璃瓦厂成功建立，高薪聘请了3名技术工人，安置了16名本镇劳动力。目前他的琉璃厂生意兴隆，来厂里订购产品的客户络绎不绝，成为武阳镇返乡农民工回乡创业的典范。

2009年武阳镇帮助返乡农民工实现再就业和创业347人，返乡农民工再就业率达67.5%。2010年武阳镇安排农民工培训6次，培训农民工432人，帮助返乡农民工实现再就业和创业5人，返乡农民工再就业率达80%。

第五节　武阳镇社会事业发展存在的问题及努力方向

一　社会治安工作概况

社会治安工作事关社会稳定、人民安居乐业，是改革发展的重要前提，武阳镇对社会治安工作高度重视，促和谐、保民安、狠抓社会治安综合治理工作，取得新的成效。

镇党委、政府重视综治工作，建立了社会治安综合治理领导小组，并把县驻武阳的各个机构和单位也纳入管理范围，把社会综合治理纳入目标管理，各村、居民委员会、城区各单位都有专人负责具体抓综治工作，一把手为目标责任人，年初都签订了社会治安综合治理责任书，年终镇综治办要对各村、居委会和城区各单位的综治情况进行检查。对综治抓得好的单位给予表彰，对抓得不好的单位，除通报批评外，还责令整改，年终考核单位不能评目标管理先进单位，主要责任人不能评优，使社会治安综合治理工作纳入制度化和规范化。

建立健全社会治安防控体系，深入开展平安创建活动。改革和加强城乡区社的警务工作，依法防范和打击各种违法犯罪活动。保障人民生命财产安全，在各村和居委会及城区各单位开展了争创无刑事犯罪，无治安案件的"双无单位"活动。以无刑事案件、无治安案件为目标，还开展以户为单位的"双无户"争创活动。同时，建立健全和落实严打、防范、重管理、矛盾排查四项机制。大力开展普法教育，促进了社会治安状况的进一步好转。

依靠群众，警民联合，加强群防群治，武阳镇派出所努力加强自身建设，提高服务意识，千方百计为群众排忧解难保平安，实行村户联防和院户联防，依靠群众的力量，警民齐心协力打击犯罪。实现了发案少、秩序好、社会稳定、群众满意的目标。

加强了镇司法所的工作，充分发挥人民调解员职能，巩固完善调解组织，使之网络化、制度化和规范化。在19个行政村和两个居委会都成立调解委员会，把群众基础好、工作能力强、政治觉悟高的人充实到调解组织，使各地的纠纷得到了及时的调解和解决，避免了矛盾的激化和升级，保证了社会安定。

落实信访工作双向规范制度，严格规范干部的工作行为，规范群众的信访行为。广泛开展社会主义荣辱观教育和法制宣传教育，创造良好的社会道德和法制氛围，提高干部群众遵纪守法的自觉性。对存在的上访隐患，采取责任划分，即领导分片，驻村干部负责重点稳控对象，并层层签订责任状。采取慰问走访的形式，逐一找其谈话，跟他们讲政策，讲道理，动之以情，晓之以理，使其知晓违法上访的利害关系，并对一些重点对象实行严密监控，及时反馈相关信息。对影响社会稳定的矛盾纠纷，采取利用当事人的亲属关系，不厌其烦的做思想工作，并主动到上级有关部门做好利益协调工作，所有稳控对象基本稳定。定期走访因超计划生育被开除、辞退的公（民）办教师，理顺他们的情绪，做好安抚工作，使他们不串访，不越级上访，取得了明显成效。妥善处理好原畜牧站职工和原从事放映工作的放映员要求享受相关待遇的问题，把他们的要求和想法作为重点解决的问题，为他们服好务。认真做好三房村七组林地权属调整工作，多次下派工作组协调工作，对他们进行相关法律法规的解释和疏导，并尽力为他们小组解决一些实际问题，派出专门的工作人员与他们交心，既使他们心情舒畅，又使他们看到了问题的关键，有效地阻止了他们的群访，越级上访。处理好土地平整工作扫尾工程中存在的问题，及时向上级汇报，争取资金，兑现承诺，紧紧抓住村组干部的积极性和主动性，全面处理好土地平整工作中出现的矛盾和问题，基本上做到让绝大多数老百姓能够满意。2010 年近几月信访通报中，武阳镇没有出现一人赴京、省、市上访，刑事、治安发案情况明显下降，荣获县综合治理先进单位。

总之，在武阳镇党委、政府及武阳镇公安派出所的共同努力下，武阳镇的社会治安防范体系得到健全和发展。干部队伍素质得到提高，司法保障工作得到较大的改善，做到了社会治安秩序良好，人民群众有安全感。

二　社会事业发展存在的主要问题

从 1995 年到 2008 年底，在武阳镇全体干部、群众的共同努力下，武阳镇的社会事业得到较快发展，社会安全，人民生活水平明显提高。正在向和谐社会的目标迈进。但事物都是一分为二的，在肯定成绩的同时，我们也要看到缺点和不足，武阳镇社会事业在发展过程中，成绩是主要的，但仍存在一些问题和不足。主要表现在以下三个方面：

1. 在城镇公益事业方面，仍存在着基础设施不配套，标准较低的问题。1995 年到 2008 年，尽管武阳镇经济发展很快，财经收入得到较大的增长，但由于城镇发展过快，需投入基础设施建设资金过多。因此，资金缺乏问题仍很严重。这几年，县财政和上级也给予了一定的支持，但是杯水车薪，无力负担城镇和农村基础设施建设的资金缺口，相当一部分资金只能通过集资、摊派、捐款和发动农民投工投劳解决。既加重了农民负担，又没有从根本上解决基础设施建设资金短缺问题，资金来源仍然是不稳定、不可靠。由于资金的短缺，武阳镇基础设施建设项目还明显滞后，除主要街道一纵（1805 线）的硬化、绿化、美化、净化以外，其余的均还没有做到四化到位。也没有生活污水集中处理的设施。街道上缺少公共厕所，没有公共停车场，居民休闲、散步的广场和场地也没有，更没有公共体育锻炼设施，整个城镇建设还处于低水平阶段。

2. 社会保障体系还不完善

武阳镇的社会保障体系还只建立了城镇最低生活保障，即农村合作医疗以及城镇职工医疗保险。而农村最低生活保障，城镇居民基本医疗保险，自由职业人员的基本医疗保险和养老保险还是空白，有的还处于起步阶段。农村养老保险尚未实施。这些问题，使二元制社会经济结构依然存在，不利于农村的城市化进程，不利于缩小城乡差别。还有外来打工人员，在私营企业打工人员的社会保障基本上处于空白状况，使得他们成为边缘人群，不利于社会和谐与稳定。究其原因，还是因为财政困难。目前，武阳镇与全国其他乡镇一样，没有从根本上摆脱吃饭财政的窘迫局面。财政来源少，机构庞大，开支大，行政成本居高不下，再加上城镇基础设施的建设任务重，有限的财政收入主要投入到基础设施建设。使得用于社会保障的资金少之又少，导致社会保障水平低，结构单一，远远不能满足人民对社会保障的需求。

3. 医疗卫生和教育方面，投入仍显不足，医疗水平较低

（1）教育方面：武阳镇尽管十分重视教育，但中心小学和中学修建完成后，没有继续保持投入，使两所学校的设施没能更新换代。致使设备显得老化，不能满足教育现代化的需要。中小学的文体设施过少。不能满足教学的需要。对教育的投入不可一蹴而就，需得保持较长期的高投入，才能保证教育的发展，另外中心小学和中学教师住房条件有待改善。

（2）医疗方面：尽管绥宁县第二人民医院坐落在此，但床位明显偏少，医师中拥有高级和中级技术职务人员明显偏少，医疗设备略显简陋，医疗水平较低，满足不了人民群众的需要。村级卫生室尽管得到很大的发展，但也还是低水平、低层次的，人员的素质、操作的规范性还比较低，也不能满足需要。

三 社会事业发展的努力方向

1. 进一步完善社会保障体系

在今后，武阳镇应建立与经济社会发展相适应的社会保障体系，保障社

会公平正义，促进社会和谐，为经济体制的进一步改革解除后顾之忧。

全面推行城镇居民基本医疗保险、养老保险、自由职业者和在私营企业务工人员的基本医疗保险、养老保险，使社会保险不留死角，社会不会出现边缘人群。促进社会安宁与和谐。完善农村最低生活保障，农村养老保险，进一步完善农村"五保户"和重病残障人员的供养救助制度，提高供养救助标准和覆盖面，循环渐进地解决农民老有所养，病有所医，灾有所助的问题。逐渐缩小城乡差别，逐渐消除城乡经济社会二元结构，促进农村城乡化。进一步完善失业、工伤、生育保险制度，解除居民的后顾之忧。

2. 提高环境保护意识，加强环境保护工作

当前，武阳镇环境尚未出现较大问题，处于比较好的状态。但随着经济社会的发展，城区人口增多，工业、企业和饮食业增加的废水、废气、废渣污染问题会越来越严重，政府应未雨绸缪，防患于未然，趁环境问题尚未严重，矛盾尚未尖锐之际，要提高环境保护意识，加强环境保护工作，严格监督企业三废排放。鼓励企业开展和推广节约、替代、循环利用和治理污染的技术，加强环境建设，注意城镇的噪声污染和光污染问题，始终把建设资源节约型、环境友好型社会放在工业化、现代化发展战略的突出位置。

3. 始终把教育放在优先发展的战略地位

当今国际竞争的实质是以经济和科学实力为基础的综合国力的较量，21世纪是知识经济的时代。为此，国家实施科学兴国战略，这要求各地党政机关都要高度重视教育，始终把教育放在优先发展的位置。武阳镇党委、政府应认真落实科学兴国战略，实施教育强镇，摒弃发展教育一蹴而就的思想观念，树立正确的政绩观，始终把教育放在优先发展的位置，保持对教育的高投入，进一步完善义务教育的条件，逐步使武阳镇的教育现代化。同时，要更新观念，加强对非正规教育的重视。树立终身的教育观念，加强对农民和下岗职工的职业技术培训。提高他们的综合素质和技术水平，用人才和技术推动经济社会的发展。

4. 进一步加强对农村医疗体系的覆盖范围。为更多的农民化解"患大病"之忧，充分考虑农民需求，合理调整和完善补偿方案，根据合作医疗收支情况，合理确定起付线封顶线补偿比例和补偿范围。同时，要加强农村三级卫生服务网络和城镇社会卫生服务体系建设，在武阳镇私人医疗机构是农

村和社会医疗服务的主要提供者，医生技术水平相对较低，医疗设施简陋，操作不规范，假药比较多，医疗安全隐患多，政府相关部门应加强监督和管理，督促医生进行提高水平，规范经营，给老百姓一个安全的医疗环境。

第三章

武阳镇政府机构改革与职能转换

第一节　武阳镇的历史变迁与体制改革进展

一　我国乡镇建制历史沿革

我国乡镇建制的历史最早可追溯到战国时期，当时县以下就设有乡、里。秦统一中国后，确立了郡县为地方的行政体制，在县以下也设了乡、亭、里等基层政权代理机构，十里为一亭，十亭为一乡。汉高祖刘邦在秦时就是亭长，取得政权后，承袭了秦的乡里建制。隋唐时期，县以下为里，设官职里正，里以下设乡，设置耆老职位，管理日常事务。元朝时县以下设里、社，为社会自治组织。明清两朝县下设乡，设乡长职位。纵观这两千多年的历史，尽管县下设有乡、里等机构并配置了朝廷命官，但乡并非一级行政权力机构，而是县级政权的派出机构或自治机构。直至近代，乡才逐渐发展为一级行政建制，成为基层行政单位。在民国时期，县以下设有区或乡，设立乡公所任命乡长一名和办事员若干人。

新中国成立后，1950 年政务院通过《乡（行政村）人民政府组织通则》，组成乡镇和村级人民政府，这在中国历史上是第一次将政府下设到乡镇一级。1958 年，根据中共中央的《关于在农村建立人民公社决议》，我国又改乡政府为人民公社，撤销乡镇，推进人民公社化运动，实行政协合一，三级所有，队为基础体制。也就是用人民公社取代乡镇政权组织和农业合作社组织来行使国家管理社会管理生产的双重职能。公社的管理基本分为三级：公社管理委员会、管理区（生产大队）、生产队。党的十一届三中全会后，农村普遍实行了生产承包责任制，生产大队和生产队自然解体，人民公社体制已不能适应生产承包责任制的需要。1982年五届人大新《宪法》否定了人民公社的体制，把国家行政区域在基层划分为县、乡（镇），确立了农村基层政权为乡、民族乡、镇政权，又恢复了乡镇人民政府。1983年，中共中央、国务院联合发布了《关于实行政社分开建立乡政府的通知》，通知中指出：建立乡政府，其性质为国家政权在农村的基层组织。由此可看出，乡镇政府是我国农村基层政权组织，是党和国家各项工作的落脚点，是农村社会主义建设的直接领导者和管理者，同时，它又是把人民的意志和要求传输到国家政权组织中的第一道入口，在当前社会主义农村建设中，乡镇政府的领导和作用更是十分重要。

我国乡镇政府具有以下四个特点：（1）综合性。乡镇是我国最基本的独立行政单位，它"麻雀虽小，五脏俱全"。乡镇人民政府根据乡镇人大通过的本行政区域的经济和社会发展计划，管理本乡镇的经济、教育、文化、卫生、体育事业和财政、民政、公安、司法行政、计划生育等行政工作，功能具有明显的综合性。（2）执行的多重性。乡镇人民政府既是乡镇人大的执行机关，又是我国行政体制最基层的行政机关，它既要执行本乡镇人大的决议，更要执行国家上级行政机关的决定和命令，还要执行执政党（乡镇党委）的指示。其执行功能带有明显多重性。党的方针、路线、政策和国家法律、法规以及上级行政机关的命令都要通过乡镇行政机关来贯彻执行和具体落实。（3）管理上的直接性。乡镇行政机关设有下属行政组织，是我国最基层的行政组织，直接同人民政府打交道。（4）机构设立的不完整性。乡镇不像中央、省、市那样功能完整，机构齐全，它尽管也设立了与上级行政机构有联系的对应机构，但这些机构往往只有一名工作人员，乡镇干部中一人多职的现象十分普遍。党政和政事难以分开。

二　武阳镇的历史变迁与体制改革进展情况

武阳镇早在五代时就形成了小村落，属武阳砦，宋元时发展为小集镇，明嘉靖年间，青坡巡检司署迁入，改称青坡司，民国时期设武阳乡，新中国成立后，1950 年设立了武阳乡，成立了武阳乡人民政府，辖 19个行政村和 1 个居委会，1958 年随着人民公社化运动的兴起，武阳乡改为武阳人民公社，19 个行政村改为生产大队，老街居委会改为工商大队，村民小组改为生产队，实行政协合一，三级所有，队为基础，十一届三中全会后，武阳人民公社的各生产大队均实行联产承包责任制，工商大队也有人干起了个体户，生产大队和生产队名存实亡，根据上级政策和组织精神，1983 年又恢复了武阳乡，1985 年经上级批准，武阳乡改为建制镇，仍辖 19 个行政村，工商大队解散，恢复为两个居民委员会。新中国成立前，武阳乡辖区比新中国成立后大，除现在武阳镇所辖的区域外，还包括现关峡苗族乡的珠玉村、枫木团乡的白岩水村和净溪村，新中国成立后，1950 年成立武阳乡时，把以上三个行政村划出，武阳乡行政村划为辖 19 个行政村民委员会和 1 居民委员会，1989 年又将居委会按新街、老街划分为解放坪居委会和老街居委会。这一区划，一直至今变动较小，是绥宁县行政区划较为稳定的乡镇之一。

我国乡镇体制的改革，是在政府机构改革的背景下展开推进的，改革开放以来，我国乡镇的演变体制经历了四个阶段。1980 年至 1985 年"社改乡"和镇"乡政村治"体制建立；1986 年至 1989 年撤并乡镇和村民自治，1990 年至 1997 年县乡组合改革试点和建立健全农业社会化服务体系，1998 年开始，农村税费改革和乡镇体制创改，在以上四个阶段中，绥宁县都进行了相应的改革，其中，变动最大的撤乡镇阶段，几经更移，1995 年底，将所辖的 34 个乡镇，撤并成 25 个乡镇，乡镇的行政区划变动比较大，但武阳镇的行政区划，没有变动，政府机构的设置根据县委、县政府的规定作了调整，设立了四大办公室：综合办公室，下设财政所、文化站；经贸办公室，下设经济管理站；农业办公室，下设农经站，农、林、水、畜综合服务站；计划生育办公室，下设计划生育服务站。根据县委、县政府指示，县直各部门，设在乡镇的机、农技、林业、畜牧、文化、广播等事业机构和司法所人员的经费由乡镇管理，工商、公安、法庭、检查、教育等机构实行以主管部门为主的双重领导。武阳镇政府机构设置齐全，达到县委、县政府的要求。

第二节　武阳镇政府机构现状与职能发挥

一　政府机构设置与职能履行

（一）机构设置与干部队伍情况

根据县委、县政府的有关文件精神，武阳镇政府机构经过改革和调整后，设了七大办公室。

（1）综合办公室：职责为综合协调，来访来客接待，乡镇政府车辆管理，公文及报刊信函收发，信息反馈，档案管理。下设财政所、文化站。（2）党建办公室：职责是组织工作，宣传工作，纪律检查、武装、妇联、共青团工作，新农村建设，在编人员 34 人。（3）农业综合办公室：下设农科所、农机站、水利站、兽医站。职责为主管农业、林业、水利、畜牧、渔业，及农村财务、经济合同管理工作，并协管财政所，在编人员 73 人。（4）经济发展办公室，下设统计站，劳保事务站，电力站，职责为集体民营企业、工商、邮政、电信、金融、劳动服务、统计分析、电力等管理工作。在编人员 23 人。（5）土地司法综合办公室：下设国土所、司法所、信访办公室，环境卫生办公室，职责为土地管理、司法鉴定调解，人民信访接待处理，交通环境卫生工作、协调公安和法庭工作。（6）城建办公室：职责为城镇规划建设，环境保护工作，基础设施建设及镇政府的基建工作。在编人员 4 人。（7）计生办公室：下设计划生育服务站，职责为管理全镇人口计划生育工作，在编人员 5 人。

此外：还有县职能部门派出机构、如工商、派出所、邮政所、联校、国税分局、地税分局，有的机构的职责范围超出了武阳镇。见下表。

表 3－1　　　　党、团、工会及合作经济组织成员数量统计表　　　（单位：人）

年度	总人口	中国共产党	共青团	妇联	工会	各种经济合作组织
1995	1517	202	948	24	343	
1996	1549	230	956	24	339	
1997	1581	253	964	24	340	
1998	1612	279	970	24	339	

年度	总人口	中国共产党	共青团	妇联	工会	各种经济合作组织
1999	1650	307	978	24	341	
2000	1694	333	986	24	351	
2001	1730	353	992	24	361	
2002	1770	378	1002	24	366	
2003	1807	399	1008	24	376	
2004	1862	424	1028	24	386	
2005	1967	454	1057	24	392	40
2006	2043	484	1079	24	396	60
2007	2134	521	1109	24	400	80
2008	2298	563	1198	24	403	110

表3-2　　　　　　　　乡镇政府及事业单位编制与人员构成表　　　　（单位：人）

年度	总计	编制内人员			编制外人员		
		总计	政府部门	事业单位	总计	政府部门	事业单位
1995	391	343	30	313	48	16	32
1996	383	339	30	309	44	16	28
1997	384	340	30	310	44	16	28
1998	369	339	30	309	30	14	16
1999	369	343	32	311	26	12	14
2000	353	353	32	321			
2001	363	363	32	331			
2002	368	368	32	336			
2003	378	378	32	346			
2004	388	388	32	356			
2005	396	396	34	362			
2006	400	400	34	366			
2007	404	404	34	370			
2008	407	407	34	373			

表3－3			乡镇政府及事业单位人员分布统计表			（单位：人）
年度	党及社会团体	财经部门	文教卫生	政法	科技	总计
1995	40	3	313	1	2	359
1996	40	3	309	1	2	355
1997	40	3	310	1	2	356
1998	40	3	309	1	2	355
1999	32	3	311	1	2	349
2000	32	3	321	1	2	359
2001	32	3	331	1	2	369
2002	32	3	336	1	2	374
2003	32	3	346	1	2	384
2004	32	3	356	1	4	396
2005	29	2	362	1	4	398
2006	25	2	366	1	6	400
2007	23	2	370	1	8	404
2008	23	2	373	1	8	407

（二）政府职能转换与履行情况

武阳镇政府积极响应党中央的号召，遵照上级指示，在实际中较好地实现了政府职能的转换。从行政管制向公共服务转换，从包揽一切，向只为社会提供核心公共产品转换，坚持党的路线、方针政策，以经济建设为中心，以小康建设统揽全局，以市场为导向，充分发挥市场的基础性作用，政府加强了市场监管，经济调节，社会管理，公共服务等工作。

（1）以提高全镇党员干部和群众素质为着力点。大搞"民信"工程。"民信"即指"干部有威信、干部讲诚信"。为此，镇党委政府一方面加强镇和村二级的党组织建设，在农村班子建设中，强化"五好"（即：领导班子好、党员干部队伍好、工作机制好、小康建设业绩好、群众反映好）党支部建设，深入开展团结、实干、规范为主要内容的"三达指标"创建活动。开展以政治素质强、致富本领强、领能力强为内容的"三强"型干部创建活动和以公正、廉洁、实干为主旨的"三满意"干部争创活动。对农村党支部和村委会，实施积分制考核，在镇党政府机关的自身建设上，重点强化了镇机关部门日常规范化管理，制定了相关的机关管理制度十多项。提高机关干部的民本意识和为人民服务的意识。通过这些活动和措施，镇村两级领导班子的干部素质明显提高。为人民服务的意识明显增强，为老百姓办实事，为群众排忧解难成为干部的自觉行为。

另一方面，武阳镇党委政府下大力气做好群众的求助工作，首先是对全镇19个村和城区2个居委会的困难群众进行摸底排查，造册建档做到心中有数。其次，建立脱贫、返贫的动态管理机制，对已致富脱贫的户籍档案抽出，把新的因病、因灾或其他原因返贫的户放入档案，及时掌握实际情况。再次，要求干部广泛开展"双联户"活动，即每名机关干部联系一个贫困户和一个富裕户，干部当纽带，富户帮贫户，同时，干部也为贫困户致富脱贫出谋策划，提供力所能及的帮助。遇有暂时实际性困难需要帮助的，保证救助款物及时到位。第四，加强对干部廉政教育，制定了联系群众"五不"要求，即：不收礼金礼物，不乱吃乱喝，不存私心和偏心，不懒惰散漫，不参与违规经营，并要求干部做事要有根据，待人要有礼貌，对农民群众要有感情，做吃得香、睡得着、行得端、站得住、坐得稳的正统型干部。通过这些工作，党群关系、干群关系密切了，老百姓不害怕、不躲官了，把干部当成了贴心人，镇、村两级领导干部在老百姓中的威望明显提高。

（2）以"抓项目"为重点，推动"富民"工程，促进"富民"。政府引导经济发展项目中，充分发挥经济职能，做好产业规划，镇政府根据武阳镇的资源优势和产业基础，确立了做强杂交水稻育种业，竹木地板条加工业，发展种植业、养殖业的经济发展战略。加强杂交水稻育种基地建设，确保农田水利，加大科技服务，以前店后厂的形式建设竹木地板加工、销售一条街。形成规模效应，引导农民种优质稻，养优质良种鸭，做好武阳米、武阳鸭两个传统特色产品，为促进项目投资，实现经济项目带动经济发展，武阳镇党委、政府出台了一系列奖励政策，招商引资。对招来武阳镇投资办厂的（主要是竹木加工厂、农产品加工厂）、固定资产投资在100万元以上的项目给予招商引资人3000—5000元的奖励，对农村种粮大户、利用水库养鱼大户进行奖励，并指示镇农科所进行科技指导与服务。这些举措，促进了项目发展，形成投资兴业的热潮。增加了农民收入，使老百姓生活更加富裕。

（3）以"创环境"为突破口，扎实推进"民安"工程，使老百姓安居乐业。武阳镇政府以小城镇建设和生态文明建设为基础，以社会稳定、环境创优为重点，致力于实现社会安定、生活安逸的目标。为此，镇政府主要做了以下五件实事：一是加快小城镇建设。对武阳镇城区建设进行研究做好规划，增加对基础设施建设的投资，先后扩建了绥宁县第二人民医院。拓宽了城区主街道，加快了工业街的建设。为中学、中心小学修建了水泥蓝、排球场，翻修了敬老院，完善了城区街道的配套设施，实现了村村通水泥路。二是扎实推进生态文明村建设。几年来，在县财政和上级资金的支持下，镇、村两级筹资以修路、绿化为重点，建设了6个文明生态村。三是强化社会治安。加强综合治理工作，强力落实四项机制，严打、防范、重点管理、矛盾排查，开展普法教育。四是发展教育和医疗卫生事业。解决老百姓上学难、看病难的问题，政府设立了助学奖学基金。大力规范药品监督和药品供应，确保老百姓看病用药的安全。五是计划生育工作制度化、法制化。坚持依法办事与农村实际相结合，为计划生育户排忧解难。开展民政工作，完善农村五保户、特困户的帮扶救助制度。

武阳镇政府能坚持和落实科学发展观、树立正确的政绩观，切实转变了政府职能，取得了较好的成绩。多次被县委、县政府评为优秀党委、先进工作单位。

（三）制定严格的干部管理制度

为了严肃干部纪律，进一步加强干部职工作风建设，树立良好的干部形象，创造团结、紧张、统一、高效的机关作风，制定了严格细致的制度。

出勤制度。（1）严格按照县政府办公室统一布置的作息时间上下班。夏季作息时间：8：00—18：00；冬季作息时间：8：30—17：30。（2）干部职工每天按上班时间到办公室签到上班，不得请人代签或事后补签。不按时签到者视为迟到，中午12点以后仍未到办公室签到并不能说明正当原因者视为旷工。（3）干部职工当天的外出工作活动，如下乡、办事、出差、开会、学习等，必须向办公室说明去向，以便办公室统一掌握登记。如外出未向办公室说明，有事找不到人的给予处罚20元（从三项补贴中扣除）。（4）凡逢武阳赶集日，各部门必须安排人员值班；不得关门。如赶集日部门无人值班的，给予通报批评。（5）双休日或节假日值班，必须按值班表严格执行，值班干部必须负责处理一切日常事务和突发事件。原则上不准请人代班，确须请人代班者，须经带班领导同意，无故不值班者，每天罚款 50 元。凡属值班人员缺岗或玩忽职守，造成重大事故或突发事件的，按《公务员法》和行政监察责任追究制的有关规定，追究值班人员的行政责任。（6）凡双休日休息的，每周星期五下午 5∶00 以后方可离岗，提前离岗者视为早退，星期一上午 9∶00 必须上岗，违者每次罚款 20 元。（7）每个干部职工全年出勤日必须在 260 天以上。（8）干部职工出勤情况由党政办公室每天负责登记，由分管办公室领导和组织委员负责督察，每月张榜公布一次或在全体干部职工会议上通报一次。（9）干部出勤情况列入干部职工的年度考核，直接影响干部职工的评先评优。

请销假出差制度。（1）干部职工离岗外出非工作原因必须请假，回单位后销假。请销假凭请假条为准，切实做到先请假，后离岗，坚决杜绝"先斩后奏"，口头请假，电话请假等行为，凡属此类行为一律视为旷工。（2）党委、政府班子成员请假须经党委书记批准；党委书记不在单位里，由镇长批准；一般干部和职工请假，须经分管领导批准后，再经组织委员批准后方可离岗。（3）经批准准予请假者离岗前必须持请假条通知办公室，请假后要及时到办公室销假，无特殊情况超假者按旷工处理。每天罚款 30 元（从三项补贴中扣除）。（4）干部职工出差、开会必须到办公室填写出差通知单，经领导审批后，方能出差和报销差旅费。（5）凡未经批假擅自离岗者，一律按旷工处理。累计旷工 15 天的，按程序报人事部门予以除名。

学习会议制度。（1）每周一开一次干部职工例会，全体干部职工必须参加。开会内容：干部汇报上周工作、领导安排本周工作。（2）干部职工开会或学习无故迟到、早退者，按迟到、早退计入出勤管理；无故缺席者，按旷工处理。（3）干部职工学习和参加会议时，必须遵守会场纪律，不准打瞌睡、交头接耳或做其他与会议无关的事情。对于严重干扰会场秩序者，给予口头批评。（4）干部职工开会、学习必须严肃认真，做好笔记，每半年由组织委员检查一次学习笔记和岗位记事本。没有做好学习笔记和岗位记事本的年终不能评先评优。

生活制度。（1）干部职工要团结互助，文明友爱。干部职工之间，家属之间不能打架谩骂，不得在公共场合或私下散布诽谤、中伤同事的言论。（2）严禁参加任何形式的赌博活动。干部职工参与翻豹子、打夹牌一经发现，第一次罚款200元，第二次罚款500元，第三次发现一律上报组织部门及纪检部门；严禁与社会上闲杂人员等打牌赌博；严禁上班时间打牌赌博，违者每次罚款30元。（3）政府院内不得高声喧哗，晚上娱乐活动不得超过12点，违者罚款30元/次。（4）爱护公共卫生，不准乱倒垃圾，不准乱丢果皮、纸屑，严禁小孩随地大小便。政府院内严禁放养家禽家畜，违者一律捉送食堂宰杀。（5）积极参加办公室组织的大扫除，不得无故缺席。（6）干部职工住房的水费、电费必须按时结清，不得拖欠。（7）爱护公共财产。所有公物由办公室造册登记，不得随意转让私占，不得损坏、丢失，否则照价赔偿。干部职工调动时须向办公室交清所有财物，否则财政所不予开具工资转移手续。（8）干部职工因工作调动时，必须于一个月时间内腾出原住房，不得以任何理由拖延。违者，报告县委组织部或主管部门，对于一意孤行者，采取强制措施。

出车制度。（1）用车一律由办公室管理。因公事必须出车时，须经镇长或书记同意后，由办公室开具出车通知单方可出车。如无出车通知单，领导和干部职工不得私自用车。（2）干部职工下村除偏远的村外，其他无特殊情况不得擅自用车。

公务招待开餐制度。（1）来人来客一律在内部餐厅就餐，严禁进酒店餐馆。（2）公务招待开餐由办公室统一负责。由办公室开具开餐通知单，再由办公室主管领导审批后交食堂按通知单的规定开餐。（3）来客接待必须严格按照标准开餐，基本标准8元/人，酒水除外。（4）陪餐只限分管领导与相应的部门负责人，不准扩大陪客范围。（5）食堂每月或每季度凭开餐通知单到办公室结算。（6）凡因公在县城招待开餐，必须经书记同意。

食堂就餐制度。（1）食堂工作人员必须按时按质开餐，如无特殊情况不得无故停餐。（2）干部职工就餐标准2.00元/餐，镇政府每餐补助每个干部伙食费0.5元。（3）食堂的公共财物由办公室造册登记，干部职工不得随意私占、损坏、丢失。

卫生管理制度。（1）各办公室卫生由各部门自己负责。其他公共场地的卫生由办公室组织安排。全体干部务必参加，不得无故缺席。（2）家属楼的卫生由各住户负责，包括走廊、楼梯。各住户务必做到整洁、有序。

财务管理制度。（1）镇属各部门（除计育办外）的财务均由镇财政所统一管理，支出经分管领导同意后由镇长审批。镇财政所为各部门设立专账。（2）各部门日常所需办公用品及各项招待用品，都须经镇长或书记审批后，再由办公室统一采购。（3）各部门行政事业性收费，必须使用正式收款收据。严禁使用非正式票据和打白条，否则按有关财经制度严肃处理。（4）单位财务开支必须经镇长审核，镇长与财政所长的发票由书记审核。2000元以上须书记同意后方可开支。（5）干部出差、开会必须有出差通知单，办公室电话通知并经批准方能报销差旅费。（6）一些必须事先支付的开支须经镇长或书记同意后方可开支，严禁经办人员"先斩后奏"。凡属此种开支的行为，由经办人员个人负责。（7）各项费用支出必须严格遵守财务制度的有关规定，财务人员在报销票据时必须严格把关，认真审核。（8）计育办日常办公的开支，500元以下由分管领导审批，500元以上的由镇长审批。2000元以上的须经书记同意后方可开支。

干部驻村制度。（1）驻村干部对所驻村的日常工作和中心工作必须加强督促检查，保证落实。如不能及时按要求完成镇里布置的任务的，每次罚款20元。（2）驻村干部要及时向村干部和群众传达贯彻上级和镇里的有关文件政策，同时要及时全面掌握工作情况并报告镇党委、政府。（3）驻村干部下村工作每月不少于10天，住宿农户每月不少于3天。干部职工下村工作和住户情况要记入工作日志，并分别由村支部、村委负责人和户主签字备查。（4）为了树立驻村干部的权威，加大驻村干部的工作主动权，镇党委、政府赋予驻村干部以下权力：村级人事考察权，班子调整建议权。（5）凡属驻村干部工作不到位，造成所驻村发生重大事件和集体上访的，按行政责任追究制的有关规定追究其行政责任。（6）驻村干部的驻村工作情况列入年终干部考核，直接影响到驻村干部的评先评优。

（四）武阳镇"六到位"优化经济发展环境

近年来，武阳镇以服务发展为目标，以服务民生为落脚点，着眼于降低营商成本、提高投资回报，着力从解放思想、制度创新、规范监管上下工夫，以环境优化促经济发展，切实把优化发展环境作为项目推进的头等大事来抓，全镇优化发展环境各项工作得到稳步推进，取得了明显的成效。

（1）加强领导，完善制度，深入宣传推介，为优化经济发展环境营造浓厚的舆论氛围。按"资源整合好，上下配合好，部门协调好"的原则，采取统一组织，分级实施，上下联动，条块结合的办法，成立了以党委书记任组长、其余班子成员任副组长、相关职能部门主要领导为成员的镇优化发展环境工作领导小组，领导小组下设办公室。近年来，每年年初都召开优化发展环境和加强机关效能建设动员大会，镇党委书记、镇长对优化发展环境工作进行部署并讲话，明确提出了各个阶段的工作目标及要求，全镇各单位（部门）也相应召开各种会议，将责任层层落实到个人，使各项工作从上至下有人管、有人抓，为优化经济发展环境提供了强有力的组织保障。为扩大开放、加快发展，武阳镇还及时出台了以优化经济发展环境为重点的一系列文件，制定了《武阳镇人民政府行政问责制暂行办法》、《武阳镇整治和优化招商引资软环境"十不准"》等相关制度，印发了《关于成立武阳镇"两比一提高"活动领导小组的通知》、《关于成立武阳镇"五位一体"领导小组的通知》，并出台了关于扩大招商引资、引进资金、引进人才和项目的优惠政策和奖励办法。同时，武阳镇利用报纸、电视等新闻媒体开展宣传教育活动，向广大客商、群众宣传武阳镇发展环境的优惠政策和工作动态，在全镇营造了"人人是环境、处处是环境、事事是环境"的浓厚氛围和干事创业的良好环境。

（2）集中办事，提高效率，狠抓体制创新，为企业发展提供便利的生产生活环境。为着力解决影响发展环境的机制性障碍，促进经济快速健康发展，武阳镇在财政特别紧张的情况下投资三万余元率先成立了乡镇行政服务中心，并配备专职工作人员负责。全镇具有行政许可审批的单位都在行政服务中心设立办事窗口。行政服务中心制定了一系列科学的管理制度，一是全面实行一门受理、联合审批、一口收费、限时办结的"一条龙"服务，从根本上解决办事效率低、服务质量差等问题。二是依据行政许可法的规定，要求凡是具有行政许可审批的项目，凡是具有行政事业收费的项目均必须进入行政服务中心。三是在窗口工作的都是各单位政治思想好，业务能力强，作风纪律硬的干部，使服务中心真的成为服务功能齐全，办事程序便捷，内部运转顺畅，工作优质高雅的形象服务中心。同时，武阳镇严格清理各类收费项目，严格清理各类协会和依附政府部门的各类机构。鼓励企业依法开展多种形式的互助性融资担保，加强外来投资企业的商会建设，努力营造亲商、富商、安商的生产生活环境，做到引得来、留得住。

（3）开展监测，强化监督，广泛征询建议，为不断改进工作增加针对性和有效性提供支持。为加强对党委、政府关于优化发展环境一系列重大决策、措施贯彻落实情况的监督检查，进一步创优发展环境。2010年，武阳镇制定了《武阳镇优化发展环境监测工作的方案》，健全了监测点和监督员管理办法、监测信息报送制度，聘请了山水陶瓷瓦厂、隆平公司等10家企业为武阳镇的优化发展环境监测点。同时，在这10家企业各聘请一名老总或经理为武阳镇的优化发展环境监督员，监督员对政府执法执收部门及其工作人员到监测点企业执行公务或监测点企业到职能部门办理相关事项的情况（包括依法行政、服务态度、工作作风、工作效率等方面）进行即时监测，并及时搜集和上报周围其他企业反映的对政府职能部门及其工作人员履行优化发展环境职责的情况、意见和建议。通过优化环境监测工作的开展，武阳镇共梳理出影响发展环境问题11个，解决率达100%，深得广大企业的好评，全镇的经济环境也得到了进一步的优化。

（4）开展测评，提升效能，增强服务意识，为优化经济发展环境提供强有力的保证。针对优化发展环境工作"上热下冷"、"中梗阻"、"下梗阻"，部分科室站所工作人员办事效率不高、服务意识不强、工作作风不优，群众反映办事难、办事慢等情况，武阳镇对镇直机关中层干部开展了效能测评。测评对象主要为镇直属行政执法单位、经济监督部门和窗口行业的中层干部；测评内容为重点工作、服务水平、履行职责、廉洁自律、依法行政五方面内容；测评方法采取本人自查、民主测评和服务对象评议相结合的办法进行，即：测评对象根据测评内容进行自查，各单位在此基础上，召开机关测评大会，同时根据本部门工作职能，合理选定一定数量的直接服务对象为社会评议员，组织填写测评表对干部进行测评。测评结果纳入干部管理档案，作为对干部评价、使用的重要依据。对被评为"优秀"等次和排位最后一名的，由镇效能建设领导小组给予通报表扬和视情处理。通过这次测评切实触发了广大机关干部思想，全面准确了解中层干部的工作表现和业绩，重点解决工作落实中存在的"中梗阻"、"下搁浅"现象，促使其自觉履行岗位职责，转变工作作风，加快工作效率，谋取最佳工作效能。

（5）开展活动，查找问题，结合行风评议，为优化经济发展环境创造良好的政治环境。近年来，武阳镇持续开展了加强政风行风建设、优化经济发展环境综合测评活动。平时，经常采取"听、问、看、查"等方法，对全镇参评单位的政风行风建设进行了明察暗访，对参评单位测评的五个方面内容的贯彻落实情况进行了督查，进一步规范了各部门的机关作风，建立健全了首问责任制、岗位责任制、服务承诺制、限时办结制、一次性告知制、公开办事制、效能告诫制等制度，逐步形成了比较完善，操作性较强的效能建设体系，取得了一定成效，但优化发展环境工作是一项必须与时俱进、永不竣工的系统工程。去年以来，武阳镇以开展提升行政效能、建设服务型政府主题活动为契机，进一步增强机关服务优质化。全镇各部门单位和干部联系自身实际，围绕查找影响和妨碍发展环境的思想观念、工作作风、体制机制、管理方式方法等方面的突出问题，围绕如何进一步提高行政效能、优化发展环境开展"六对照、六讨论"，思考如何进一步推进机关效能建设、建设廉洁高效的服务型政府，让各类生产要素得到优化配置和快速流动，切实增加环境竞争力。广大干部职工对发现的问题召开专题会议进行深刻剖析，分析存在问题的原因，找准思想根源，针对查找出来的突出问题，采取有力措施，集中力量从实行公开承诺、深化行政审批制度改革、理顺职能明确责任、规范机关行政行为、全面推行政务公开、加强行政服务中心建设、加强项目带动战略保障制度建设、提高干部的素质和能力、不断强化行政监察力度等方面进行整改，取得了很好的效果。同时，围绕民主评议政风行风，深入开展"民主评议政风行风群众满意度调查"和各行各业代表评部门等活动，收集整理优化发展环境各类意见建议36条，并全部落实整改到位。

（6）加大力度，加强协调，严查典型案件，为企业发展保驾护航。武阳镇明确规定，实行优化环境行政一把手负责制，各单位行政一把手对本部门、本系统优化经济发展环境工作负总责，如本部门、本系统发生破坏经济发展环境案件，情节严重的，严肃追究当事人、主管领导和主要领导的责任，强化一把手主动抓好本单位优化经济发展环境工作的自觉性。镇纪委把查办扰乱、破坏经济发展环境的典型案件作为工作重点，认真受理群众投诉、加强督导检查、摸排案件线索，建立了与派出所、法院等相关部门的案件协调会办制度，对影响发展环境的线索和案件及时沟通，形成合力，严肃查处，典型案件公开处理、公开曝光。同时，注意综合整治，帮助案发单位查明问题，深入剖析，搞好建章立制，堵塞漏洞，及时向存在问题的单位或个人指出存在的问题及危害，提供相关法规文件的具体条款，督促其认真学习，严格按规定进行整改。据统计，去年以来共受理企业、商户、办事群众来信、来电、来访20件（次），办结率100%，下发整改建议1份，查处案件2起，为客商和群众挽回经济损失数万元，有力地保护了客商和群众的合法权益，消除了企业对政府的误解，增强了企业对政府的信任感，取得了很好的经济效益和社会效益。通过全镇上下的共同努力，武阳镇的投资环境得到了明显改善，"筑巢引凤"取得了显著成效。2010年，投资360万元的大屋场除险加固项目如期完工；投资4000余万元的电力项目（110千伏川武线项目、武阳110千伏变电站项目、3.5千伏线路项目）顺利完工；投资5000万元的万福桥农业开发项目进展顺利；投资300余万元的山水陶瓷瓦厂顺利竣工并投产运行；投资100万余元的全市高标准敬老院如期竣工并投入使用；杂交制种面积增加到15600余亩；绞股蓝基地新增300余亩；"5·17"、"5·24"灾后重建（水利设施恢复工程、水田恢复工程、房屋重建、道路恢复工程等）有序完工。

二　镇政府职能部门履行职能情况

武阳镇政府各职能部门在实际工作中切实转变工作作风，积极履行各自相应的政府职责。坚持为人民服务，对人民负责的原则，做人民意旨的执行者和人民利益的忠实捍卫者，为完善社会主义市场经济体制，建设和谐社会贡献力量。

（一）镇财政所履行职能情况

武阳镇财政所在行政隶属关系上受镇党委、政府的直接领导。业务上受绥宁县财政局指导的政府职能部门。随着中央政府减免农业税的政策的全面贯彻落实，财政所的职能由过去主抓农业税收转换到现在的负责财政收支及对企业有关收费，征收耕地占用税、契税等工作。为此财税所广泛开展了税收宣传，向社会宣传国家税法，提高公民依法纳税，诚信纳税，主动纳税的意识。同时，财政所以加强自己的服务意识，提高服务质量，积极进入厂矿企业了解情况，开展上门收费服务。并建立完善缴费企业档案，实施规范化管理。为规范镇政府部门财政行为，财政所建立了相关制度规范。做好财政支付工作，对正常的业务及时办理。对于手续不规范、不合理、不能办的说明原因，解释清楚。实施"阳光工程"，做好专项资金发放工作，及时足额把种粮直补资金、综合补贴款和退耕还林粮食补助金发放到农民手中，为完成县财政局下达的财政收入任务，财政所积极开拓进取，寻找新的税收增长点，增加财政收入。

2008年，财政所紧紧围绕全年财政工作目标任务，集中精力，集中时间，克服重重困难，出色地完成了全年财政工作目标任务：一是上缴国税12万元，地税27万元，契税0.7万元，上缴竹木价调基金14万元，社会抚养费59万元；二是乡财税管理信息化成果进一步巩固，确保农民各项应得补贴及时足额发放到位；三是财政支出进一步规范与控制，确保政府工作有效运转。具体而言主要做了以下几个方面的努力：

第一，抓紧财源。武阳镇是木材大镇，乡财所首先是积极宣传武阳这一资源优势，通过招商引资鼓励外来老板前来办厂，为武阳镇建起了一批加工厂；其次响应县委县政府政策，努力进行残次林的社会化造林和林改工作，为武阳镇培植新的财源。

第二，严抓收入。武阳镇2009年全年财政收入任务为117万元。面对艰巨的任务，财政所不是摆困难，而是积极想办法，做到应收尽收，严征细管。在镇林业站的积极配合下，近6000立方米的木材全部按230元/立方米预收了押金，确保全年的税费征收任务圆满完成。

第三，加紧信息化建设。自绥宁县开始推行"乡财县管乡用"改革，武阳镇是九个第一批改革试点的乡镇之一。财政所积极响应号召，认真了解改革精神，努力钻研业务，对照改革操作规程一步一步落实，统一银行账户，将各部门的财务并到了财政所一套账内，确保各专项资金按照规定使用，严格做到了专款专用，按月处理了手工账和电脑账，资金审批实行网络操作，"乡财县管乡用"业务基本步入正规。涉农补贴网络化发放制度进一步规范，对全镇的补贴面积重新进行了摸底与核对，对有差错的补贴资料进行全面登记与修正，确保三项涉农补贴按时足额发放到每个农户手中。

第四，配合好政府工作。财政所两名干部全力配合镇政府的日常工作和各项中心工作。每人进驻一个村，还协助搞农村合作医疗工作。配合各镇领导争项目争资金，参与全镇计划生育集中活动，土地复垦整理工作等。

第五，搞好文明建设。财政所在各项工作中都以争创文明机关为目标，始终做到服务热情、办事热心。努力提高综合素质，充分利用业余时间锻炼身体，学习业务知识和政策理论知识，争做文明基层公务员。

（二）镇工商所履行职责情况

武阳镇工商所的职责是维护市场秩序，实行市场监管，依法打击制假、贩假和一切假冒伪劣商品，净化市场环境，维护消费者的合法权益。主要工作是征收四费。罚没款、查办各类案件，履行注册登记工作，发展个体工商户，调解买卖双方的纠纷。为了出色的履行自己的职责，完成工作任务，镇工商所以内练素质，外树形象，强化执法，服务经济发展为宗旨，为净化市场环境，维护消费者合法权益，工商所加强了市场监管力度，加大了市场巡查的范围和执法力度，使辖区内违法违规经营行为得到了有效遏制。保护了合法经营，取缔了非法经营。使辖区内经济健康有序的运行。同时，工商所建立健全了各项规章制度约束所内工作人员的行为，落实工商干部禁令，不准索、拿、卡、要，不准接受管理对象任何形式的宴请和礼金礼物。

（三）武阳镇联校情况

武阳镇联校是县教育局的一个派出机构，行政上属县教育局和镇党委、政府的双重领导，业务上属县教育局直接指导，负责领导和管理整个武阳镇的教育事业，履行政府的文化建设职能。从 1995 年以来，武阳镇教育办确立提高教育教学质量，建设教育强镇的目标。全面贯彻党和国家的教育方针，大力推行素质教育，使教育教学质量显著提高。一方面狠抓了教师队伍建设，加强了教师的职业道德教育，提高教师的工作自觉性和主动性。强化了教师管理，严格了考核制度，对教师实行聘任制。另一方面，加强对各学校的财务监督和管理，杜绝学校乱办班、乱补课、乱收费的"三乱现象"。切实减轻了农民在子女教育费用方面的负担，使广大农民子女上得起学，入学率、巩固率年年排在全县前列。再者，大力改善办学条件，联校工作人员积极工作，多方筹措资金，用于学校的扩建、改建、维修和添置教育教学器材，改善办学条件，近年来大大地促进了武阳镇中小学教育事业的发展。

（四）计划生育办公室履行职责情况

武阳镇计划生育办公室是镇政府负责人口和计划生育工作的职能部门。计划生育工作被称为"天下第一难事"。为了做好这第一难事，落实这一基本国策，计划生育办公室全体工作人员积极工作，不辞辛劳，不计荣辱得失，走村串户，耐心地对广大群众宣传计划生育政策，提高群众对计划生育工作的认识，理解和支持计划生育工作。开展生殖健康，优生优育，避孕节育等方面的咨询服务。加大治理流动人口计划生育工作，建立各户生育档案。做到了对全镇生育情况心中有数。增强计划生育工作的针对性，避免了政策外怀孕和生育。同时，实施对贫困户、双女户的救助，对计划生育对象进行全程服务，通过全体工作人员齐心协力的努力，现在，武阳镇的村镇居民计划生育意识得到了全面提高，走上了制度化、规范化，根本扭转了以前全体乡镇干部搞计划生育工作的被动局面，人口出生率和增长率一直控制在国家政策允许的范围内，多次被评为县、市计划生育工作先进单位。

表 3 - 4　　　　　　　　　武阳镇计生事务办理流程

行政事项	涉及部门	办理流程	承诺时限
一孩生育证审批	镇计划生育办公室	1. 申请。夫妻双方向所在单位或村委会提出申请，所在单位或村委会签字盖章	资料符合要求7个工作日内上报
		2. 核实。对提出一孩生育申请的夫妇情况及其提供的资料进行核实	
		3. 填写申请表。发给一孩生育申请表，由申请生育夫妇填写，村专干签字盖章	
		4. 上报审核。镇计生办报县计生局审批，由县计生局审核后发证	
二孩生育证审批	镇计划生育办公室	1. 申请。符合再生育政策的夫妻双方向所在单位或村提出申请	资料符合要求30个工作日内上报
		2. 取证。由女方所在单位或村调查取证并签注意见，报送女方单位所在地或户籍所在地的镇人民政府审查	
		3. 审查。镇计生办发给"夫妻再生育申请审批表"后，由生育夫妇填写并签字，计生专干签字，并在村务公开栏公示申请再生育人员名单，15天群众无异议后，经村委同意盖章后上交镇计生办	
		4. 上报。镇计生办在30天内报县计生局审批，由县计生局审核后发给《再生育证》	
		5. 审批。县计生局审查后作出是否批准生育的决定	60日内

行政事项	涉及部门	办理流程	承诺时限
新生儿上户审批	镇计划生育办公室	1. 申请。符合政策生育的夫妻生育后当月到村委会申报新生儿出生情况	当场办理
		2. 办理。已落实避孕措施后持《一孩通知单》、《照顾二孩生育证》到镇计生办加盖已上报出生的条形章印	
		3. 入户。夫妻持《一孩通知单》或《照顾二孩生育证》、出生医学证明、户口簿、身份证、结婚证到公安部门办理入户手续	
流动人口婚育证明办理	镇计划生育办公室	1. 申请。男18—55周岁，女18—49周岁拟外出务工经商人员持户口本或本人身份证、近期免冠一寸照片一张	当场办理
		2. 登记。到村专干处登记，已婚育龄妇女按村民自治管理办法签订合同	
		3. 办证。当场办理	
独生子女证办理	镇计划生育办公室	1. 申请。只有一个未满18周岁的子女，已采取避孕节育措施自愿不再生育的夫妻双方提出书面申请	资料符合要求7个工作日内上报
		2. 审核。所在单位或村核实签字盖章，带上《一孩通知单》、出生医学证明、落实节育措施证明、结婚证、户口本（或身份证）、一寸照片两张到窗口审核	
		3. 发证。符合条件的发给《独生子女父母光荣证》	
病残儿申请再生育办理	镇计划生育办公室	1. 申请。病残儿父母提出书面申请、提供县级以上医院初步诊断证明、近期母子二寸合影照一张	当场办理
		2. 审查。村出具书面意见，经镇计生办调查核实，发给《湖南省病残儿鉴定表》，报县计生局	
		3. 审核。县计生局初审后将《湖南省病残儿鉴定表》及病案、病历呈报市计生委	
		4. 通知。经市级医院检查、市病残儿医学鉴定组鉴定、发出病残儿医学鉴定通知书	
		5. 审批。镇持鉴定通知书，张榜公示15日后填报再生育审批表和《结婚证》复印件上报县计生局审批	

（五）镇司法所履行职责情况

武阳镇司法所属武阳镇政府直接领导的职能部门，职责是做好人民调解工作，有效维护社会稳定，他们坚持调解与防治结合。以防治为主、多种手段、协同作战的方针，大力开展普法教育，落实依法治国方略，做好依法治理工作。法律服务工作，落实法律服务便民措施，为顾问单位和当事人提供法律服务，落实刑满释放、解除劳教人员的帮助教育措施。帮助其找到工作，安排好生活，树立信心，重新回归社会。

（六）国土所履行职能的情况

武阳镇国土所是主要负责土地使用和管理的职能部门，他们严格执行国家相关法律法规，从严管理土地，杜绝一切违法违规用地现象。严格农村和镇区宅基地审批手续，在宅基地审批中严格把关，坚决防止乱占耕地，保护基本农田，落实耕地补偿措施。同时，对广大村镇农民和居民进行法律教育，提高农民保护耕地的意识。由于国土所的努力工作，在武阳镇城区建设飞速发展的几年，没有发生一起非法用地，违法占地，乱占耕地的事件，很好的履行了自己的职责。

（七）城建管理办公室履行职责情况

城建管理办公室是一个综合执法职能部门，主要负责城区建设和城区管理工作。1995—2008年，是武阳镇城区建设飞速发展的14年，城区面积扩大为原来的20倍。在这14年里，城建管理办公室认真履行自己的职责，取得了可喜的成绩。在城镇建设方面，一是协助县有关单位对新城区进行了全面科学的建设规划，并始终执行和落实规划，确保了城区无违规违章建筑，杜绝了乱建现象。二是大力进行城区规划的宣传，在主要路口树立广告牌，宣传城区规划，宣传国家的城市规划、建设的相关法律，提高了居民对规划的认可度，自觉遵守规划。三是主动上门服务，对依法获准建设的单位和个人，他们主动上门落实相关事项，督促其按规划办事，防患于未然。在城镇管理方面，武阳镇第三产业比较发达，这给城管工作带来一定难度。他们内强素质，外树形象，大力支持，严格执法，人性管理。首先，加强对工作人员的教育，使他们树立为人民服务思想，做到在城管工作中，打不还手，骂不还嘴，改变城管在老百姓眼中的凶神恶煞形象。其次，大力进行城市管理政策法规宣传，使老百姓知法、懂法、守法。第三、既严格执法，又实行人性化管理，如对一些乱摆摊的现象，他们本着方便人民生活，又促进就业的精神，不是简单地处罚了事，而是在一些居民区统一规划了几个集中摆摊点，既方便了人民生活，促进了无业人员的就业，活跃经济又维护了城区的整齐和道路的畅通，此举，深受群众称赞。

（八）派出所履行职能情况

武阳镇派出所是绥宁县公安局的派出机构，具体职责是打击各类违法犯罪活动，维护武阳镇的社会治安秩序稳定，保一方平安。履行的是维护国家长治久安的政治职能。武阳派出所全体干警尽职尽责。以确保百姓平安为己任，努力工作。第一加强流动人口和重点人口的管理工作，搞好户籍管理，方便群众办事。第二建立治安巡防队，加强对重点部门、重点区域的治安防范。尽量减少治安案件的发生。第三，出警迅速，接警就是命令，只要接到报警，不论案情大小，都迅速出警，争取第一时间赶到现场，掌握第一手材料，为快速破案打好基础。第四，危难之处显身手。武阳镇派出所门口树立了一块牌子上写"有困难，找民警"，他们也是这么做的，只要老百姓求助，不管和自己业务有关无关，都会热情帮助。第五，防治结合。培养治安积极分子，及时了解社情民意，掌握有价值的线索，排除隐患，调解纠纷。尽量防治恶性案件的发生。第六，管理民爆物品，对非法持有的管制刀具、猎枪、气枪、炸药、雷管、火药进行没收。杜绝安全事故，防患未然。由于干警出色的工作，武阳镇十多年来，无大案发生，为老百姓营造了一个平安的生活环境。

（九）民政办履行职责情况

武阳镇民政办负责全镇的民政工作，履行"上为政府分忧，下为百姓解愁"的工作职能。他们以"三民"工程为主导，以扶危济困为主线，对弱势群体和困难群众进行救助和扶持，保障其基本生活。民政办工作人员以高度的责任心，坚持对国家负责，对人民负责的精神，严格办理社会优抚、最低生活保障，农村五保户，社会救济，评定残疾等级等工作。深入村组和居民家中走访，认真摸底调查，建立管理档案。尽可能地做到准确、符合实际，既使优抚、救助对象的生活得到了保障，又确保国家利益不被钻空子，真正发挥社会救助和社会优抚助残的作用。同时，民政办还多方筹措资金，加强了敬老院的建设，添置一些娱乐器材，使老人的生活更充实、更舒心。

（十）国税分局履行职能情况

武阳镇国税分局是绥宁县国税局的派出机构，税收是国家财政收入的主要部分，占国家财政收入的95%以上。同时，税收又是国家调控经济的重要杠杆，是政府宏观调控的重要手段。国税分局的全体干部明白自己身上的双重责任。他们内强素质，外树形象，公正执法，严格把关，强化管理，及时入库，他们的主要工作是负责辖区内的企业和个体工商户的增值税、消费税等税种的征收管理工作。为更好地履行职责，为国家聚财，他们做了以下三项工作。

1. 内强素质，外树形象。（1）加强税务干部的业务学习，做到每个干部都熟知税法和征收业务。同时，严格要求，严禁干部索、拿、卡、要和徇私舞弊，严禁接受征收对象的礼金和宴请。（2）加强对征税对象的宣传教育，做到依法纳税、自觉纳税、诚信纳税。（3）增强服务意识，提高服务质量，本着"想纳税人之所想，急纳税人之所急"的服务宗旨。从抓服务入手，要求做到"三当好"、"四有声"、"五一样"。即："三当好"是为企业提供税收政策、咨询当好宣传员，为企业促产增收当好信息员，为企业办事当好服务员。"四有声"即纳税人来有欢迎声，纳税人问有回答声，纳税人办完事有欢送声，对问题处理有回声。"五一样"即纳税大户小户一样周到，生人熟人一样热心，闲时忙时一样有耐心，老户新户一样对待，表扬批评一样接受。努力把国税分局建设成为"透视国税系统精神风貌的窗口，树立国税形象窗口"。

2. 公正执法，严格把关。国税分局在组织收入时，公正执法，加大执法力度，对支柱税源，重点行业加强管控工作，严把申报率，处罚率。严把税款缓缴审批程序，严格按国家税法和政策审核税收减免。

3. 强化管理，及时入库。全面推广"个体税收定额管理系统"工作，重点落在个体户基本信息采集，做到信息准确，组织收入及时，力争当月税当月清。杜绝发生新欠，使税款及时入库。

（十一）地税分局履行职能情况

地税分局属绥宁县地税局的派出机构，主要负责"十税五费"的征收工作。"十税五费"包括：企业所得税、个人所得税、城建税、印花税、车船税、营业税、土地增值税、土地使用税、资源税、房产税，地方教育附加费、社保费、残疾人保障金、工会费、文化事业建设费。

为了更好的履行职能，地税分局在县地税局的领导下，加强了以下四个方面的工作。（1）加强了对干部职工的教育工作，要求干部不断提高业务素质，牢固树立全心全意为人民服务的思想，对人民负责，自觉增强服务意识，认真做到权为民所用，利为民所谋，情为民所系。牢固树立正确对待是非观念。增强干部拒腐防变的意识，为政清廉，不贪污、不行贿、不受贿。（2）加强对企业和个体工商户的税法教育和咨询工作。分局干部分片包干，深入到各企业和各个体工商户家中，宣传税法意识，进行纳税咨询，使纳税者懂得税法，懂得了国家税收具有法制性、强制性的特点，增强了纳税人的依法纳税、诚信纳税、自觉纳税的意识。（3）加强对税源的管理工作，大力组织分局干部深入企业和个体户，了解和掌握生产经营情况，资金变动情况，在对重点大户进行监控管理的同时，也不放松对小户的监控和管理，及时发现纳税人存在的一切问题，认真进行纳税辅导。（4）严肃纳税纪律，规范税收秩序。千方百计提高税务登记率、收缴率、个体工商户税务申报率、欠税收纳率、滞金加收率、违障处罚率。由于措施得力，工作到位，税收每年稳定增加，税收征管的同时，认真贯彻落实国家税收减免和优惠政策，充分发挥税收政策对经济的调节作用。根据国家政策，他们对新办企业第一年免征所得税，对安置下岗职工、残疾人、具备一定劳动能力的病人超过本企业总数的35%的企业金额免除地方税，对安置上述人员超过员工总数的10%—35%的企业减半征收地方税，对上述人员的个体工商户也按国家政策实行相应地方税减免等优惠措施，极大的促进了下岗职工的再就业，促进了残疾人、有一定劳动能力的病人的就业，使他们能自食其力，减轻了家庭及社会的负担。

（十二）劳动保障事务站履行情况

武阳镇劳动事务站是专门负责全镇劳动保障事务的职能部门，其主要工作是：（1）对全镇范围内的较大型的企业进行劳动保障年审，督促企业与职工签订劳动合同。（2）督促企业按国家政策和法律要求为职工建立养老保险、医疗保险、失业保险、工伤保险。（3）负责退休人员养老保险金领取方面事宜。（4）为下岗失业人员提供相关服务，促进下岗失业人员再就业。（5）调查全镇劳动力就业状况，建立劳动力就业档案。（6）调解企业与员工的劳动纠纷。（7）协助县劳动局组织农村劳动力参加"阳光工程"的免费培训工作。（8）为外出务工人员提供劳动保障及就业信息咨询服务。全站干部职工本着为人民服务，对人民负责的精神，努力工作。以上八项工作都做得有声有色，取得了较好的成绩。

（十三）林业站履行职能情况

武阳镇林业站是一个行政上属镇政府领导，业务上由县林业局直接领导的职能部门，其主要职责是管理全镇的林业工作，林业是绥宁的支柱产业，也是武阳镇的支柱产业之一。抓好林业工作事务，确保武阳经济发展大局。武阳镇林业站干部职工以高度的责任心和使命感对待自己的工作，取得了较大的成绩。他们主要抓了以下六项工作。

（1）大力发展荒山造林，封山育林工作，林业站工作人员走村入山，摸清底细，在全镇开展了一场消灭荒山的造林大会战，使荒山荒坡、新砍伐山造上了林。并加强造林的后期管理，责任落实到户。同时实施荒山育林，为中幼林为主的山实施封山禁伐，促进林木生长成材，在具体工作中，他们每年都把造林任务下达给各村，并对造林工作进行技术服务与指导，造林结束，进行严格的验收，并跟踪管理五年，对封山育林进行不定期的检查，并要求每个村都要聘一至二名专业看山护林员，林业站定期听取汇报外，还经常下村抽查。

（2）林木砍伐的审批手续。镇林业站每年都要严格按照县林业局下达的砍伐指标审批各村的砍伐手续。做到超计划的不批，无指标的不批，并严密监督砍伐过程，确保砍伐量与指标相符合，严禁超计划砍伐和无证砍伐，乱砍滥伐。

（3）严格管理木材购销，镇林业站对全镇的购销业务进行统一归口管理，凡木材购销业务都须到林业站办手续，开具出关证明和发票，既禁止了滥砍偷运、黑市交易，又确保了林业税收。在村道口设立木材检查站，严格外运木材手续是否合法。

（4）抓好护林防火工作，指导督促各村成立护林防火队，镇成立护林防火指挥部，统一指挥全镇的防火护林工作，如果山林火灾，即迅速组织有效补救，并广泛进行护林防火宣传牌，宣传防火护林，增强群众护林防火意识，严格山林用火审批手续。不合条件的坚决不批。尽量杜绝山林火灾发生。

（5）加强山林巡查，及时制止无证采伐、乱砍滥伐、无证无手续山林用火。同时，协助县林业公安分局加大执法力度。坚决打击各类林业违法犯罪活动。

（6）加强对退耕还林工作的管理和监督，凡农民按计划退耕还林所造林地，对不合格要求补造，直到完全合格才能发给粮食补偿款。并且每年都对其育林工作进行检查验收，确保退耕还林质量。

由于武阳镇林业站工作人员的努力工作，使林业管理工作做到了制度化、科学化、规范化，收到了良好的效果。造林、育林、管林形成良性循环。全镇出现了森林覆盖率逐年上升，活立木储量年年增加，生长量大于砍伐量的好势头。实现了林业经济的可持续发展。

现在，武阳镇人民政府干部职工和林业站的技术人员一起，顶着烈日，流着热汗，奔走于全镇 19 个行政村的山林间，为全镇的林权发证工作忙碌着，以确保 2010 年 11 月底完成林权发证 90% 以上。

林权发证工作的重中之重就是明晰林业产权，落实经营主体，山林是广大林农赖以生存的最基本的生产资料，明确山林权属，能切实维护林农的合法权益，充分调动林农保护山林、开发山林的积极性，有利各种社会主体通过承包、租赁、转让、拍卖等各种形式参与森林、林木和林地使用权的合理流转，调动经营者投资开发林业的积极性。为此，武阳镇党委、政府通过建立机制，科学安排，规范操作，严格监管，坚持"五个到位"确保林权证发放工作稳步推进。

组织领导到位。镇党委、政府要求镇分管领导、驻村干部、村支两委班子三级一起抓，把林权发证抓在手上、放在心上，认真谋划，正确引导，亲自部署，亲自参与，并层层签订目标责任状，将换发证工作纳入年终目标管理考核。要求所有人员要集中力量，集中时间，深入村组、农户和山头地块解决实际问题。宣传发动到位。镇党委、政府把调动群众的积极性作为推动林权证工作的重大举措，广泛深入地开展宣传发动。向群众宣传林权发证的目的和意义，讲透林业法规政策，使林权发证家喻户晓、深入人心，发动群众，引导群众，依靠群众，确保四至范围的准确性。发证质量到位。在抓进度的同时狠抓了发证质量。要求所有参与林权发证的人员必须亲自到林地现场进行核查，对有争议的地方必须召集群众在一起，调查了解实际情况，务求发证的准确性。现场核实定界必须得到群众签字认可，所发权证必须做到"证地相符，证主相实，图、表、证相一致"。纠纷调处到位。坚持把纠纷调处作为推进发证工作的重大举措，实行镇、村分级调处、齐抓共管机制，认真对待每个山林纠纷，对重大矛盾纠纷，及时组织相关部门深入实地调查，认真分析纠纷原因，做到充分依靠当地群众、尊重历史、立足现实、依法依规、妥善处理；同时，大力宣讲有关法律、法规、政策，做细思想工作，从源头调处化解矛盾纠纷。档案管理到位。坚持统一管理、分级负责、集中保管、规范运作的原则，按照专业档案的标准，做好林权发证档案管理工作。在林权发证工作过程中形成的具有保存价值的文件、图表、声像、数据等各种形式和载体的原始记录都必须归档，确保林权发证档案的完整性、系统性、准确性和实用性。

第三节　武阳镇政府体制问题与改革方向

一　政府体制与职能转换存在的问题与不足

武阳镇政府，作为基层政权组织，组织机构比较健全，职能发挥比较充分，也能按社会主义市场经济体制的要求转变政府职能，政府的管理体制和我国建设和谐社会、推进社会主义新农村建设的新形势基本吻合，但也存在以下几个问题：

1. 武阳镇也存在与我国其他乡镇普遍存在的严重的条块分割问题，条块分割带来乡（镇）政府权威缺失。作为块块的乡镇部门不具有行政执法能力，与负责执法的条条部门协调难度大。

2. 政府职能转换没有完全到位，政府部门事务过多，仍然把部分精力放在参加经济活动，而应该得到强化的职能，如经济社会发展规划、经济发展环境的塑造和优化，为市场提供信息和服务，加强市场监管，维护市场秩序，改善居民的生活环境，提高居民生活质量的职能还存在一些薄弱之处。

3. 一些部门强调为政府创造财政收入的功能，而为经济主体提供良好服务的功能发挥不足，不到位。

4. 政府为社会提供的公共产品不足，有些不到位，质量不高。由于受经济发展水平的制约，乡镇财政普遍困难，财力不足。加上这几年基础设施投入比较大，影响一些公共产品的提供，如农村最低生活保障，城镇居民的医疗保险，自由职业者的养老保险等工作尚未启动，社会还存在政府顾及不到的边缘人群，对特困群众，因灾、因病返贫的群众救助和扶持也是低水平的，临时性的，还没有形成机制化、规范化。医疗卫生和教育方面，尽管已经做了很大努力，但提供的产品还是低层次、低水平的。已不能适应经济社会的发展要求。学校教学器材、设备落后、老化。已不能适应新课改的要求。家长为此要子女享受优质教育服务，纷纷花大价钱把子女送入绥宁二中或外地就读，增加居民不必要的负担。医院的医疗设备严重不足，设备老化、落后，影响了医院对疾病的处置和医治能力，导致许多居民外出看病，增加了一些不必要的开支。在社会治安方面，派出所警力不足，已不能满足武阳镇发展的需要，有时，社会治安状况不尽如人意。

二 今后改革与努力方向

1. 要强化群众意识和问题意识，尤其是强化群众意识，镇党、政府部门要始终把群众的呼声作为第一信号，把群众的需要作为第一选择，真正做到权为民所用，情为民所系，利为民所谋。

2. 以科学发展观作指导，坚持依法行政，防止行政过程中的不作为和乱作为的现象，在我国，作为块块的乡镇政府不是行政执法主体。但是只要工作方法对头，做好与县级职能部门派出单位的协调工作，就应该能打破条块分割的制约，找到能发挥自己应有的职能，提高行政效率途径。

3. 在发展经济的同时，注意完善为社会提供应有的公共产品，注意完善基础设施建设，为经济发展提供重要支撑，进一步健全社会保障制度，改善人民生活，为进一步的经济体制改革保驾护航。进一步发展教育、医疗卫生事业，切实为武阳镇的群众生产生活提供方便，解决后顾之忧。

4. 加强工作的主动性，强化责任意识，改变当前工作主要是完成县政府下达的任务的被动局面。要有自己的近、中、长期的经济社会发展规划，发挥自己的积极性、主动性、创造性，创造乡镇管理机制，积极探索我国乡镇政府经济社会管理的新路。要从完善制度入手，严格落实工作责任制，把经济社会发展的各项任务细化、量化、层层分解，形成一级抓一级，层层抓落实的工作机制，把各项工作落实到位，做到事事有人管，人人有事做，个个有责任，把镇政府建设为行政规范的法治政府、责任政府、信用政府。

5. 在体制进一步改革中，应注意以下几个方面的工作。

（1）应注意控制政府机关工作人员数量，防止吃财政饭的人数反弹，避免出现既增加财政负担，又造成人浮于事的局面。（2）要明确镇政府各职能部门的职责分工，改变多头领导的状况，放宽放活政府机制，对适于开展社会服务的政府事业机构，应鼓励其发展为独立的机构。（3）采取有效措施提高村镇农民和居民的政治素质，改进对村主任海选工作的指导，促进农村民主化进程。（4）合理分配镇级财政支出，加大对农村必要的经费投入。以改变当前农村税收改革后相关配套政策未跟上完善、农村社会各项事业发展经费不足的现状。（5）政府要将主要精力用于制度规划，提高规划的质量和水平。充分发挥市场在社会资源配置的基础性作用，政府加强对市场活动的监管，营造良好的经济发展环境。（6）制定政策，鼓励发展循环经济，提高资源的利用率和经济活动的效率，引导经济发展从粗放型发展模式向集约型发展模式转化，实现可持续发展。（7）注意环境保护工作，武阳镇尽管当前不存在环境方面的严重问题，但政府应未雨绸缪，增强环境保护意识，确保不因工业的发展和人口增加而暴发环境问题。营造一个良好的人居环境。

全面分析武阳镇的体制改革和职能转换，我们看到成绩是主要的，问题是次要的，有些问题不光是武阳镇存在，我国广大乡镇普遍存在，要彻底解决这些问题，上有国家进一步的经济体制改革和政治体制改革的大环境，下有各级政府理顺关系，明确职能，合理划分事权和财政的情况下才能做到。总之，在胡锦涛同志为总书记的党中央的正确领导下，在我国经济社会事业都蓬勃发展的大环境中，武阳镇通过自身的奋斗，一定会克服困难，再造辉煌。

第四章

武阳镇老祖村经济发展及村民生活水平状况

第一节　老祖村经济社会基本情况

一　老祖村地理位置

老祖村是武阳镇十九个行政村中比较偏远的村子，位于武阳镇西南边远的大山中，与枫木团苗族乡接壤，距武阳镇政府所在地5公里，距绥宁县城40公里，距绥宁县北大动脉1805线3公里。20世纪80年代初修建了通村公路，2007年硬化，现为3.5米宽的水泥路面，路窄弯多，仅供中小型汽车和拖拉机通行，未通班车或公共汽车，平时村民出行多骑摩托车或单车，也有一部分步行。逢镇上集日，村民都搭农用车去赶集。因此交通有些不方便，也存在一定的安全隐患。

二　老祖村人口情况

老祖村共有475户人家，其中二人及以下户有18户，占总数的3.8%，三人户有98户，占总户数的20.1%，四人户174户，占总户数的13.3%，育龄夫妇普遍生育二个孩子，最多生育三个孩子，也有只生一个孩子的，但只占极少数，可见在农村生育观念落后于城市。重男轻女思想还有一定影响。

老祖村是一个少数民族家居村，75%以上为苗族，全村姓氏结构如下：肖姓是第一大姓，共175户，人口751人，分别占全村总户和总人口（1811人）的37%和41.5%，老祖肖姓与整个武阳肖姓为同宗，共有宗族祠堂

图4-1　老祖村村委会里设置的方便农民出行的客运站

（现已毁），修有肖姓氏族谱，此外，还有周姓人家90户，人口382人，占全村总人数和总人口的19%和21.1%，黄姓人家45户，人口202人，分别占9.5%和11.1%，龙姓人家25户，人口109人，蔡姓人家20户，人口91人，陈姓人家18户，人口63人，以及杨姓和其他姓，均无宗教祠堂，但均有宗谱和外地同宗合修的。

老祖村目前总人口为1811人，村民年龄结构情况是：15周岁以下的人口507人，占总人口的28%，其中男233人，女274人，15—30周岁人口471人，占全村总人口的26%，其中男226人，女245人，31—50周岁人口435人，占全村总人口的24%，其中男202人，女233人，51—60周岁人口290人，占全村总人口的16%，其中男139人，女151人，65周岁人口108人，占全村人口6%，其中男性52人，女性56人，在性别分别上1811人，男性人口859人，占47%，女性人口952人，占53%，女略多于男，性别比基本平衡。

老祖村1811人中，有全劳动力1021人，占总人口的56%，其中女劳力483人，占全村劳动力的47%。此外，还有半劳动力55人，户均劳动力2.2

人，劳动力比较充足，使经济和生活水平有了人力保障，劳动力就业方面，在家务农（主要是耕种责任田）794人，占总劳动力的77.8%，专门从事养殖业的劳动力5人仅占0.5%，外出打工156人，占劳动力的总数15%，从事商业的10人，占1%左右，做手艺（主要是木工和泥水工、漆匠）18人，占1.7%，从事其他行业的38人，基本上无失业劳动力。

老祖村村民的文化程度即受教育情况如下：目前，尚有文盲398人（其中女文盲220人），占总人口的22%，女文盲占文盲总数的55%，文盲人口主要分布在60岁以上的老人中，398名文盲中60岁以上的321人，占80%，可见造成文盲的原因主要是历史欠账，新产生的文盲主要是因残障（包括肢体残障和智力残障）无法上学完成学业，而农村的特殊教育又不发达，全县仅县城一所特校，路远不说，费用较高，负担不起。女文盲比男文盲高出10个百分点，也说明农村在子女教育问题上男女不平等。以前是只送儿子不送女儿上学，现在尽管是男女都送，但在家庭遭遇变故困难时，女儿辍学的概率比男孩高。在接受过教育的1413人中，只有小学文化程度的289人，占总人数的16%左右，有初中学历的833人，占总人口的46%，有高中学历的217人，占12%，具有中专学历者36人，占2%，具有大专以上学历者38人，占2%。

三　老祖村土地情况

老祖村土地总面积2740亩，耕地面积2200亩，其中灌溉水田1450亩，占土地总面积的53%，望天田（即雨水充足的年份是水田，雨水少的年份是旱地，完全靠雨水灌溉的田）750亩，占27%，菜地540亩，占20%。2200亩灌溉水田和望天田全部承包给本村村民，菜地540亩作为村民的自留地。无承包给外地村民的现象，因老祖地处偏僻，国家征用耕地很少。多年来，征用耕地0.3亩用于修移动通信中转基站，耕地保护工作做得好，村民修房都在山坡空地，无乱占耕地现象，无土地撂荒现象。现在，老祖村人均耕地面积1.5亩多，居于武阳镇中等偏上水平。

老祖村是一个山村，拥有林地面积19140亩，其中有林地7400亩，占林地面积39%，人均4亩，灌木林11200亩，疏林地540亩，另有养殖水面28.5亩，主要是村民房前屋后的水塘及储水灌溉用的山塘，因过去村民的房子都为木质结构，易发生火灾，为方便救火，在村子中和村落周围设置一些水塘，平时村民在塘中养鱼、洗东西。

全村 475 户人家，都承包了村里的责任田，承包 5 亩以下责任田的有 355 户，合计亩数 1340 亩，承包 6 亩以上 120 户，合计 860 亩，全村有 20 户，因外出务工，长年在外地居住，责任田流转给其他村民耕种，无责任田抛荒现象。

四　老祖村基础设施与社会服务供给情况

进出老祖的公路 2 公里，与 S221 线连接，已硬化，为水泥路面。村内通往各村民小组的机动车道，还是沙石路面，路宽 3.5 米，长度有 10 公里左右，由于财力有限，目前无能力进行水泥路硬化，村道两边未装路灯，农田灌溉都采用山间溪水，水量充足，正常年景下有保障，且多就近取水，因此，没有修建水库渠道，建有排灌站一个，极少使用。在生活设施方面，由于前几年绥宁县进行了全面的农村电网改造，改善了电力供应，做到户户通电，覆盖率 100%，电话通信网已基本完成，移动通信覆盖率 100%。大部分家庭已经使用了手机与外界联系，有些装了固定电话，电信宽带于 2008 年接入村，村委会配备了电脑，能使用宽带上网，在居住相对比较集中的村民小组，都装上了自来水，有 300 户左右使用上了自来水，通水率达 63%，自来水水源为山泉水和浅井水，由于山高林密，无污染，水质清洁，品质好，目前尚无须净化处理即可以直接饮用，一部分散住户，就挑井水喝，或自行用塑胶管将井水接入家中使用，在农村中，生活污水有些用作了潲水，喂了猪（如洗菜水、洗碗水、洗锅水），有些（洗澡水、洗衣水）与人畜粪尿入坑收集，用作了农田菜地肥料，废渣能烧的，当时就当柴烧了，能做饮料的就喂了猪，剩下不多的倒在房前屋后的土坑里，因此，村里目前尚未建立垃圾集中处理设施和公共排污管道，尚处于自然状态，但我们在调查中发现，这种方式没有对环境造成污染，做到物尽其用，真正做到人与自然和谐相处，生活能源使用方面，由于地处山区，大部分家庭还是以烧柴为主，或砍灌木，或拾枯枝为柴火煮饭炒菜，在走访中发现也有部分家庭用电饭煲做饭，用沼气的只有三户人家，造成这一现象的原因有四点：一是老祖村山多林密，柴火充足；二是经济方面，上山砍柴，或者检柴，只费些力，不花钱；三是农村电力不稳定，经常停电，遇电力紧张时，只有晚上才供电；四是村民中有知识、懂电的人大多外出打工，留守的老人，不懂电，不敢用电烧水、煮饭、炒菜。

在文化设施方面，早在 20 世纪 70 年代，当时叫大队，就通了有线广播，但后来毁损，也无人修复，进入八九十年代后，由于电视的普及，淘汰了有线广播，但现在全村尚未开通有线电视，村民接受电视节目都使用小型卫星地面接收器，装有小型卫星地面接收设施的家庭达 420 户（有的几家共用一个），覆盖率100%。都使用了彩色电视收看节目，黑白电视已被淘汰，村里有一支村民自发组织的腰鼓队，队员五人，遇到喜庆节日，受邀有偿表演。由于经济方面的原因，村里尚未建图书馆、文化站等文化体育设施，原有村小学一所，由于上学的儿童锐减，已撤并到镇中心小学，有 4 公里路程，现村小办了一个幼儿班，一名幼师执教，有学生 30 多人，自负盈亏，镇联校负责业务和指导管理。医疗卫生方面，有个两卫生室（分别建在村民相对集中的两个大村落中），每个卫生室有一个医生，有两张病床，能输液，常用药品比较齐全，有简单的医疗器械和设施，比较正规，规范，经过卫生主管部门的验收。主要医治村民的头痛脑热和伤风感冒、轻伤等小病，方便村民。卫生室实行自负盈亏。由县镇卫生管理部门管理监督。全村有两名受过专门训练的接生员，为在家自然分娩的妇女接生，服务态度和水平均好，多年未发生过医疗事故。

村里有小型商店 8 家，个体性质，经营烟酒副食和必需的生活用品，分散在各居民小组。为村民生活提供了方便。全都有店铺，有柜台，配有冰柜，商品摆设规范，服务热情周到，既可赊购，也可送货上门。

社会保障方面：目前尚未开展农村社会养老保险，但开通了农村合作医疗，农村最低生活保障和农村五保户生活救助，计划生育养老补助四项，至 2008 年底，参加农村新型合作医疗户数为 410 户，人员 1158 人，每人每年缴费 20 元，其中有 23 户，80 人接受医疗救助，纳入最低生活保障的特困户 4 户，共 10 人。每年补助 1250 元，有五保户 4 户，每年每户补助 850 元，享有计划生育养老补助 3 户，共 6 人，每年每户补助 3600 元，村级养老补助，由于经济方面的原因没有开通，也无人参加商业养老保险。

五　老祖村集体经济与财务状况

老祖村没有村办企业，村级经济比较薄弱，财务状况不好。经济来源主要有以下三个方面：（1）卖木材收入。每年村里都要从村集体所有的山场中砍伐一定数量的木材，具体砍伐数量，必须向镇林业站申请，经县林业局审批后，下达砍伐指标，执行砍伐，出卖木材所得的收入，是目前老祖村收入的主要来源，占年收入的70%左右。（2）场地租金收入，主要是将闲置的小学及部分村部办公室楼房及场院出租所得收入。这笔收入比较稳定，但数量不多。每年将近万元左右。（3）上级补助，县、镇政府下拨的政策性补贴。以上三项加起来就是村财务一年的收入。

财政支出方面：经常性的支出：（1）支付村干部的工资，每年在2.4万元左右，各组组长补助每年7000元左右。（2）办公费用，主要村干部赴县镇参加会议的差旅费和少量的办公费。（3）报刊费，每年村里必须订阅的二报一刊，《人民日报》、《湖南日报》、《求是》杂志，有时还会订阅《邵阳日报》。临时性支出：（1）招待费，主要是招待来村检查指导工作的上级干部，由于老祖村地处偏僻，领导来的少，此项开支不多，有的年份没有。（2）基础设施建设支出，修建村道、维修村部及村小学的支出，这项支出有时多，有时少，现在没有民办老师，无须支付老师工资。我们调查了2007年和2008年的财务收支情况，大致是2007年收入98900元（村道硬化是专款专用未列入本财务支出中），收入来源是：（1）村里收入8600元；（2）上级补助19800元；（3）上年结余70500元，合计98900元。开支情况如下：（1）付村组干部工资31200元；（2）维护道路等支付6000元；（3）其他支出11700元，合计开支48900元，两抵结余50000元。2008年收支情况是：总收入76000元，其中包括上级拨款19600元，村各项收入6400元，及2007年结余的50000元，总支出是42800元，其中包括村组干部工资29800元，维修费用5000元及其他支出8000元，节余33200元。近两年的大型公共事务开支，即为硬化村道公路，总投资50万元，上级拨款18.7万元，其余为村集体投资，至今尚欠11万元，但没有发动村民集资，准备靠卖木材款还清。

从以上情况看，村财务状况不佳，只能维持简单的日常开支，根本无力主办大型公共项目，而且像老祖这种情况，在整个武阳镇乃至整个绥宁县都具有普遍性，当前，农村的集体经济，除了交通方便的，城镇边缘（镇边缘，县城边缘、大中城市边缘）的村，由于得天独厚的地理条件，村级经济发展较好外，大部分偏远山区，村经济状况不佳，村干部工作积极性不高，在村民中的威信也较低，造成村级管理工作弱化，是很多地方老百姓有事找乡镇，甚至县政府和上访的一个原因。本人认为，要想农村稳定，成功地建设和谐社会，必须强化村级经济，强化村一级管理职能，把一些矛盾消灭在萌芽状态。

六　老祖村村民的政治信仰及社会风气状况

（一）老祖村的党支部建设

老祖村党支部成立于1951年，在武阳镇党委成立后即成立的，当时只党员5人，发展到今天，老祖村党支部有党员54人，其中男党员48人，女党员6人，50岁以上的党员28人，党员的文化结构是小学学历29人，初中学历的党员15人，高中学历的党员10人，无大专学历的党员。支部成员3人，支部书记1人，男，年龄45岁，高中文化，党龄15年，家庭年收入2.5万元，副书记1人，女，年龄44岁，高中文化，党龄4年，家庭年收入2.5万元左右。

从以上情况及我们的走访调查中得知，老祖村党支部组织健全，规章制度齐全，能按党章、党纪严格要求自己，按时组织党员开展学习和过组织生活，支部成员勤政廉洁，生活作风正派，是村里的能人，致富能手和带头人，在老百姓中威信较高，基本上能发挥党支部的战斗堡垒作用，但也有几点值得努力。（1）要不断发展壮大党员队伍，老祖村1181人，只有党员54人，只占总人口的3%，比例偏低。（2）要注意培养吸收学历较高、素质较好的年轻人入党，给党支部注入新鲜血液，提高支部的战斗力。（3）支部成员要注意老中青结合，培养支部的接班人，只有做到这三点，才能解决当前支部领导及党员群众年龄偏大、学历偏低的状况，使党支部建设健康发展，不断壮大党员队伍，以便更好的发挥党支部在社会主义新农村建设中的带头作用和战斗堡垒作用。

（二）村委会基本情况

根据《中华人民共和国村民委员会组织法》规定，农村的村民委员会是一个村自我管理、自我教育、自我服务的基层群众性自治组织，是村民民主管理村务的机构，广大农民群众在村民委员会的带领下，实行村民自治，在

实践中学习和掌握管理村务的本领，切实行使民主管理的权力，村民委员会
与广大村民直接投票选举产生，老祖村村民委员会也是由村民直接投票选举
产生的，成员为三人，设村主任一人，秘书一人，妇女主任一人。这一届村
委会领导成员的基本情况是：村主任为男性，中共党员，年龄49岁，文化
程度高中，家庭收入2.5万元左右，秘书为男性，中共党员，年龄47岁，
文化程度也是高中，家庭收入也在2.5万元户左右，妇女主任为女性，年龄
42岁，中共党员，文化程度初中，家庭收入3万元左右，三位成员都是党
员，政治上过硬，且都年富力强，工作能力很强，在村党支部的领导下，能
搞好村务管理工作，当好村民的当家人。

（三）村民宗教信仰情况

老祖村村民的宗教信仰是佛教为主，道教次之，没有信奉其他宗教的人
士，信教群众的比例不高，大约占村民的1.5%左右，大都为中老年人，没
有专门的宗教场所，信教老人都是自己在家中供奉一尊观音菩萨的塑像，或
遇到佛教重要节日时，个别信教的群众去附近的寺庙或南岳烧香拜佛，捐点
功果钱，还有些宗教活动已逐步演化为地方风俗习惯，如遇红白喜事，尤其
是老人去世，几乎都要举行大型的佛事，这时，封建迷信的东西往往也大行
其道，这在农村很普遍。

（四）老祖村社会治安情况

老祖村地处山村，村民都老实、忠直、厚道、作风淳朴。再加上在山区
居住，基本上是一个姓氏或家族，聚集在一起，邻里之间都是本家，或沾亲
带故，相互之间比较和睦，能和谐相处，友爱互助，一家有事各家相助。邻
里纠纷极少，社会风气良好。多年来，村里未发生治安事件和恶性刑事案
件，只有2008年一年轻人在外打工，因盗窃行为被判刑，成为该村唯一的
刑事案。

第二节　老祖村村民生活水平状况

一　老祖村村民财产拥有状况

我们在对老祖村进行走访中，入户调查了21户人家（是一个以肖姓为
主的组），这个组在老祖村中属中等水平，具有很好的代表性，基本上能看

出老祖村村民的财产拥有状况。

表 4 - 1　　　　武阳镇老祖村 21 户农民家庭财产拥有状况统计表

项目 序号	房屋（m³）		耐久消费品														备注
	砖房	木房	彩电	冰箱	洗衣机	影碟机	收录机	空调	手机	固话	电脑	摩托	小汽车	自行车	缝纫机	大件家具	
1	50																3
2	210								1								6 人
3		100	1						2			1			1	1	4 人
4	220		1						1	1		1				1	5 人
5	220		1									1				1	5 人
6		150	1						1			1				1	5 人
7	42								1								2 人
8	170		1						1							1	4 人
9	200		1						2			1			1	1	6 人
10		28	1						2			1					6 人
11	210		1						3							1	6 人
12	280		1	1	1				2	1		1			1	1	4 人
13		160	1						3			1		1		1	4 人
14	300		1						3			1				1	4 人
15	400		1	1					3	1		1	1	1		1	7 人
16	84		1	1		1			1			1	1	1		1	4 人
17		84	1			1	1									1	5 人
18	84		1						2					1		1	5 人
19	270		1			1			5	1		1				1	4 人
20	210		1			1			1	1		1			1		4 人
21	264		1	1	1				1						1		5 人
合计	3170	522	18	4	2	4	1		36	5		13	3	8	15	98	

从表4-1中我们可以看出，21户农民家家有住房，总住房面积3692平方米，人均住房面积37.67平方米，21户中，只有5户人家还住在木结构房屋中，16户人家住的砖房，占总数的76%，其中14户的房屋是最近新修的，楼房外观漂亮，外墙贴了白色墙砖，设有阳台和日晒台，铝合金玻璃窗户，不锈钢防盗门，内墙大都贴着瓷砖和墙裙，瓷砖地板或实木地板，已不是普通意义上的农舍，外观样式更像别墅，绿树白墙红瓦，交相辉映，很是美观。21户人家中，有18户人家拥有彩电，有4户拥有冰箱，有2户买了双桶洗衣机，有4户买了影碟机，由于移动和联通信号已覆盖了老祖村，21户人家中有19户拥有手机，共有36部，户均1.7部，由于地处山村，交通不便，村民大多以摩托为代步工具，21户人家有13户购置了两人摩托，有2户购置农用车，跑从村里到镇上的运输，人货均拉，有8户人家有缝纫机，3户人家有自行车，在调查中未发现村民购置小轿车、空调等高档消费品，不买空调的原因有两个，一是老祖村气候宜人，夏无酷暑冬无严寒，不需要空调。二是农村供电还不太稳定，经常停电，不买小轿车的原因是经济问题，还没有买轿车和养车的经济能力，外加消费观念也没有先进到这一步，农村消费还是以实用为主，这一情况，我们走访中全村都是如此，无一户人家购置奢侈消费品，21户人家中，贫富有一定的差距，最好的一户人家有一栋新修的三层小洋房，人均住宅面积达70平方米，且房子为砖混结构，有阳台及晒台，外墙饰以白色墙砖，内墙装有墙裙，有客厅、卧室、厨房、卫生间、餐厅，并进行了装修，大件家具配套，拥有彩电、冰箱、洗衣机、固定电话、摩托车、缝纫机、手机2部。最差农户，房子还是20世纪50年代的木房子，人均住房面积为16.7平方米，无任何耐久消费品，无一件像样的家具，两者相差悬殊。

在农村交通不方便的山村，乡镇信用合作社都配有一名信贷员，方便村小额贷款，信贷员一般从村民中聘请，老祖村也有一名镇信用社的信贷员。我们从信贷员处了解到，老祖村存款余额有3942500元，户均8300元，有存款的户407户，占总数的90%，村民存款的目的，除以小部分是收入较多，有余钱外，大部分还是省吃节用，存些钱以应不时之需。

二　老祖村村民家庭收入与支出情况

（一）收入情况

我们同样以入户问卷调查的 21 户人家为依据进行分析。

表 4 - 2　　　　　　　　武阳镇老祖村 21 户收入结构统计表

序号	人口	总收入	家庭经济收入						工资性收入	其他收入
			一产业			二产业		三产业		
			农作物	畜牧业	其他	工业	建筑			
1	3	14239	3612	2000					8000	627
2	6	17883	10120	2000					4000	1763
3	4	17182	4800	2400				9000		982
4	5	16766	9712	2000					4000	1054
5	5	18752	5460	2400					9000	1892
6	5	15612	5910	800					8000	902
7	2	5992	3650	800					980	562
8	4	10639	3312	1000						6327
9	6	19916	6000	2000					11000	916
10	6	19766	7112						12000	654
11	6	26672	6072	2000					18000	600
12	4	26852	4416						22000	436
13	4	28000							28000	
14	4	24000							24000	
15	7	30800	11800	4200				12000		2800
16	4	54350	900						51000	2450
17	5	19467	540						18000	927
18	5	18965	5520	2500					9600	1345
19	4	27074	8420	1000					16000	1654
20	4	18778	8624						9000	1154
21	5	16600	5520	1000					7200	2880
总计	98	448305	111500	26100				21000	259780	29925

从表4-2中我们可以看出，2008年21户人家总收入448305元，人均收入4574.54元，从收入结构看，第一产业收入137600元，无第二产业收入。第三产业收入21000元，工资性收入259780元，其他收入29925元。家庭收入情况是呈现常态分布，高收入家庭人均收入7000元的有2户，最高的人均收入是13587.5元，低收入家庭人平均收入低于3000元的也有2户，最低的人平均收入2659.75元，收入最高的人均收入比收入最低户高出10927.25元，差距较为悬殊，而人平均收入在3000—7000元之间的家庭有17户，占21户中的81%左右。

这21户入户调查对象，虽然只占老祖村总户数475户的5%还不到，但已能代表老祖村村民的基本收入情况，走访调查中，我们发现全村其他村民家庭无论是收入来源，还是收入的多少，都与这21户人家情况相似，全村收入最高的人家，人均收入21534元，最低的收入家庭人均只有1518元左右，因此，通过分析，这21户的收入情况，能大致了解老祖村的收入情况。

（二）支出情况

我们仍然以这入户调查的21户人家的支出情况为依据，了解老祖村农民家庭支出的大致情况。

表4-3　　　　武阳镇老祖村21户农民家庭支出情况统计表　　　（单位：元）

序号	生产经营			生活消费				生活用能源			其他	总支出
	一产业	二产业	三产业	食品	教育	卫生	其他	电	柴	汽油		
1	3000			5104		300	1594	108	400		500	11006
2	5100			6348	120	200	1810	216			1000	14794
3	2900			8666	360	400	2550	230	360	380		15846
4	4000			6720	150	200	1630	240	360	380	700	14380
5	4000			9780	80	300	1440	228	400	600	500	17328
6	3560			6380	150	300	1830	228	400	300	600	13748
7	1000			3260		100	690	240	180		300	5770
8	1800			5782	100	300	1710	222	400			10314

序号	生产经营			生活消费				生活用能源			其他	总支出
	一产业	二产业	三产业	食品	教育	卫生	其他	电	柴	汽油		
9	3700			9018	120	600	2770	240	400	350	2500	19698
10	4200			8908	160	350	2950	228	400	400	800	18396
11	4300			8788	380	300	3350	228	400	250	5000	22996
12	5400			7272	300	400	2530	480	360	720	1600	19062
13				5920	400	400	2900	432				10052
14				6500	300	400	2200	228	720		1000	11348
15	12200			8884	180	600	3020	432	360	720	3500	29896
16	800			11232	300	1200	4590	648	360	600	3700	23430
17	400			9480		1000	2840	300	720		1300	16040
18	4000			8014	360	200	3360	240	360		1250	17784
19	6000			7536	370	500	3130	240	400		9000	27176
20	3600			5850	300	400	2810	222	360	200	1800	15542
21	4000			5410	120	200	1210	240	360		600	12140
合计	73960			154852	4250	8650	50914	5870	7700	4900	35650	346746

从表中数据我们可以看出，村民家庭总支出，主要是生产经营支出、生活消费支出、生活用能源支出和其他（主要是人情来往送礼）支出等方面，在21户的总支出346746元中，有73960元用于生产经营性支出，占21%，有18470元用于生活能源支出，占5.3%，由于村民烧的柴火大部分是自己从山上砍回来的，因此，在这方面开支较低，有35650元用于其他支出，占10%左右，其余则多用于生活消费支出，达到218666元，其中，食品总支出154852元，占家庭支出总额的45%，也就是说恩格尔实数为45%，根据资料，我们农村2004年恩格尔实数47.2%，2008年为46%左右，老祖村的恩格尔实数略低于全国，也就是说老祖村村民生活水平与全国广大农村生活水平基本相当，由于国家实行免费义务教育，所以教育支出占比例不大，只占总支出的1.2%，21户都自愿参加农村合作医疗，2008年有2户因病住

院，经新农村合作医疗报销 60% 后，自己负责在 1000 元左右，大大减轻了农民负担，医疗卫生开支占家庭总支出也不大，只有 2.5% 左右，这里需要说明一下的是，这 21 户没有一户子女在读高中或大学，所以教育开支不多，但在我们走访调查中发现，整个老祖村有 8 人在绥宁一中、二中读高中，有 7 人在读大学。根据绥宁县的收费标准，一个高中生一年的学杂费和书籍费在 6000 元左右，生活费、零用钱在 4000 元左右，负担一个高中生一年需要 1 万元，读大学更高，普遍的一本和二本学生，一年的费用在 2 万元左右，艺术类学生在 3 万元左右。三本在 3 万元至 3.5 万元左右，因此，读高中、上大学对农民仍是一个不小的负担，有相当一部分家庭负担不起，调查中我们发现，老祖村 2008 年有 17 人初中毕业，考上高中的 15 人，但由于家庭经济的原因，最后入学的只有 3 人。有 12 人因家庭负担不了高额学费，只好外出打工。2008 年老祖村有高中毕业生 4 人。考上专科以上大学的有 3 人，尽管三人都如愿入了学，但三个家庭都因此欠了债。最多负债达 1 万元。在农村考上大学不容易，家里再困难也得送，但却使有些家庭因教返贫，这不得不值得我们反思。

三　老祖村村民消费结构和生活习惯状况

老祖村村民的消费观念和习惯，受传统影响比较深，村民恪守勤俭持家，艰苦奋斗的优良传统。在当前社会方式大变更，各种消费观念层出不穷的大潮冲击下，老祖村受的冲击和影响不大。总的来讲，能做到量入为出，适度从紧消费，是理智型消费。在物质资料消费和精神文化消费这两方面，村民基本上重物质而轻精神文化。当然，村民精神文化消费较少，既与消费观念与消费习惯有关，也与农村的精神生活条件差有关。当前，在农村，尤其在边缘的山村，村民精神文化消费的主渠道是收看电视节目，至于 KTV、舞厅、音乐会、文艺表演等，一是没有这方面的设施，二是没有人来举办这些活动，对村民来说，还是遥远而陌生的新事物。至于旅游、休闲度假，是既舍不得花那份闲钱，也舍不得浪费那份时间，是少之又少。大部分是外出打工时，在外面开了眼界，长了见识。在生存资料、发展资料和享受资料消费三个方面，排在第一的是生存资料消费，其次是发展资料消费，至于享受资料消费是比较少的，即使有，也档次不高。至于高档的奢侈品消费基本没有。村民还是以适用为主，在适用的基础上追求美观。村民在重视生存资料的同时，对发展资料消费，尤其是子女相当重视，如果子女读书成绩好，能考上大学，就是借钱借米，砸锅卖铁，也要供子女上学。即使子女成绩不好也要送子女完成九年义教育，甚至还要送子女完成高中教育或中等职业教育，为子女未来的发展打造一个好的基础。也正是因为这一原因，大部分村民要存钱给子女读书，才使得消费观念比较保守，很多村民还停留在低消费阶段。衣、食、住、用等方面的消费，以能维持为目的，不敢浪费铺张，更不敢追求奢华。至于贷款和消费，村民只在修房屋和送子女读书，这两方面才能有进行。在饮食方面，村民主要以大米为主食，间以红薯、南瓜、粟米、面粉为辅食。一日三餐煮大米饭吃，红薯、南瓜、粟米、面粉这些杂粮则被加工成糍粑或点心为食。相当多的村民还有饭前喝点酒的习惯，但大部分是饮自酿的料酒或红薯、高粱酒，少有买酒者。菜则以自种的蔬菜为主，间以鸡、鸭、鱼、肉为补充，也以自养为主，间买少量的鲜猪肉。大部分家庭在过春节杀年猪时熏制几斤腊肉，可食用6—10个月（腊肉为绥宁传统特产，工艺独特），在家用电器购置方面，最普遍是电视机，冰箱拥有率只19%，空调拥有率为0。由此可见，村民消费观念是比较理性适用的。

四　老祖村村民的家庭生活

1. 肖万水

男性，六十岁。家里七口人，有三个孩子。两个儿子，一个女儿已经出嫁。大儿子三十八岁，初中学历，出去打工已有七八年，现在江苏从事轧钢工作。大儿子结婚有一个女儿，一个儿子，夫妻出外打工，孩子在家跟爷爷奶奶生活。两个孩子现在都读书，女儿读高中，儿子上小学，学费大儿子自己负担。小儿子三十四岁，初中学历，还没有结婚，出去打工三四年了，现在长沙打工做地板条。两个儿子过年回来，平常家里有事，打个电话就能回来。二人平均每月一千多元收入，均归自己消费，没有给父母。两个都抽烟喝酒，消费不少，没有好多钱。虽然没有分家，儿子的钱，如何花费，如何处理，老人并不过问，但明确告诉他们以后盖房子，娶老婆的钱都要自己想办法。盖房子、娶媳妇时，老人主要负责提供粮食和肉食。盖房子钱主要依靠两个儿子打工的收入，不足要跟亲戚朋友借钱，两个儿子自己去借去还。

老人现在住的还是木结构的房子，两层楼，下面中间是堂屋，两侧是厨房和杂物房，楼上三间是卧室，里面基本没有什么家具。楼梯旁的平台上放着打谷机。

家里八亩水田老人自己耕种，并不请人帮忙，两个儿子一般不回来帮忙，插秧和收割都不请人。没有林地，林地都分到集体，村里将林木卖了，分给农户几百块钱，村里没有什么其他集体经济。水田之外，还有几亩菜地，种的蔬菜主要自己吃。今年中稻八亩共收获六千斤谷，因为遭受水灾，产量减少了不少，比往年少收将近一半，往年八亩可收获一万多斤，平均亩产一千二百至一千六百斤。今年没有制种，人手不足。往年孩子回来四亩水田用于制种，收入五六千元。中稻稻谷出售每斤一元。粮食主要自己吃，剩余并不出售，主要用于喂猪、喂鸡鸭。老人还养有一头耕牛、一匹马，马主要用于汽车无法到达的地方货运或运木材，马一般农户养的很少。杂粮种得很少，因为旱地少。每年剩余几百斤粮食存起来，准备盖房时用。化肥农药中稻成本每亩一百多元，七八亩地种中稻投入的农资化肥等成本共约一千多元。制种成本每亩二百多元，制种种子一公斤十多元，需要化肥农药比普通中稻多很多。农资价格近年基本平稳。加工粮食，自己有打谷机，百斤谷一度电，每度约六角，家里平均每月电费二十多元，一般用电比较少。

2. 龙春玉

女性，六十一岁。家里五口人，儿子三十八岁，媳妇三十七岁，本县关峡乡人，两个孙子，一个十六岁，一个五岁。前几年儿子媳妇一起出去打工，去年回家，修了砖瓦房，两三层的砖房子，一般也要十多万元。媳妇今年去佛山在工厂打工，儿子留在家里。因为奶奶身体不好，而且两个孙子奶奶也管不好。大孙子整天在网吧上网打游戏，不好好学习，现在已经辍学。小孙子在村里幼儿班上学，每学期学费五百元。儿子留在家种田，平常收购谷子去市场出售，家里有农用车，一车收购三千斤左右。我们在访谈时，儿子开着车回家了，车上放着没有卖完的稻谷。家里剩余的稻谷一般都不出售，主要喂家禽家畜，饲养的规模一般不大。家里有十亩水田，是儿子、媳妇、孙子的份额，每人平均二亩左右。今年遭受水灾田里损失很多，稻谷还没有收割。菜地种蔬菜主要自己吃，家畜家禽也主要自己消费，因为离镇上市场较远，购物不方便。家里耕地主要人工耕种，收割时用机器，打谷也用

图4-2 肖万水老人的木板房

图4-3 老祖村富裕农民盖得新式砖房，老祖村有不少农民都修了新房子

机器。收割时人手不足要请人，如果是亲戚不给钱，以后也要去亲戚家帮忙还人情。请别人帮工每天六十元，还包吃三餐。请人一般三五天收割完成。一般都种中稻较多，家里人手充足的话，制种四亩田。制种投入高，收益相对也较高。今年因为儿媳外出，家里只制种两亩田。如果制种面积大，为了不错过农时，也要请人插秧。农户家里一般都要养耕牛，黄牛、水牛都有，一般养一头就可以，一头牛大约几千元。没有耕牛的人家，购买耕田机。村里一般家庭里的年轻人都出去打工，只有老人孩子留守家里。出去打工一般都去外地，在家耕田的人有时也会在附近做农活打短工，挣点儿活钱。

3. 肖和鸾

女性，四十九岁。家里五口人。丈夫五十多岁，有一儿一女。儿子二十八岁已经成家，有个小孙女已经两岁。女儿也已经出嫁。她本人前几年都出外到深圳打工，月工资大约一千二百元。前两年因为金融危机，打工的工厂倒闭了，只好回家，现在在家带孙子。问她以后还会出去打工吗？她说现在身体不太好，即使身体可以，年龄太大打工也找不到活儿干。她的丈夫2010年6月去北京打工，在一个亲戚家帮忙，主要是烧饭做家务。儿子媳妇现在都在广州打工，过年才回来，每年耕田时也不回来。儿子媳妇很孝顺每月都寄给她一千多块钱，因为不想她太劳累。以前她打工的收入都用来照顾老人和供两个孩子上学，家里没有什么积蓄。后来儿子娶媳妇，女儿出嫁都花费不少。现在家里没有农用车，房子也还没有修。家里有五亩水田，今年因为自己的身体不好，只种了五分水田。剩下的田由相近的亲戚代为耕种，在当地基本没有撂荒的耕地。她现在主要的想法就是带好孙女，给儿子媳妇解除后顾之忧。

第三节　老祖村主要经济活动及村民
经济收入的主要来源

一　老祖村集体经济活动

老祖村集体经济活动比较薄弱，无村办企业，村里所有的山林除留了极少的一点，归村集体经营外，大部分都分散承包给了各户，耕地100%的承包给了村民，这样，集体经济活动基本上没有。每年村集体的经济收入来源就靠山上砍点木材卖了和把村小学场地出租的租金，再就是上级的补助。村集体经济的薄弱，使村里根本无力举办公共事业，改善基础设施，村党支部、村委会的领导组织职能被弱化，党支部、村委会的工作处于被动局面，无法有力组织和领导村民致富奔小康，不利于社会主义新农村的建设。

二 老祖村村民的经济活动及收入的主要来源

老祖村村民的经济活动主要是从事第一产业和外出打工，这也是村民家庭收入的主要来源。

（一）第一产业方面

早在20世纪70年代，武阳镇就开始进行杂交水稻制种，后来在历届县委、政府的领导和关怀下，逐步做大做强，已形成了规模化。产业化，全镇共有17个行政村制种，面积达到2.38万亩，进入21世纪。老祖村党支部、村委会向镇党委、政府请示，将本村也纳入了杂交水稻制种的行列中，在镇农科站的帮助指导下，现在整个老祖村475户人，户户制种，1450亩水田，除了极少数不宜制种的水田外，其余多用来制种，年制种面积达1200亩以上，在农业科技人员的指导下，村民认真学习杂交水稻的育种技术，不怕麻烦，不怕累，严格按规范操作。夏日烈日炎炎，气温达到35摄氏度，天气炎热，但此时，正是水稻育种授粉的关键时机。村民往往头顶烈日拿起绳子二人一组，一丘一丘田，一行一行地进行人工受粉，其辛苦和麻烦可想而知，但天道酬勤，不论是种子的品质还是单产，都在镇里名列前茅，受到镇党委和农科所的表扬，同时，也取得了较好的经济效益，从村委会获得的数据显示，2008年老祖村制种1235亩，每亩收入3120元，比种水稻每亩增收1500元左右。光制种一项，全村每年共增收1852500元以上。村民人均增收1000元以上，现在，制种已成为老祖村的支柱产业、村民收入最主要的来源。

养殖也是老祖村村民的重要经济活动之一，占村民收入的比重在逐年增加。过去，村民的养殖品种比较单一，主要养猪，尽管也养1—2头牛，但只用来耕地，没有商品牛。就是养猪，也是每户在房前屋边打一小猪圈，每户养1—2头，一头作年猪杀了自用，一头作商品猪出售，规范小，速度慢，效益低，这几年在武阳镇产业政策的推动下，老祖村的养殖业得到了长足的发展。一是成立了以村支书肖和珍为首的五人养殖股份合作社，每人入股 2 万元，筹资十几万元，养殖黑山羊，因老祖村的山地资源多，牧草丰富，养殖场发展很快，五年时间，存栏头数由当初 70 只增加到 360 余只，年出栏 300 只左右，收到了较好的经济效益。肖和珍本人还拥有一个规模 500 头的养猪场，请了一人帮忙。猪场日常的防疫工作都是肖和珍本人负责，他曾上过农业学校，掌握了一定的农业养殖技术。这两年生猪的市场销售行情很不错，都是外面的商人前来收购。他这个猪场一直都在申请县养殖项目资金补贴，因为各种因素至今还没有成功。他养的猪所用的饲料都是用自己种植的玉米和制作的玉米汤，成熟非常快。30 斤的猪崽四个月就达到 200 斤可以出栏上市，一头猪大概可以卖到 1200 元左右。二是村民严孝棉搞了一个菜牛养殖场，逐渐发展壮大，存栏由当初的 5 头发展到现在的 20 多头。每年出栏菜牛 50 多头，也获得了较好的收益。三是各村民家庭养殖品种多样化，养殖的数量在增加，在品种上，过去只单纯养猪、养鸡、养鸭、养牛、养鱼，现在村民纷纷扩大了猪圈，大部分家庭养猪在 3—5 头，最多的达 10 多头，部分有条件的村民利用房前屋后的小池塘养鱼，有的承包组上的山塘养鱼，产鱼数量比往年激增。这里要补充说明的是老祖村出产的草鱼，由于系山溪或山泉水养大，水质好、无污染，鱼的品质相当好，在市场上很受欢迎，经济效益也很可观，也有部分村民利用住在山边和林中的条件，放养本地土鸡，一般家庭养鸡在 30 只左右，多的养到 200 只，土鸡重在放养，鸡有山间林地作活动场所，有大量昆虫供其捕捉食用，土鸡的品质也是一流的，商品价值很高，效益颇佳。另外，村民还利用稻田养鸭，户平均养鸭在 15 羽以上，除自用外，商品化率在 50% 左右，也给村民带来了一定的收入。

俗话说，靠山吃山，老祖村村民在党支部、村民委员会的带领下，念好山字经，做好山文章，大搞造林营林，使林业收入也在逐年增加，在村委会的鼓励下，先后有 18 户村民承包村里的荒山造林，成为造林专业户，充分利用林地资源，搞配套种植，搞多种经营，有的利用幼林的林间空地种玉米、红豆，有的利用中幼林的林地养土鸡，做到长短效益结合，提高了资源利用率。近年，绥宁县委、县政府为了搞活经济，进一步开发山地资源，利用绥宁得天独厚的条件，发展药材产业，县政府专门成立了药材办公室，主抓全县药材的推广种植，力争形成种植、加工、销售一条龙。经过几年的努力，已初具规模。绥宁县的药材开发在全省具有很大的优势。① 老祖村有丰富的山地资源，很适合一些草药的生长，老祖一组抓住了这一机遇，引种药种。2008年种植中草药材50余亩，取得了一定的收益。现在有条件的组和农户纷纷开始种药材，预计在不久将来，药材必将成为老祖村的新兴产业，成为村民新的增收渠道和新的经济增长点。

图4－4　绥宁有天然药材宝库之称，这是农民在加工自己种植的药材

（二）第二产业方面

老祖村的第二产业比较薄弱，收入占比重不高，近几年，随着村民的收入不断提高，生活越来越富裕，新修住房的家庭越来越多，且现在修的房子都是砖混结构的砖瓦房。有些村民看到了商机，八组有两户村民经镇、县有关部门的审批同意后，办了一个砖厂和一个瓦厂，砖厂烧制红砖，原来主要供应本村修房户，随着生产能力的提高，生产规模不断扩大，逐步开始外销了，附近的毛坪村及关峡乡也有有人来采购红砖，现在年产值大约40万元左右。瓦厂烧制青瓦，主要供应本村建房户，现在年产值在10万元左右，

① 杨玉：《湖南省绥宁县生态环境与民族医药状况调查报告》，《中央民族大学学报》（自然科学版），2009年第18卷第4期。

另有几户有泥水工手艺的村民合伙组建了一只土木建筑工程队，承揽村内外的民房修建及村道的硬化施工。这三家企业共吸引本村50名劳动力就业，年产值总量超过百万元，为老祖村的发展作出一定的贡献。

（三）第三产业

老祖村的第三业也比较薄弱，全村外出务工从事第三产业的也不多，大约在20人左右。本村的第三产业就是开了八家小型商店，属个体性质，每家商店平时只需一人看管，经营村民的生活日常生活用品及副食烟酒，兼营些小农具及其他生产工具，主要是方便村民，为村民的生活服务。村小学撤并后，原村里的幼师属民办性质，未安排工作，她租用原村小的场地开办了一个学前班，招收5—6岁的儿童入学，该学前班得到了武阳镇批准，并进行监管，使用全国统一的学前班教材，目前有学生32人，本村的适龄儿童都已入学。除此以外，还有移动、联通的服务站各一个（由两个小商店兼营），主要方便村民买话费。有两户村民买了三用农用车跑出租，为村民送人拉货，及出入村提供了方便。村里无饮食店和饭店及歌舞厅、游戏厅等娱乐方面的营业场所。村民要有这方面的消费需求，一般要到镇上去消费。

（四）外出务工

外出务工是老祖村村民主要经济活动之一，也是老祖村村民一项主要经济来源，占村民收入的比重较高。老祖村村民外出务工现象比较普遍，老祖村全劳动力1021人，半劳动力55人，每年长期在外务工就有156人。在家或其他村做手艺的18人，这仅仅是外出务工劳动力的一部分，他们属于"正规军"，有固定的地方，固定的工作，当然也有固定收入，每年只在春节或家中有重要的事情才回乡一至二次。还有一部分是"游击队"，这一部分人农忙时在家务农，待把农活忙完了才临时到外地做工，没有固定的地点，哪里有工作就往哪里走，没有固定的工作，有什么事就做什么事，只要不犯法，能赚钱就行。没有固定的时间，长的不过3—5个月，短的按天计，做完了事得了钱就走人，又重新找事干。当然收入也不稳定，运气好出去几个月也能赚几千元回家，运气不好可能就只弄了肚子饱，见见世面而已。这部分人主要在家里种田，他们出去一般在春夏之交插完秧和秋冬之交忙完秋收、秋种之后这两个时间，村民给起了外名，叫"候鸟"。候鸟们灵活的务工方式，做到了种田打工两不误，在当前的农村是比较普遍的。

（五）庭院经济

老祖村村民大都是一个姓氏集中聚住在一组，分散居住的比较少，庭院经济发展受到一定影响，但还是有一定的收益，也是家庭收益的一个重要方面。庭院经济的第一方面是种植，老祖村有在房前屋后栽种板栗的传统，几乎每家都有，多的有十来棵，少的也有2—3棵，到秋季板栗熟了，采摘上市卖了，多的收入上千元，少的也有一两百元。其次是梨、橙、柚和柑橘，但没有板栗那么普遍和形成规模，收入也不是很多，多的不过几百元，少的供自己吃。第二方面是养殖，家家户户在庭院中设猪圈、牛栏、鸡鸭圈。每批养1—2头猪，一年养两批，出售后，给家庭增加一笔收入。养牛主要耕种责任田，少有出售，但有些村民家养的是母耕牛，每年生一牛犊，长大后卖了能得一两千元收入，但不普遍，大部分村民家没有。养鸭养鹅规模2—30只，除自吃外大部分出售，多的家庭，能收入上千元，少的也有几百元。个别家庭有小池塘养鱼，量不大，年收入在几百元到上千元之间。

图4－5　过去村民的房子都为木房子，易发生火灾，为方便救火，在村
子中和村落周围设置一些水塘，平时村民在塘中养鱼、洗东西

图4-6　农家在溪水、池塘中养殖鸭、鹅等家禽

第四节　老祖村经济发展的总结与建议

一　老祖村经济发展的成功经验

尽管老祖村经济实力在整个武阳中处于中等水平，但从其发展经济的举措看，还是有一些成功的经验。

1. 抓了专业合作组织，大力扶持规模引导村民专业经济合作组织的发展，在帮助肖和珍等五户成立养殖合作社的过程中，村党支部、村委会起了很大的作用，完善了专业合作社与村民之间的利益联结机制，使该合作社快速健康的发展，成为村民发家致富的样板。

2. 抓好项目建设，近几年老祖村依据本地资源特色和长处，引进药材种植项目、杂交水稻制种项目、黑山羊养殖项目、菜牛养殖项目、速生林、造林项目取得了成功，有些已成为村收入的主要来源，成为村支柱产业，如杂交水稻制种，全村家家户户制种，人均增收在1000元以上。

3. 立足资源优势，从本村实际出发引进项目。老祖村在引进项目，发展经济中，做得最好的就是能依据本村的资源特色和优势引进项目，不搞表面文章，争取引进一个，成功一个，老祖村是一个小村，山地资源丰富，适应草药材生长，前年，引进草本药材种植项目，种植百合、魔芋、白术、桔梗取得了成功，村民得到较好的收益，引进的黑山羊项目，促进了养殖业合作社的发展，最早引进的杂交水稻种植项目，现已成为村的支柱产业，村里收入的主要来源，经济效益和社会效益都好。

4. 发展庭院经济，增加家庭收入

老祖村充分利用资源，发展以种植与养殖为主的庭院经济，板栗、梨、土鸡、土鸡蛋、鸭、鹅、猪、牛的产量逐年增加，有些还成为村的特色产业和拳头产品。扩展了家庭收入来源。

5. 做好土地流转工作，促进专业化。老祖村近 20 户人家长年在外务工，家里的责任田、山和旱地，转包给村里其他种田的农户，既解决土地撂荒问题，在外也能安心打工，又使立志在家种田的农户，解决了因土地太难取得的问题。他们转包了土地后，扩大了种植面积，取了规模效益，增加了收入，也成了种粮大户或制种大户。

二 老祖村经济社会发展方面的不足之处

基础设施建设，尤其是文化设施建设，欠账太多，尽管通村公路已经硬化，但宽度只有 3.5 米，且弯多坡陡，大型汽车无法行驶，给农产品的外运造成不利影响，在农产品的收获旺季，只能用小型汽车拉到外面再装大车，既浪费了时间，也增加了成本，又由于多次装卸，使农产品破损增加，影响品质，减少收入。而通往各组的机耕道还是又窄又弯的沙土路，更增加了行路困难，进一步阻碍了农产品外运。在文化设施方面，村里几乎是空白，既无集体公益性的文化设施，也没有个人私营的营利性的文化娱乐设施。由于这些设施的欠缺，村里业余生活比较枯燥，导致了打牌赌博、封建迷信活动有所抬头，如果听之任之，会影响村风，破坏社会和谐。

经济发展还停留在自发型、粗放型阶段，时至今日，老祖村才成立了一个专业合作组织，而且规模很小，才五户村民入股，最大多数村民的经济活动还是自发式的。种什么养什么，完全靠村民自己决定，无市场需求方面的咨询，盲目性很大，抵御市场风险能力很低，这种情况，只要市场有风吹草动，村民往往是丰收不增收，一年的辛苦白费，希望变成失望，不仅使得农民的增收无保障，而且还会造成极大的人力、物力和资源浪费，还有些农户，因此而返贫。就是村民种植、养殖活动也是传统式的，劳动生产率低，效益差，基本上是粗放型的，无科技含量可言，有些项目还缺乏环境评估和论证，可能会对环境造成一定的不利影响，如两个砖瓦厂的废气、废渣未处理的排放，已造成小范围的环境污染。

三　老祖村发展经济的努力方向

总结成功与失败的经验教训，是为了日后的工作少出差错，老祖村的经济之路还很长，过去是既有成绩也有失误，今后应该从以下几个方面努力：

着力加强基础设施建设，补齐历史的欠账，首先是要加强农田水利设施基本建设，老祖村尽管地处山间，植被繁茂，很好的涵养水源，地下水丰富，山溪山泉长年不断，但干旱情况较多，还是有几百亩望天田，为确保旱涝保收，稳产高产，应兴修农田水利，提高灌排能力，做到天旱能灌，天涝能排，确保丰收，同时，应对中低产农田的改造，提高地力，进一步确保农业的稳产高产。二是要加强通村通组道路工程及机耕道建设，通村公路应适当拓宽拉直，使大型汽车能直接进村，方便农民种植的农产品及时快捷的外运，通组机耕道应硬化，方便村民的生产生活。三是加强文化设施建设，村里应建有公益性的文化活动设施，要筹集资金，尽快建好图书室、阅览室、老年活动室，尽快使互联网入户，这样，不仅能丰富村民的业余生活而且能提高村民的科学文化素质、科学种田的能力，还方便村民对市场行情的了解，提高种植和养殖决策准确性，增强抵御市场的风险能力。四是要加强村民房屋修建的布局和合理的规划，尽量做到布局美观，方便适用，村容整洁。

大力发展现代化农业，现代农业是科技农业，特色农业，规模化，集约化农业，是农业的根本出路，要农业有长远的发展动力，必须走现代农业之路。对老祖村来说，一是要继续做大、做强制种业，村委会要加强与镇农科站的联系，加强对农民在育种、防灾、防病、治虫、科学施肥等方面的指导，进一步提高农产品质量和杂交水稻种子质量，增加农民收入。二是壮大特色产业，老祖村山地资源丰富，为发展特色产业提供了良好的条件，以后应把板栗、药材、土鸡及土鸡蛋、黑山羊等特色产业发展壮大，成为村里的支柱产业，农民增收的主渠道之一。三是发展专业经济合作组织，市场经济条件下，农民对瞬息万变的市场，要想确保利益不受损害，提高抵御市场风险的能力，有效的方式就是成立专业经济合作组织，形成规模化经营，老祖村专业经济合作组织还刚起步，村党支部、村委会应多做工作，引导农民成立、加入各专业经济合作组织，帮助专业合作组织建立健全民主管理、财务管理、安全管理、品牌管理等工作制度，支持村民的专业合作组织，承担农业项目，和政策的实施，帮助合作组织落实税收，信贷、工商、登记、用地、用电等方面的联系和优惠政策，为村民及合作组织排忧解难，使之健康快速发展壮大。四是推进土地承包经营权的流转，在依法、自愿、有偿原则上，在不改变土地集体所有制的性质，不改变土地用途，不损害农民土地承包权益的前提下，鼓励支持农民以承包、出租互换、转让、股份合作等形式，流转土地经营权，形成专业化和规模化经营，鼓励支持村民以土地承包经营权入股成立的专业经济合作组织，或与县镇的龙头企业合作，结成利益共享，风险共担的共同体，促进种、养业的基地化、规模化、市场化。

重视社会的发展，农村社会事业的发展，是社会主义新农村建设的内在要求，也是构建社会主义和谐社会必不可少的组成部分，因此，在发展农村经济的同时，必须重视发展农村的社会事业，老祖村农村社会事业的发展还很落后，有些方面还是空白，有些也是刚刚起步，因此，村党支部、村委会要千方百计的发展壮大集体经济，增加村级财政收入，为发展社会事业提供资金支持。另外在观念上也要破除只重视经济工作，忽视社会事业的思想倾向。要把社会事业的发展放在经济工作同等重要的位置上，具体做法上，一是发展教育事业，尽管村小学已被撤并，但要办好村幼儿园，还要建立健全促学控流机制，确保本村适龄儿童能全部入学，完成九年义务教育，不让一个儿童因交通困难或家庭困难而辍学，要积极鼓励本村学生上高中、职高、大专、大学学习深造，成为时代的合格劳动者，要教育村民踊跃送子女上学。二是发展文化事业，加强村里文化基础设施的建设，多搞一些健康有益的文体活动，增强村民的身体素质和知识素质，加强法制教育，教育村民学法、懂法、守法、护法。三是发展卫生事业，加强对村卫生室的管理和监督。督促其不断的更新、完善医疗设备，改进技术，改善服务态度，确保小病不出村，方便村民拿药治病，并搞好卫生监控，尽量防止本村大病大疫的发生，使村民有健康保障。四是大力发展社会保障事业，社会保障是维护社会稳定，深化经济体制改革，构建社会主义和谐的有利保证，社会保障的责任虽然在政府，但作为村一级，主要是搞好调查摸底工作，做好村民的思想工作，动员其积极参加社会保障，还要协助政府落实好各项社会政策，同时，村里还要落实好五保户供养政策，加强敬老院建设，做好军烈属和伤残退伍军人的优抚工作，建立抚老、助残、救孤、济困、赈灾、助学制度，加强社会治安综合治理，维护社会主义稳定。

四　结束语

老祖村是这次对武阳镇进行经济社会发展情况调查的重点村，我们对全村进行走访入户填表 21 户，共调查、询问村民 100 余人次，并与村党支部、村委会进行了长时间的交谈。从了解的情况看，老祖村总的形势是好的，经济在不断发展壮大，村民生活越来越好，收入不断提高，并逐渐形成了自己的特色，各项社会事业有的已起步，有的正在准备，环节都在发展中。我们相信，在国家农村政策的有力推动下，各项惠农、稳农政策的不断落实到位，包括老祖村在内的广大农村，会不断的兴旺发达，社会主义新农村建设一定会取得成功。

附　录

我们此次调研还对绥宁县党坪乡、黄桑乡进行了简单调查，现将这两个乡的情况简单介绍一下。

附一：党坪乡社会经济发展情况

一　党坪乡简介

党坪苗族乡地处绥宁县中部偏南，东临县城长铺镇，西接鹅公岭侗族苗族乡和朝仪侗族乡，北毗竹丹舟苗族乡和河口苗族乡，南连在市苗族乡，有党坪—冻坡—小水公路（14 公里）和党坪—界溪—长铺公路（18.5 公里）与县城相通。全乡总面积 100.17 平方公里，辖 12 个行政村，106 个村民小组，11000 余人。其中苗族 8800 人，占总人口 80%。其余为侗族、汉族。全乡属中低山区，素有"八分山地一分田，半分水路半分园"之称。全乡有林地面积 11 万余亩，水田面积 1.1 万余亩，巫水河、莳竹河穿境而过。资源较为丰富，有松、杉、阔叶林，立木总蓄量 55 万立方米，森林覆盖率76.5%。全年雨量充沛，属亚热带季风湿润气候。水能资源可开发量近 2 万千瓦，年径流量 5.217 亿立方米，有中小型电站 8 座，竹林加工企业 2 家。规模企业有界溪口冶炼厂和界溪口电站。农业生产稻谷、大豆、红薯，特产有茯苓、天麻、香菇、绞股蓝等。

二　发展成效

近年来，党坪乡党委、政府确定了"生态立乡、工业强乡、交通兴乡、环境活乡、和谐安乡"的发展战略，紧紧依靠全乡广大党员和干部群众，促进了全乡经济持续快速健康发展，各项社会事业全面进步。

1. 经济发展：2006年实现乡内生产总值5500.55万元，同比增长10%；完成财政任务54.2万元，超额完成6.2万元，消赤减债12万余元；固定资产投资完成2223万元，同比增长30%；农民人均收入2316元，同比增长10%。2007年实现乡内总产值6120万元，同比增长10%，完成财政收入46万元，超额完成任务1.5万元，固定资产投资完成3907.23万元，同比增长76.3万元，农民人均收入2548元，同比增长8%。2008年实现乡内生产总值6706.8万元，同比增长10%；完成财政收入55.8万元，超额完成任务1.5万元；固定资产投资完成5079.4万元，同比增长30%；农民人均收入2700元，同比增长6%。

2. 农林生产：2006—2008年共完成社会化造林8500余亩，楠竹新造200亩，幼林抚育11000亩。党坪乡退耕还林面积达4200亩，2006年通过了省级验收检查，林业资源管理通过了国家级的验收检查。近年来切实加强了青山拍卖招投标的管理和林政管理，扎实推进集体林权制度改革，于2008年9月底全乡林改作业全面完成，并通过了上级部门的验收、检查。2006—2008年每年完成粮食播种面积达1万余亩，每年总产量近4000吨。春、秋季动物防疫工作得到认真落实，全乡每年出栏生猪4000头以上，出笼家禽9万羽左右。界溪、芷坪等村每年发展食用菌8万余筒。绞股蓝种植已经初具规模，每年种植300亩以上。

3. 基础设施建设：2006年在乡党委、政府的大力支持下，多方筹措50万元修建了溅湾塘、万古、莳竹、雷打岩四座大桥。架设了党坪至界溪3.5万千伏输变电线路，完成了党坪村的农网改造。2007年完成了党坪至大碑、党坪至动雷、杆子坳至龙家及杨庄村、滚水村、芷坪村的通村公路，总长达23公里，除麻地村外，全乡都有了水泥路。投资90万元新修了党坪经龙家到小水公路3公里，宽8米，架好了龙家村部、陆星田两座大桥，并对原先已修好的路投入10万元进行了整改。2008年全乡修通村、组砂石路20多公里，党坪村修建万古花桥一座（投资30万元）。冻坡村10公里的水泥路硬化已完成6.3公里，党坪村黄茅田通组公路硬化前期工作已全部完成。苏家村、杨庄村的农网改造已立项，预计2009年完成，目前仅界溪、芷坪两村未完成农网改造。党坪经龙家至小水公路（小佳公路的断头路）小水段（600米）已顺利开工。

4. 社会事业全面进步：2006—2008 年全乡的科学、教育、计划生育、卫生、文化、武装、国土、共青团、妇女等各项事业都取得了长足发展。全乡共建成农村党员远程教育基站 4 个（芷坪村、龙家村、大碑村、界溪村），村级活动场所 3 个（大碑村、麻地村、滚水村）。极大地拓宽了广大党员、群众致富渠道，丰富了群众的文化知识。扩建了乡卫生院办公大楼，添置了一批医疗设备，促进了农村卫生事业进步。扩大了农村合作医疗参保覆盖面，2007 年参合率达 82.6%，全县排名第二。2008 年参合率达 100%，全县排名第一。2007 年完成了教育布局改革。撤并了村小 10 所，建成了保育制的党坪学校。对党坪中学部分设施进行了维修，硬化了中学至党坪村的校道。完善人口与计划生育服务体系，不断提高人口综合素质。重视安全生产工作，全乡安宁祥和。

三 该乡的优势和困难

1. 资源优势：党坪乡有林地面积 11 万余亩，林业资源丰富，有松、杉、阔叶林，活立木总蓄量 55 万立方米，森林覆盖率 76.5%。全乡退耕还林 4200 余亩，油茶林达 5500 余亩。水力资源丰富，水能资源可开发量近 2 万千瓦，年径流量 5.217 亿立方米。旅游资源丰富，修通了芷坪村至神坡山的一条长 7 公里的旅游公路，其中芷坪村段 4 公里已水泥硬化。

2. 地域优势：党坪乡位于县城西南，冻坡、龙家村距县城仅 3—5 公里与省道 S211 毗邻。小佳公路开通后，党坪至县城仅为 12 公里。

3. 传统种养优势：党坪乡长期以来为县城提供了大量的放心菜，冻坡、龙家涌现出一批种菜能手。茯苓、天麻、绞股蓝、生姜种植相当普遍。家禽、牲畜养殖大户较多，如冻坡村的李明贵年养殖土鸡达 1 万羽；芷坪村支书陆万平年养鹅 3000 只；界溪养猪大户苑德清年出栏生猪 200 头等。蒋竹河在党坪境内达 13.5 公里，蓄水面积广，水质优良，已建好电站 4 座，在建电站 1 座，为招商引资发展网箱养鱼提供了优越的自然条件。

目前存在的困难：一是基础设施建设历史包袱大，任务重。小佳公路即将全线开通，没有搞好立项，路面硬化工作难以推进。由于这条乡路没有硬化，严重制约着党坪乡的经济社会发展。麻地村通村水泥路资金缺口很大。农田水利设施投入不足，尚未有大规模的国家投资项目。界溪、芷坪两村农网尚未改造。移动通信网覆盖率不高。二是党坪乡小城镇建设发展相当滞后。三是党坪乡境内电站、企业多，工农矛盾频繁发生，维稳压力大。四是群众思想观念较为落后，发展意识不够强，创业致富门路不广。

四　今后工作的开展

1. 大力推进产业结构调整。（1）发展龙家、冻坡两村绿色蔬菜基地 500 亩；（2）发展龙家、党坪、冻坡、大碑等村生姜种植基地 500 亩，引导农民种植绞股蓝 600 亩，做大黄生胜的绞股蓝加工厂；（3）发展界溪、芷坪等村食用菌基地年出菇 13 万筒；（4）搞好规模养殖，全乡出栏生猪 5000 头，出笼鸡、鸭、鹅 12 万羽，做大界溪村养猪基地、东坡村养鸡基地和芷坪村养鸭基地，壮大网箱养鱼规模；（5）年完成社会化造林 4500 亩，楠竹新造 300 亩，推动全乡油茶林改造，完成低改面积 650 亩。

2. 大力实施"兴工强乡"战略。（1）以界溪工业园区建设为中心，充分发展辐射拉动作用，带动其他行业发展；（2）依托资源优势，扶持壮大龙头企业，逐步推动林泰木业的竹木加工升级；（3）积极发展小水电产业，在督促搞好界溪、鸿顺、东江、莳竹、金珠塘电站整改的基础上，重点做好电站的矛盾协调，进一步优化企业发展环境，充分利用各种优惠政策和资源优势，吸引更多客商到党坪来创业。

3. 大力加强基础设施建设。（1）力争完成党坪经龙家至小水公路小水段 600 米处基础工程建设；长铺乡小水经龙家到党坪、鹅公佳马公路建设要有新的突破；党坪大桥至王茅田和动雷村鸟塘的水泥公路竣工；按照政策做好通组水泥路的前期工作；（2）扩大移动联通信号覆盖范围；（3）全力以赴支持县委、县政府搞好冻坡村垃圾场建设，该项目投资达 4200 万元；（4）完成水利设施建设 150 余处；（5）小城镇建设要有突破，争取党坪村街上的民房建设有所改观，以芷坪、界溪为示范点，扎实推进社会主义新农村建设。

4. 大力构建和谐社会。（1）争创社会治安综合治理先进乡，确保全乡平安祥和；（2）狠抓计划生育工作，确保实现保类进位；（3）强化安全生产工作，重点抓好道路、防火、防汛、食品等安全工作；（4）倡导文明淳朴社会风气，进一步推进全乡的精神文明建设；（5）进一步抓好宣传、统战教育、卫生、文化和农村医疗合作工作；（6）进一步落实各项惠农政策，并继续做好移民后期扶持工作。

附二：黄桑乡社会经济发展情况

一 黄桑坪乡简介

黄桑坪苗族乡位于绥宁县南端，东南与城步苗族自治县交界，西南与通道侗族自治县毗邻，北接绥宁县长铺子苗族乡、寨市苗族侗族乡、乐安铺苗族侗族乡。全乡总面积35.2万亩，其中耕地7161.66亩（水田6743.66亩，旱地418亩），山地25万余亩，森林覆盖率为86%。

东西宽20公里，南北长25公里。地形复杂，南高北低，是典型的山区乡。东南边境皆高山，最高峰牛坡头海拔1931米；最低处富家庄，海拔371米。主要溪河有虾子溪和巫水支流西河，分别呈东北和南北流向。属亚热带山区气候，四季分明。

新中国成立之初属县行政一区。1956年撤区并乡时建黄桑坪乡，原所辖六马则划归城步苗族自治县。1958年与寨市镇、西河乡合并为寨市人民公社。1961年从寨市人民公社析出，建立黄桑坪公社。1981年建立黄桑坪苗族人民公社，后改为黄桑坪苗族乡。现辖11个行政村，47个村民小组。

黄桑坪苗族乡地处偏远山区，交通不便。20世纪60年代初全乡无公路，丰富的竹木资源无法运出，生产、生活资料靠人力运输。1970年始修黄（桑）—寨（市）公路，全长16公里。1973年客班车首抵黄桑坪乡。此后陆续修通乡道、村道。

黄桑坪人少地阔，资源丰富。有山林面积25万亩（人均50亩），活立木蓄积量106万立方米；每年可采伐4.5万根楠竹，生产6500公斤玉兰片、4000担竹麻及其他竹制品。境内还有丰富的草山资源，矿藏资源有锰、铁等。投资已达2000多万元的岩田锰矿有限公司已进入探矿、开采阶段，成为在市3万吨级电解锰厂的主要原材料供应基地，该厂的建成为县财政年增税3000多万元，解决就业岗位上千个。

黄桑坪乡森林资源丰富，保护区地外五岭山系与雪峰山系交接地段，总面积12590公顷。属亚热带地区，森林植被可分为3个植被型组、8个植被

型、23 个群系，植物种类多达 213 科 848 属 2029 个。有伯乐树、南方红豆
杉、银杏、柔毛油杉等 21 种国家重点保护植物，生活着 223 种脊椎动物，
其中 37 种在国家重点保护名录之列，26 种动物、59 种植物进入《濒危野生
动物植物种国际贸易公约》。有国家一类保护动物华南虎、黄腹角雉，二类
保护动物原猫、云豹、豹、林麝、水鹿、鸳鸯、大鲵，有三类保护动物大灵
猫、小灵猫、獐、白闲鸟、蟒、红腹锦鸡等多种珍稀动物。有旅游景点二十
多处。浓荫蔽日的常绿阔叶林，被认为是具有国际意义生物多样性的地区。
森林覆盖率达 94.4%，区内有长度 5 公里以上的溪流 14 条。1982 年，被湖
南省人民政府批准为省级自然保护区，相继成立了自然保护区管理所和动植
物综合试点站。2005 年晋升国家级自然保护区。

　　黄桑坪乡各民族长期杂居，民风民俗有所融合，但苗族仍保存了一些民
族风俗。老年妇女围头巾，戴银手镯、大耳环，穿藏青色的对襟衣；住吊脚
楼；雕万花茶；婚嫁中有背新娘出闺，"哭嫁"等习俗；平常喜唱山歌、民
间小调、对歌；节日喜庆耍龙灯、狮子、舞蚌壳，都很有民族特色。

二　黄桑坪乡经济发展特色

　　黄桑乡经济以农业、林业为支柱产业。2007 年工农业总产值为 4200 万
元，其中农业产值 1820.59 万元，全年粮食总产量 2329 吨；年销售木材
3700 立方米。农林副产品有玉兰片、得菇、木耳、松脂、天麻、杜仲等。养
殖业以猪、牛、羊为主。种植养殖业产值占农业总产值的 25%。为适应农业
发展需要，全乡兴修了水电站 4 座、大小山塘十余口，有效灌溉面积达 86%
以上。

　　（一）特色种植农业

　　黄桑列入省级自然保护区期间，该乡就从以前的区域规划采伐转变为重
点保护生态环境，力求从生态产业上求发展。黄桑晋升为国家级自然保护区
后，该乡利用这一新优势，全面保护生态环境，大作"绿色经济"文章，在
培育林业资源、发展延季蔬菜产业、加大药材种植等方面下工夫，引导农民
致富，形成了特色种植，绿色有机农业的发展模式。

　　2006 年 10 月底，绥宁县黄桑坪苗族乡已发展反季节西红柿 1140 亩，紫
茄、生姜等种植面积也达到 650 亩，遍及全乡 11 个村，年产值达到 1800 万

元，农民人均增收 400 元。该乡已成为绥宁最大的无公害延季蔬菜生产基地。这是该乡实施"生态立乡"、"绿色富民"战略所带来的新变化。去冬至今，该乡已完成楠竹丰产培育 1200 亩，完成更新造林 1700 亩，完成幼林抚育 2600 亩，林业资源得到进一步优化。为进一步扩大延季蔬菜种植规模，该乡党委积极与农村信用社联系，帮助农民联系种植资金，为农民免去了资金缺乏的后顾之忧；加大技术培训，带领农民到外地考察，组织农民参加县乡农技部门举办的技术讲座，为产业增产增收奠定了技术基础，该乡的延季蔬菜发展到 1700 多亩，产品也从单一化发展到西红柿、紫茄、生姜、白菜、萝卜等多品种并存。同时，该乡成立了黄桑延季蔬菜协会，注册了"绿洲黄桑"商标，发展农民蔬菜经营商 20 多户，有力地促进了延季蔬菜的销售。黄桑是个天然的药材宝库，有木本植物 700 余种，可以做药材的将近百种。经过宣传和发动，该乡农民自发组织起来，选择天麻、茯苓、厚朴等品种进行联合种植，形成了药材生产基地 3 个，种植面积将近 200 亩，户均年收入达到 8000 多元。

（二）特色种植产品

特色种植——西红柿

2005 年 9 月 19 日，一辆辆满载西红柿的货车从绥宁县黄桑坪苗族乡黄桑、赤板等村开出，往广东方向开去。今年该乡西红柿又获得大丰收，并俏销省内外市场。

绥宁被联合国教科文组织誉为世界上唯一一块未受到大气污染的神奇绿洲。而黄桑则是神奇绿洲的一颗绿色明珠，最近又被评为国家级自然保护区。黄桑坪苗族乡正确处理森林生态的保护和苗乡群众脱贫致富的关系，提出了"放下斧头，拿起锄头，因地制宜，调整结构"的发展思路。乡党委政府带领乡、村干部考察了城步长安营乡的西红柿产业基地，隆回的小沙江药材基地，确定把发展西红柿作为一个新的经济增长点，召开了全乡村、组党员干部、群众代表大会，积极动员全乡人民种植西红柿，发展生态经济。鼓励大户种植，鼓励村、组党员干部带头示范种植。乡里千方百计请来开发商垫资进行启动和扶持西红柿产业的发展，引导群众进行试种。该乡 2002 年开始在赤板、界溪、上堡三个村开发西红柿，种植面积 65 亩。这一年由于经验不足，种植技术不成熟，管理工作不到位，没有达到预期效果。对此，该乡及时进行调研，总结经验，与群众一起进行科学论证，完善了引种、选地、培育与养护的工作流程。乡党委政府出台了一系列优惠政策和扶持举措，为推动西红柿产业发展创造了良好的环境。乡党委政府与银、信部门进行协调，取得了银、信贷部门的大力支持和密切配合，解决了部分群众和开发商资金不足的难题，确保了生产资金的及时到位。近三年银、信部门共为西红柿产业的发展提供扶持资金 65 万元。开辟了西红柿"绿色通道"，在税费政策上给予优惠，对西红柿的生产、销售、运输等环节大开"绿灯"。加强技术培训和管理，多次邀请技术人员为广大种植户传授种植技术和病虫害的防治。组织多种形式的经验交流会，让广大群众互相学习，共同提高。三年来全乡没有发生大面积的病虫害情况。加强信息引导，确保西红柿高产顺销。该乡对怀化、长沙、武汉、广州等几个大的蔬菜集散市场进行信息收集，摸准市场供需状况，全乡西红柿果质优、产量高、销路快，解除了广大种植户的后顾之忧。该乡注重创立品牌，申请注册了"九溪冲"西红柿品牌，并迅速把它推上市场，市场反映良好。由于措施得力，该乡西红柿种植面积由 2002 年的 65 亩规模发展到 2005 年的 800 多亩，种植面积逐年成倍增加，逐步形成了以赤板、界溪、上堡三个村为中心的西红柿产业基地，年总产值近 600 多万元，农民人均增收 500 多元以上，该乡的西红柿产业蓬勃发展。赤板村 2004 年共有 96 户种植西红柿 132 亩，最高亩产达 1.2 万公斤，最低亩产也有 9000 公斤，总收入达 140 余万元，纯收入 102 万元，仅此一项就实现人均增收 1280 元。该村村主任龙宪成说："前几年我村最多一年砍木 5000 个立方米，收入还不到 80 万元，今年我村一根木不砍，但群众却大幅度实现了增收。"

特色种植——药材。

鱼腥草为三白草科三白草属多年生宿根性草本植物，具有清热解毒，消炎止痛等功效，其根俗称"臭菜根"，是一种十分贵的保健蔬菜。近年来，黄桑乡磨石村广大村民利用地域优势大规模种植鱼腥草，仅此一项每年人均纯收入就达 560 元。

黄桑坪苗族乡上堡村是绥宁县的著名旅游景点，也是黄桑国家级自然保护区核心村。近年来，该村村支两委围绕加大保护少砍树、调整结构促农增收做文章，落实县委、县政府发展中药材种植的文件精神，大力发展杂交天麻等中药材产业，积极探索村民致富的新路子、新产业。上堡村海拔850米至1400米，野生天麻蕴藏丰富，为天麻杂交提供了优良种麻，着雾时间长，适宜种植天麻的林地有2万多亩，该村素有种植天麻的传统，20世纪90年代村民曾大规模种植天麻致富过，且天麻质量上乘，为地道的绿色生态产品，但由于天麻品种退化，抗病菌能力降低，村民不敢规模发展。2009年在上堡村村主任助理吴增涛的帮助下，引进科技含量高的杂交天麻；为了做大做强这一优势产业，一方面与县杂交天麻专家吴才详、湖南省中医药大学积极联系，争取技术支持；另一方面成立了上堡村特色产品合作社，帮助村民解决天麻种植、生产、销售过程中的困难。今年该村种植天麻1800窖，按每窖天麻平均产麻25公斤计算，仅此一项该村每年就能增收近100万元。由于上堡杂交天麻种植成功，对邻近村起到了很好的辐射作用。

2010年3月6日，黄桑乡兰家村村民杨映蓉、潭泥村村民杨昌国两位金银花种植大户在全乡村、组干部大会上的经验介绍发言赢得了阵阵掌声。黄桑乡通过政府引导、典型带动，大力发展金银花种植。

按照县委经济工作会议要求，结合黄桑乡实际，乡党委、政府把发展金银花作为转方式、调结构、促增收的重点，抢抓春播时机，强化三个到位。一是组织领导到位。乡成立了发展金银花产业领导小组，乡里的四个主要领导各负责联系、建立一个基地，干部责任到地块，对乡、村干部制定了奖惩措施。二是宣传发动到位。乡村层层召开动员会议，把种植金银花的优惠政策、市场形势、种植要求及时传达到农户，乡、村组织干部、农户到金屋、隆回、城步等地进行考察、学习。三是干部服务到位。乡村干部帮助种植农户协调山地流转，组建专业合作社，联系信用贷款支持，联系种苗，进行技术指导，切实解决种植农户的各种问题。目前已形成了潭泥村、兰家村、界溪村、老团村四大金银花基地，面积1200多亩。

特色种植——茶叶。

黄桑是经国家农业部相关权威机构认证的绿色有机青钱柳茶原料林基地。该乡以项目政策换绿色，对非公种植青钱柳不限发展比例，不限经营方式，不限经营规模，充分调动林农参与基地造林的积极性，使基地迅速发展成为该乡绿色有机产业的新亮点。

为了保护资源，利用资源，近年来，该乡紧紧抓住特色产业资源优势，积极向上争取项目投入，以项目为推力，不断创新经营机制，落实经营主体，按照"谁造林谁所有，谁栽植谁管理，谁经营谁受益"的原则，采用"公司＋基地＋农户"的产业化经营形式，积极引导广大农民栽植青钱柳，较好地解决了因造林投入不足而制约栽培青钱柳速度的"瓶颈"问题。同时，农业综合开发部门和青钱柳公司有针对性地进行技术培训，做到指导、服务、协调三到位，使得群众种植青钱柳的热情空前高涨，出现了企业上门服务，林农自觉栽植的喜人局面，全乡已有90%的村参与基地造林。兰家村农民龙章永去年尝到了采叶的甜头，今年一大早就开始整地挖穴，做好造林准备，并带动本村5户农户共栽植2000多株。据不完全统计，黄桑基地在完成世行项目营造青钱柳2000亩的基础上，去冬今春新造青钱柳3万多株，涌现出200多户种植示范户。

（三）一村一品或多品种植的农村经济发展模式

黄桑坪苗族乡地处湘西南边陲，山林面积38万亩，全乡人口5675人，属国家级自然保护区。近几年来，出于生态资源的保护，木材砍伐指标大幅度锐减。对于一个林业大乡来说，如何实现经济转型，确保农业增效、农民增收，该乡党委政府审时度势，积极引导全乡党员干部探索促进黄桑经济发展的路子，制定一系列优惠政策和扶持举措，全乡涌现出一大批典型农村党员干部奔小康的带头人。

赤板村党支部书记罗京、党员、村主任龙宪成近几年来带领全村村民种植延季西红柿180亩，销售收入160万元，实现全村人均增收1280元。村党支部书记罗京今年种植西红柿1.32亩，亩产达1.2万公斤，最高售价每公斤2.50元，实现纯收入1.12万元。此外他们还带领村民种植楠竹达6000亩，党员、村主任龙宪成荣获市级劳动模范称号，被推荐为全市"十杰青年农业产业化带头人"候选人。在他们的带领下，村民富裕了，村容村貌发生了根本性的改变。老团村党员、村主任陈新宁，想方设法从广西引进鱼腥草种植项目，2006年在老团村试种70亩，大获成功。作为药食品种，很快走俏市场，当年获利16万余元。今年，他积极引导、发动群众，扩大种植鱼腥草面积达300亩，生姜面积55亩，种植范围发展到磨石、兰家、地林、界溪等村，种植户达96户，预计今年实现总产量近45万公斤，总收入达70万元。兰家村党员陈茂灼利用糖化饲料喂养牲畜，既节约了投入成本，缩短出栏时间，又提高了生猪的抗病能力，近三年来带领周边群众发展牲畜1800头，节约成本1.5万元，人平纯增收102元。

（四）农业技术创新是促进农业发展的动力

2007年11月7日，黄桑坪苗族乡黄桑村农民幸时全正式获得国家知识产权局签发的《实用新型专利证书》，他发明的微型联合收割机的专利号为ZL2006200529660。

幸时全发明的新型联合收割机体积小、重量轻，行走方便，只要大于2米宽的田块就能下田收割，谷粒不仅能自动过筛去草毛，净谷还能够自动入袋。根据控测实验，这种收割机每小时可以收割稻田面积0.8—1.2亩，适应于田块小、道路差的山区使用。该收割机由动力机、脱粒器、耙术轮、割禾器、行走变速器、谷粒输送机构等组成，各部件主要由齿轮、皮带、连杆等相互连接、相互运转，结构也十分简单合理。据了解，目前市场上出售的联合收割机，一是体积大，很难适用于田块小、道路差、田坎高的地区使用，二是造价高、费用大，一般农民买不起。因此，三年前幸时全开始致力于发明一种新型联合收割机，经过多次试验终获得成功，去年11月21日，他向国家知识产权局寄去了专利申请报告书，一年以后，他终于获得了这种新型联合收割机的发明专利权。

（五）生态旅游产业

每年的农历四月初八，是绥宁县苗族杨姓传统的"姑娘节"。5月5日，绥宁县黄桑坪苗族乡上堡村热闹非凡，苗家"四八姑娘节"精彩纷呈：入寨门、敬酒、赛爬藤、放铁炮、钹舞、背媳妇、对山歌……独具特色的苗家民俗风情吸引了来自四面八方的游客。

绥宁苗家"四八姑娘节"的来源还有一段动人的传说：相传宋代杨家将的后人杨文广在一次战斗失利后被敌军俘虏，其妹杨金花为兄送饭，但均被牢头狱卒抢吃一空。为了让哥吃上饭，杨金花上山遍尝百草百木后，到山上采摘黑饭叶榨汁，将一斗二升糯米染黑蒸熟，在农历四月初八这天给哥哥送过去。狱卒看到黑米饭，不敢食用。杨文广吃了黑米饭以后，力大无穷，砸破牢笼，解脱了困境，杨金花却在救援中牺牲。为纪念杨金花，此后杨家就专门把农历四月初八定为"姑娘节"。节前，各家忙着采黑饭叶做黑饭，杀鸡宰鸭，把嫁出去的姑娘接回娘家过节。此习俗代代相传沿袭至今。

这天，节日的上堡村彩带飘扬，游人如织。身着节日盛装的苗家人载歌载舞，欢庆自己的节日。在吃黑米饭之前，苗家举行了庄重的祭拜祖先的仪式。古老的祭祀仪式让人称赞不已，而取材于苗民日常生产生活的逗春牛、祭狗、赛爬藤、铜钱舞等民俗风情节目同样引人入胜。

"高山木叶笑微微，十八满哥你会吹？你若吹得木叶叫，木叶传情不用媒。"在黄桑鸳鸯岛的千人山歌会上，身着节日盛装的苗家青年男女以木叶传情，山歌联姻，引得无数游客驻足观赏，不少游客还情不自禁加入到对歌的行列。"四八姑娘节"也是苗族青年男女的情人节。苗家青年男女唱着山歌，吹响木叶，成双成对，表达着火热的爱情，演绎着动人的故事。

在"姑娘节"当日，游客们还纷纷探访上堡古国，游览雄奇壮观的六鹅洞瀑布，欣赏全国风景区中最大的铁杉群落。游客们领略了浓郁的民俗风情，对黄桑神奇秀丽的自然风光流连忘返，纷纷称赞"这里是一个神奇的绿洲、生态的王国、资源的宝库"。

在5月3日至5日"姑娘节"期间，该县还举办了黄桑苗王古国探秘探险、民族风情文艺演出、黄桑国家级自然保护区授牌仪式、黄腹角雉保护工程和植被恢复工程启动仪式等一系列活动。

三　2008黄桑坪苗族乡社会经济发展报告

2008年3月4日经济工作会议的主要任务是：传达贯彻落实市、县经济工作会议精神，回顾和总结去年的经济工作，部署安排今年的经济工作。黄桑坪苗族乡乡长龙景星在经济工作会上就三个方面的问题进行了部署。

（一）抓住政策机遇，依托资源优势，推动黄桑经济社会稳步协调发展

2007年，在县委、县政府的正确领导下，乡党委政府团结一心，带领全乡干部群众贯彻落实党的十六届六中全会精神，坚持发展观，大力实施"生态立乡，产业富乡，旅游活乡，科技兴乡"战略，把经济发展作为发展的第一要务，进一步解放思想，转变作风，真抓实干，抢抓机遇，开拓创新，使黄桑的经济建设保持了一个良好的发展态势。全年实现生产总值8315万元，同比增长8.03%；全社会固定资产投资超过5024万元，同比增长31%；实现工业增加值504万元；人平纯收入达3750多元，同比增长6%；完成财税任务64万多元。

1. 全面贯彻落实各项政策，充分利用黄桑资源优势，促进经济发展

（1）各项惠农政策逐步实施。随着党中央的一系列关注三农问题的政策出台，我们享受的政策扶持不断增多：粮种补贴、财政转移支付、农机购置补贴、退耕还林、农村低保、民政救助、义务教育"两免一补"等等，尤其是农村合作医疗的实施，更是从根本上解决了农民看病难、看病贵的问题，还有去年的村村通畅工作，彻底地改变了我乡千百年来的农村交通落后的状况。

（2）农业产业结构调整稳步推进。一是粮食生产稳步发展，农业税的取消和粮补政策的实施，极大地调动了粮农的积极性。全乡共种植中稻6740多亩，虽然去年遭遇了多年不遇的大旱，但由于组织得力，措施得当，未引起大的减产，全乡共产粮约1600多吨。二是特色产业纵向发展，去年由于界溪、赤板等村进行村级道路硬化，西红柿种植面积略有下降，但市场销售价格出现历史新高，平均每公斤达到约2.6元，按每亩产8000公斤，全乡仅此一项就产生经济效益数百万元。去年新发展莴笋400多亩，鱼腥草的种植规模也进一步扩大，达到了370多亩。初步建立了以赤板、界溪等村的西红柿种植基地；以老团、磨石等村的鱼腥草种植基地和兰家、磨厂等村的莴笋种植基地，基本形成了"多村一品"、"一村多品"的发展模式，产业链条进一步拉长，效益日益明显。

（3）林业发展不断深化。林业是黄桑的支柱产业，也是黄桑最大的财富资源。我们始终坚持以"科学规划、严格保护、适度开发、永续利用"的原则，进一步加强了对森林资源的管理和对林区秩序的管理力度。着力培育资源，狠抓森林防火。全年共完成楠竹丰产培育500多亩，更新造林1100多亩，幼林抚育1700多亩。积极推进集体林权制度改革，进一步发挥了林地效益，进一步增加了群众收入，进一步调动了林农的积极性。

2. 加大基础设施投入力度，扎实推进村村通工程，不断规划小城镇建设

（1）村道建设进展顺利。全长10公里，投资260多万元的兰家至赤板至上堡4.5米宽的主干线在年前竣工通车；全长6.4公里，投资180多万元的潭泥公路也进入了扫尾阶段，可望在今年三月底完工；全长14.5公里多，投资340多万元的黄桑至地林公路已完成路面硬化2公里。同时，黄桑至坪溪旅游公路争取到了省里的立项，界溪、上堡等村的部分组道也铺上了水泥

路。至此，我乡去年共完成村道硬化里程 20 余公里，使部分群众告别了千百年来的泥尘之路，为进一步加快黄桑发展打下了良好的基础。

（2）基础设施建设力度不断加强。投资 16 万元的明先学校主体楼维护工程顺利完工，进一步优化了师生工作、学习和生活环境，进一步完善了教学设施；投资 4.5 万余元的磨石村支部党员活动中心也已建成，使该村的党员干部及群众有了一个学习和娱乐的场所；投资 1 万余元的界溪村党员先进性教育站点建成开办，现代化的设施为党员干部及群众提供一个学习和信息平台。

（3）小城镇建设规范化发展。投资 60 多万元的原供销社房屋拆建工程圆满完成，通过专家设计，黄桑城建规划已初步出台，将建成黄桑广场和一条民族风情街，进一步提升了黄桑整体形象。

3. 优化经济发展环境，加快民营经济快速发展

为充分发挥我乡旅游及矿藏资源优势，变资源为动力，变资源为财富，我们不断优化经济发展环境，提出了"尊重投资者，依靠带头人，善待企业家"的口号，给企业经营者发放明白卡，坚决杜绝部门乱收费现象的发生。促进了我乡经济不断发展。投资已达 2000 多万元的岩田锰矿有限公司已进入探矿、开采阶段，将成为在市 3 万吨级电解锰厂的主要原材料供应基地，该厂的建成将为县财政年增税收 3000 多万元，解决就业岗位上千个。

4. 以节为媒，充分展现民俗文化风情

"四八姑娘节"是我们苗家的传统节日，乡党委政府精心筹备，成功举办了 2007 年黄桑"四八姑娘节"。虽然声势不大，但节目精彩纷呈，有苗家"狮子舞"、"苗王背媳妇"、"对山歌"和爬藤树、抓泥鳅等传统节目吸引了八方来客。以节为媒，以节造势，充分展现了黄桑的传统文化魅力。经过多方的努力，黄桑"四八姑娘节"在去年被列入国家非物质文化遗产名录。

5. 励精图治，各项社会事业全面进步

一是计划生育再创佳绩。去年乡党委政府高度重视，紧紧围绕"抓基础、强服务、上水平、争先进"的工作思路，强化领导责任，实行责任追究制，一票否决制，月计生工作形势分析会制，同时我们还精心组织了春、夏、秋、冬四季计划生育集中活动，狠抓了"四术"落实和违法生育对象社会抚养费的征收，狠抓了妇检到位率和非法怀孕的摸底及补救措施的落实，

专项安排经费 3 万多元，组织人力 300 多人次确保了我乡计划生育工作高质量地完成，全年无计划外生育，计划生育率 100%，落实计划生育手术 105例，各项综合节育措施落实率 100%，妇检到位率 98%，社会抚养费征收率100%，再次荣获市、县计划生育先进单位。

二是社会综治及安全生产工作进一步加强。乡党委政府围绕创建"平安黄桑"的工作目标，建立健全信息网络，与各村、各单位签订了社会治安综合治理、农机安全、交通安全等一系列的责任状，组织人力 120 多人次对大的院落和重点企、事业单位进行了安全隐患排查、整顿、治理工作，同时狠抓了矛盾纠纷排查处理，全年发生各类民事纠纷 13 起，都全部化解，达到了"小事不出村，大事不出乡"的工作目标。再次荣获了市、县社会综合治理先进单位。

此外，全乡的动物防疫、民兵武装、科技、卫生、文化、民政、移民等工作，都取得了较好的成绩。

当然，这些成绩来之不易。一是得益于党的富民政策和正确领导；二是得益于全乡各部门的大力支持，全体乡、村干部、县乡人大代表、政协委员的通力合作，以及全乡人民的共同努力，在此，我谨代表乡人民政府表示衷心感谢。

在肯定成绩的同时，我们要清醒地看到存在的困难和问题：一是思想滞后，发展意识不强，缺乏一个浓厚的氛围，干部、群众缺少发展致富的思路、点子和开拓、拼搏的精神；二是受区域交通、基础设施的制约，我乡经济发展速度不够快，对投资基础设施建设没有超前意识，一味等、靠、要的思想还非常严重；三是农业产业结构调整力度不够大，科技含量低，市场信息不发达；四是经济发展环境不够优，少数干部抓经济、抓农业、抓工业的观念僵化，服务意识不强；少数群众法制观念淡薄，全局观念不强，发展意识不浓。对此，我们务必采取切实有力措施，认真加以解决。

（二）立足新起点，抢抓新机遇，努力实现黄桑经济社会新飞跃

2008 年是全面贯彻落实党的十七大精神的开局之年，是展现中国魅力的奥运之年。今年全乡经济社会发展的主要预期目标是：全乡生产总值增长10%，全社会固定资产投资增长 30% 以上，人均纯收入增长 6% 以上，人口自然增长率控制在 6‰ 以内，全乡 80% 以上的村通水泥路，初步建立民族风

情一条街，完成全乡各村农网改造，发展延季蔬菜 1600 亩以上，力争突破 2000 亩，加大财源建设力度，引进上百万的投资项目两个以上，进一步深化农村改革，发展农村公益事业，进一步解决三农问题。为实现上述目标，要切实抓好以下工作：

1. 科学救灾，切实抓好灾后重建

元月 13 日以来，我乡遭受了百年不遇的特大冰冻灾害，全乡交通中断，电力设施瘫痪，受灾农作物面积达 1870 多亩，损坏楠竹近两万亩，林木近 1.8 万亩，折断电杆 1000 多根，损失非常惨重。面对天灾，我们没有被吓倒，而是全乡上下一心，奋勇当先，积极抗冰救灾，经过全乡 5700 多群众的共同努力，抗冰救灾取得了阶段性的胜利。全面恢复重建是我们当前的首要任务。

（1）抓住重点，恢复三通。到目前为止，我乡道路和通信已经基本恢复正常，重点工作是要做好清理路障和通信线路维修，确保交通安全和通信正常。下阶段最主要的任务是通电，全乡除地林、老团未通电以外，其他各村还有部分组未能正常供电，我们要采取有力措施，争取在 3 月底以前实现家家通电。各村必须一鼓作气，积极组织劳力，抢修电力设施，首先是要恢复低压线路的电杆线路，购置不到水泥电杆的低压线路，可以以村为单位向林业站申请一定量的木材指标，用于缓解电杆的供应不足。高压电杆的恢复，必须购置合格的高压水泥电杆，不可用原木杆替代。

（2）减少损失，补损农业。各村要组织劳力，对因冰受灾的延季蔬菜和其他农作物进行清理补种，对果林进行施肥、整形。要做好春耕农用物资准备，修整水利设施，确保春耕生产。

（3）深入调查，安置灾民。各村要组织好受灾群众的调查摸底，民政办要根据摸底花名册把救灾物资发放到最困难、最需要救助的群众手中，要严把救灾物资管理关。有房屋受到损坏的，要尽快组织群众及时维修，充分发动群众开展互帮互助、献工献料的活动，确保群众人身安全。

（4）凭证采伐，合理清理。在雪压材的管理上，要坚持凭证采伐制度，不能因此出现乱砍滥伐。根据文件要求可以清理的松、杉，要以村、组为单位，集中清理，统一归堆，统一审批，统一销售；对于不能清理的阔叶林，一律不得清理，任其自然恢复；楠竹的清理，凡是纳入中正集团收购范围的竹林一律不能清理，未纳入中正集团收购范围的损毁楠竹要在春笋破土前清理完毕，春笋破土后一律不得再行清理。

2. 宣传发动，做好做活产调"文章"

进一步加大农业产业结构调整力度，充分调动农民种养积极性，促进农村发展、农民增收、农业增效，提高农业综合生产能力。

为此，（1）要在以西红柿为主导高山蔬菜种植上下工夫。要充分发挥品牌效益、基地协会效益，要进一步扩宽销售渠道，关注市场信息，优化市场环境。今年全乡的高山蔬菜基地规模要达到1500亩，力争突破2000亩，要形成一村一品的格局。（2）要加大中药材产业的开发力度。众所周知黄桑生态环境保护得好，原始物种多，尤其生长着许多天然药材，老百姓有很好的种植药材的习惯。我们要抓住资源优势和意识优势，大力发展中药材种植。我们要紧紧把握机遇，创造另一黄桑特色。

3. 统筹发展，不断加快农村建设

继续建设社会主义新农村，是党的十七大的战略部署和要求，建设社会主义新农村，贵在一个"新"字，难在一个"新"字。必须明确新目标，把握新要求，建立新机制，强化新措施，重点要在"五个新"上下工夫：（1）农民收入要有新的明显增加；（2）农村基础设施建设要有新的明显改善；（3）农村社会事业要有新的明显进展；（4）农村体制改革要有新的明显进步；（5）农民素质要有新的明显提高。具体要求围绕生产发展、生活富裕、乡风文明、村容整治、管理民主开展工作。我们准备先建立一个新农村建设示范村，然后再逐步推进。

4. 结合实际，着力加强林业工作。

黄桑的发展，潜力在山，出路在林，必须从两个方面加大林业工作力度，夯实我乡经济发展基础。（1）加大林业资源培育力度。今年采取措施，完成楠竹丰产培育1000亩以上，造林1500亩以上，幼林抚育2000亩以上。认真搞好乡村道路绿化，引导农民做好庭院生态建设，鼓励社会资金投入，进一步推动社会化造林，创建绿色黄桑。（2）着力强化林政管理。切实加强资源保护。坚持以皆伐为主，每年皆伐率必须在80%以上，禁止大面积择伐。严格指标发放，实行商品材指标集体审批制。加强青山招投标管理，实行招投标审批制，严格执行"伐前设计，伐中管理，伐后验收"制度，加大对林业案件的查处。（3）按时完成林权制度改革。林权制度改革务必在 3 月 20 日以前完成，林权证在 3 月底以前发放到户。

5. 抢抓机遇，全面实现村村畅通

"十一五"期间，国家出台政策，注入雄厚的资金向农村倾斜，加之绥宁县争取的三项优惠政策，为我乡的发展带来了机遇。乡党委政府多次研究，下决心于今年完成全乡各村的村道硬化工程。经过一年的努力，我乡的赤板、界溪、上堡已经实现了道路硬化，潭泥和地林村的村道硬化也紧跟其后，在不多的数月后也会建成。希望其他村的村组干部、党员更要看清当前的形势，紧紧抓住这千载难逢的大好机会，修好路，架好桥，快步奔小康。

6. 规划发展，逐步提升城建水平

（1）抓好黄桑小城镇规划的落实，按照因地制宜，有地方特色、整洁的要求，搞好规划修编。（2）加快黄桑小城镇建设进程，今年重点抓农贸市场和道路硬化建设。招商引资，鼓励社会民间资本投入，全面推动社会化建城。引导个体户进行专业市场建设，创黄桑特色小城。（3）加大小城镇管理力度。广泛开展文明卫生宣传教育，全面提高居民的城镇文明意识。加强小城镇卫生管理，重点整治摊担乱摆，三轮车、农用车乱停乱窜，垃圾乱倒等不良现象，实行"门前三包"责任制。

7. 优化环境，不断壮大财源建设

继续围绕楠竹和中草药及矿藏精深加工产业，开拓矿产资源，巩固农、林、牧等基础性财源。（1）以招商引资为重点，外引内联，通过创新体制，改善环境，搞好服务，消除投资障碍，大力发展民营经济，大力鼓励民间投资办厂，引进上百万投资项目 2 个以上。（2）继续推进贵宁竹木拉丝厂、高坡应锰矿厂、岩田锰矿厂的建设，壮大工业财源，引导茯苓、柑橘、粮油、蔬菜、畜禽等传统农产品基地建设，积极组织精深加工，巩固农林牧基础财源。（3）加大征管力度，堵塞跑、冒、滴、漏等逃税现象，依法治税，确保税收足额入库。（4）优化支出结构，厉行勤俭节约，增强财政保障能力，打造节约型政府，严格财税管理，财务审计，提高资金使用效益，让每一分钱都用在刀刃上。确保政府社会管理工作有序运转。

8. 循序渐进，精心打造生态旅游

以建设生态文明为要求，全面加强生态旅游开发力度，深入挖掘生态旅游资源和民俗风情文化，精心打造黄桑生态品牌，不断提升旅游文化内涵。（1）要进一步加大宣传力度，以点带面，开发具有民族风情的产品；（2）加大对各旅游景区的投入力度，完善景区基础设施建设；（3）以建设黄桑至坪溪旅游公路为契机，拉通绥宁黄桑—城步南山—新宁崀山—张家界旅游带。

9. 注重协调，促进社会和谐发展

（1）以深入创建"平安黄桑"为重点，确保社会大局稳定。要围绕保持市、县社会治安综合治理先进单位目标，强化维稳工作，党政领导责任制，部门负责制和单位责任制，严厉打击各种刑事犯罪，对老百姓反映强烈的案件进行重点整治；对治安混乱、迷信盛行的地区实行挂牌整治，切实增强人民群众的安全感。切实加强和改进信访工作，依法、及时、合理解决群众反映的问题。切实加强安全生产，坚决消除各种安全隐患，确保不出现大的安全事故。完善突发事件应急预案，进一步提高处置重大安全和突发事件的能力，有效减少自然灾害，事故灾害等突发事件造成的损失。

（2）以扩大就业和农村富余劳动力输出为重点，做好社会保障工作。继续实行积极的就业政策，落实税费减免、小额贷款、免费培训、特殊援助等就业政策。大力扶持发展农村种、养专业户和民营企业、扩大劳动就业、加强劳动力就业培训，提高劳动力的技术、技能、扩大劳务输出，减轻就业压力，建立回乡创业服务站，引导外出务工人员回乡创业。完善农村"五保户"供养制度，高度关注弱势群体，帮助特殊困难群众解决基本生活和子女上学、看病就医等实际问题。

（3）以提高教育教学质量为重点，谱写黄桑教育新篇章。要把教育办成人民群众的满意工程，强化教育工作目标管理，加大教育督导力度。强化内部管理，整顿教育秩序、优化教育环境、加大师资、师德师风和校风学风建设力度。争取资金加快乡中心小学学生宿舍楼的扩建工程。建立"保育制"学校，整合教育资源，推行学校校长责任制，竞聘上岗制和任期目标管理制，全面实行教育员工聘任制，激励并培育出更多优秀教师、优秀学生。

（4）以人口和计划生育工作为重点，全面发展社会各项事业，计生工作要围绕争创市计划生育优质服务先进单位目标，狠抓"四术"到位率，生殖健康检查到位率，社会抚养费征收到位率，流动人口计划生育到位率。强化计划生育综合治理。今年计划生育率稳定在 98% 以上，以村为主比例达95% 以上，综治到位率达 98% 以上，人口出生率控制在 14‰ 以下。工作上，严格按照县委文件规定及县委、县政府与乡镇签订的人口与计划生育工作目标管理责任书要求，乡、村、组层层签订计生工作目标管理责任书，强化目标责任管理，采取经常性工作与集中活动相结合的方式，以村为主，对症下药，多处着力，确保计划实现。一是乡、村要切实加强人口与计划生育工作的领导，进一步强化党政一把手亲自抓，负总责制度；进一步强化工作责任；进一步加大财政投入。二是切实加大人口与计划生育工作奖惩力度，严格落实 "一票否决" 制度，强化责任追究，落实奖惩措施。三是切实夯实人口与计划生育基层基础工作。四是切实落实人口与计划生育综合治理。风险抵押，进一步落实乡综治部门责任。分项量化，层层包干，合同管理（以村规民约和村民自治章程方式），跟踪服务，依法治育，进一步落实流动人口管理。五是切实完善人口与计划生育利益导向机制。六是切实规范和强化人口与计划生育社会抚养费的征收。以上工作和措施以及同志们的齐心努力，我乡人口与计划生育工作定会上一个新台阶。加强科普工作加强文化市场管理、整治规范电游、网吧等娱乐场所，启动乡文化中心建设。开展全民健身运动，发展乡村体育事业，进一步加强国防教育、动物防疫、移民、环保、邮政通信、妇女儿童等各项工作。

（三）完成 2008 年目标任务的工作措施

做好今年的经济工作和其他各项工作，关键要切实转变工作作风，统一思想，狠抓工作落实。

1. 进一步用科学发展观统一思想行动，进一步解放思想，更新观念。加大 "兴工强乡" 力度，加快经济发展，提高发展质量，增强发展态势。

2. 进一步加大经济、社会发展的投入。抓住国家对 "三农" 工作的重视，认真争取更多的扶持项目进入黄桑，争取更多财政转移支付资金，扶贫资金，社会救济资金及文教卫公益事业资金等。拓宽投资融资通道。同时借力促发展，激活民间资本，促进民营经济的发展和各项社会事业的发展。

3. 进一步优化经济发展环境。要牢固树立 "尊重投资者，依靠企业家，善待纳税人" 的理念。不断优化招商引资环境，提升便民服务窗口和回乡创业服务站的业务水平，下大力气整治企业周边环境，严查 "四乱" 行为，营造良好的社会治安秩序和投资企业环境。

　　4. 进一步加强人才队伍建设，一是要加强党政人才队伍建设，积极培养乡、村两级党政人才，特别加强对年轻党员干部的培养，要着力提高他们的执政能力，社会经济管理能力，为"三农"服务的能力和带领群众建设社会主义新农村的能力。二是加强农村科技人才和农村实用人才的培养，抓紧培养和引进更多有知识、懂技术、懂管理、会生产的综合人才，走上科技兴乡的道路。

　　5. 进一步改进政府工作和转变工作作风。把政府职能切实转到经济调节、市场监管、社会管理、公共服务上来，严格依法行政，提高行政效能，多为民办事、多办实事。每项工作要任务到人、责任到人、考核到人，确保工作优质高效完成。

后　记

　　本次调研工作受到绥宁县政府、武阳镇政府、党坪乡政府和黄桑乡政府以及武阳老祖村村委会的热情接待和积极支持，使得调研工作能够得以顺利进行，在此向以上单位致以衷心的感谢。

　　此次调研报告的内容，主要是根据当地各级单位提供的资料构成，在某种意义上可说是当地人声音的表达。在调研活动中，我们从亲身所见、所闻也形成了一些外来者的观感和印象。

　　此次调研中我们接触了不少的基层干部，与他们的交谈、交往，使我们普遍感受到乡镇基层干部的基本素质的提高。这些人员一般都是由基层选拔，都是土生土长的本地人，许多人都是农家子弟，后来读书上学又回到本县工作，他们一般都具有高中技校以上的文化水平，近几年基本都是大学毕业。他们既有较高的文化理论素质，又十分熟悉基层情况，在调研中，经常能给予我们一些十分有意义的建议和指导。而且这些年轻的基层干部还都很有理想有抱负，对自己的工作、家庭、家乡乃至国家的建设发展都有中肯的见解，说话办事都很到位。尤其令我们印象深刻的是一些村干部。他们本身都是农民，但是具有较高的文化素质和技术能力，一般都拥有较强的经济实力，他们依托当地的资源优势，进行规模化的特色种植、养殖以及生产加工，成为农村经济发展的带头人。村干部是由村民直接选举产生，他们一般也会成为农民的代言人，因为农民手中选票对于他们有重要的意义。另外县乡镇政策政令的推行，主要依靠这些村干部，因为在农村，农民并不完全买乡镇乃至县级干部的账，他们有自己的执著和执拗。总之，在我们所接触的当地人，不论是基层干部还是普通农民，他们总体给人的印象就是质朴、务实、能干。

　　在此次调研中我们最关注，当地政府也最重视的问题就是传统林区发展路向何方？绥宁县是传统的林区县，长期以来，林业是经济的基础和支柱。林业产值占 GDP 的 68%，财政收入的 70%、农民收入的 60% 直接或间接来源于林业，县内 90% 以上的工业企业是以竹、木为原材料加工业。经统计，全县计划经济时期每年为国家无偿或廉价提供木材 40 万立方米以上，累计上缴省市育林基金上亿元。新中国成立以来，全县累计砍伐林木 2004 万立方米，平均每年砍伐 33.4 万立方米；楠竹累计砍伐 44482 万根，平均每年砍伐 780.3 万根。由于生产消耗大，培育周期长，林木越砍越少、越砍越小、越砍越远，林业经济效益越来越低。特别随着国家新的林业发展政策的出台，林业从以经济效益为主向生态效益为主转变，加大了生态保护力度，国家林业政策的调整对以林为主的绥宁县经济造成巨大冲击。

计划经济体制下，绥宁因为卖木头，县财政四十年无赤字。国家政策调整后，特别是林业税费政策"一金两费"的调整给财政带来巨大影响。按 2007 年计算，免征原竹原木税收后，县财政直接减少财力 2501.28 万元，免征育林基金财力减少 4101 万元。相反，以前从育林基金列支的林业职工的行政事业经费 3400 万元要全部纳入财政核拨，减收和增支产生 7600 万元的巨额差距，打破了绥宁四十年无财政赤字的神话。国家林业项目资金扶持宗旨出现的偏差，对那些林业生态破坏越严重，项目资金支持力度越大，大量资金投入到生态荒漠化、石漠化的恢复项目中，而对于现有林业生态保护的投入力度则大大减少。绥宁因为林业生态总体比较周边县好，不仅没有得到奖励和进一步有效的资金支持，反而获得的资金要远远少于周边生态恶化较严重的县，这大大挫伤了绥宁广大林农进行生态建设的积极性。国家生态公益林补偿金每亩 5 元、10 元的补偿标准，没有考虑到林业地区间的差异性。绥宁作为传统林区不同于东北、西南大林区。这里普通农民平均拥有的林地只有十来亩，总共的补偿金也只有百来块钱。而一根木头至少也要卖几百块钱，一立方木材市场价格一千多元。低廉的补偿金和高额的采伐利润形成了巨大的反差，根本无法促发农民保护林木的积极性。加上绥宁地方偏远，农民增加收入的机会和途径十分有限，在要吃饭要生存的压力下，生态效益根本无法顾及，林木越砍越小，越砍越远，每年实际的采伐量远远超过了规定的采伐指标。我们在当地调研时，看到一家木材加工厂院子里堆放的木材都很细，说是间木。但据知情者说，其实并不是间木，因为大棵的木头早都砍光了，只能越砍越细，越砍越小了。

随着林木商品化、林工一体化的发展趋势，林农根据市场需求调整树种结构，造成了树种结构的单一化，大量松、杉针叶林代替了阔叶林，而阔叶林涵养水源，保持水土的功能要大于针叶林。树种的调整并不会减少森林的覆盖率，但对林地的生态涵养影响很大。绥宁县现在主要的树种是杉木、松木、楠竹，绥宁县近年来山洪频发，除了气候的因素外，林种结构单一化也是重要的原因。而且单一树种病虫害也比较容易发生。前几年，因为当地造纸厂需要大量的松木，许多林农都大规模地种植马尾松，结果造成了严重的病虫害，损失惨重。

对于如何解决林区发展问题，当地的林业部门也在不断探索。在调研中，绥宁县林业局长蒙正和提出了功能分区碳费交易的思路。他说发达国家企业有为排碳付费的先例。高污染、高排放量的企业，首先要求减排，如果因为技术等原因无法减排，那么就要向这些企业征收高额碳费，这些费用支付给吸收这些废碳的林区。现在东南亚国家一般都参照欧美发达国家，根据外资企业在当地二氧化碳排放量，征收减碳费用，然后将这些碳费付给本国林业地区的农民，作为其造林和生态保护的费用。这些费用大大高于政府的补偿标准，同时减少了政府财政支出，促进了林农造林护林的动力和生态保护的积极性。中国林业也可以向这个方向发展，那些高排放量的企业和地区要向林区支付减碳费用。高额的碳费，既能使这些企业和地区改善排污的标准，也能给广大林区和林农带来巨大的经济效益，同时也可进一步改善生态环境，提高生态效益。

在资源结构单一，交通条件不太便利的情况下，想要兼顾经济效益和生态效益的共同发展，并不现实。为了解决吃饭问题，每当面临选择时，经济效益总是优先于生态效益。这是非常令人心痛的事情。绥宁县林业资源丰富，县内90%以上的工业企业是以竹、木为原材料加工业。其中造纸企业消耗大量木材又造成环境污染。但由于造纸企业每年上缴的税金是县财政主要的来源，而且能够解决当地上千人的就业问题。因而这些高耗能高污染的企业在当地大规模的发展起来。据报道，当地某些造纸厂使用的木材中有很大部分是"黑木"——即从周边县市购进的没有运输证的木材。大量采购黑木的结果是造成国家税费大量流失，使本县及周边县市林政资源遭到破坏。据邵阳市林业局不完全统计，仅 2001 年该县某些造纸厂所购黑木流失的税费就在 1000 万元以上，由于多年采伐森林，该县马路两边、交通方便的地方已无林可采（新京报 记者王蓉 2001 年曾经报道过此事）。

在我们调研过程中，听说寨市乡曾有一处非常清冽的泉水，泉水甘甜可口而且流量稳定，因而有投资客来此投资建矿泉水厂。为了扩大水源，他们采用爆破手段，没想到不仅没有扩大水源，反而阻塞了泉眼，致使泉水干涸，投资项目不了了之。青山依旧在，绿水却不知何处？

绥宁有限的矿产资源中锰的储藏量相对丰富。为了能使这有限的资源效用最大化，当地投资建设了锰业公司。矿产开采加工是高污染行业，如果安全防污染措施不得当，对生态环境的破坏将十分严重。据说该锰业公司在未采取有效的环保措施的情况下建设投产，将废气直接排放到大气中，将废水直接排放到溪河里。为此曾引起当地民众群体性事件的暴发。

经济效益和生态效益取舍的两难选择，并不只是绥宁一县所面对的困境，也是当前中国经济建设、社会发展中所面临的严峻问题。

在这次的调研中，我们深切感受到农民生活的不易。这些年来，农村社会、农民生活都有所发展和改善，但是相比较而言，农民增加收入的机会和途径还是十分有限。仅靠种植和养殖，他们勉强可以解决温饱问题。但是要小康求发展，对他们来说也并不容易。养殖大户、种植大户毕竟只是少数人，大量的农民提高收入的途径还是出外打工。在农村几乎每个家庭的年轻人都出去打工，只留老人和孩子在家。许多农民都是靠打工挣的钱修新房子，娶媳妇，供孩子上学。在我们所调查的老祖村，外出务工是老祖村村民主要经济活动之一，也是老祖村村民一项主要经济来源，占村民收入的比重较高。老祖村有一千左右的劳动力，每年长期在外打工就有近二百人。在家或其他村做手艺的十八人，这仅仅是外出务工劳动力的一部分，他们属于"正规军"，有固定的地方，固定的工作，当然也有固定收入，每年只在春节或家中有重要的事情才回乡一至二次。还有一部分就是"游击队"了，这一部分人农忙时在家务农，待把农活忙清楚了才临时到外地做工，没有固定的地点，哪里有工作就往哪里走，没有固定的工作，有什么事就做什么事，只要不犯法，能赚钱就行。没有固定的时间，长的不过 3—5 个月，短的按天计，做完了事得了钱就走人，又重新找事干。

　　由于缺乏专业知识和必要的技能，农民出外打工所从事的一般都是体力劳动和污染严重、风险较高的工作，他们的生活和工作环境一般都比较恶劣。他们最幸福的时候就是每年带着辛苦钱回家团聚。